O JOGO SUJO DA CORRUPÇÃO

LUIZ FLÁVIO GOMES

O JOGO SUJO DA CORRUPÇÃO

astral
cultural

Este livro foi revisado segundo o Novo Acordo Ortográfico da Língua Portuguesa.

Editora responsável Tainã Bispo
Produção editorial Aline Santos, João Paulo Fernandes, Luiza Marcondes, Natália Ortega e Thiago Koguchi
Capa Agência MOV
Preparação de texto Luciana Bastos Figueiredo
Foto Capa R.M. Nunes/Shutterstock.com
Foto Contracapa José Soares da Costa Neto

Dados Internacionais de Catalogação na Publicação (CIP)
Angélica Ilacqua CRB-8/7057

G612j Gomes, Luiz Flávio
O jogo sujo da corrupção / Luiz Flávio Gomes. – Bauru, SP : Astral Cultural, 2017.
288 p.

Bibliografia
ISBN: 978-85-8246-507-3

1. Corrupção política – Brasil 2. Brasil – Política e governo I. Título

17-0597

CDD 364.1323

Índice para catálogo sistemático:
1. Corrupção política

astral cultural

ASTRAL CULTURAL É A DIVISÃO LIVROS
DA EDITORA ALTO ASTRAL.

BAURU
Rua Gustavo Maciel, 19-26
CEP 17012-110
Telefone: (14) 3235-3878
Fax: (14) 3235-3879

SÃO PAULO
Rua Gomes de Carvalho 1507, conj. 91, bloco B
CEP 04547-005
Telefone/Fax: (11) 3048-2900

E-mail: contato@astralcultural.com.br

SUMÁRIO

INTRODUÇÃO

"Somente sou um, mas sou um.
Tudo não posso fazer, mas fazer algo, posso.
Não me negarei a fazer o pouco que posso fazer."
(Helen Keller)

Este livro é um "flash", um retrato do jogo sujo da corrupção no Brasil. Nele reunimos e comentamos os principais fatos levantados pela Lava Jato e pela mídia até o primeiro trimestre de 2017. As revelações e os fatos posteriores serão objeto de análises e considerações detalhadas em possíveis novas edições desta obra. Parafraseando Ernesto Rossi, em *Cleptocracia* (SAPELLI, 1998), diríamos:

1. Quando os detentores do poder econômico e financeiro, ou seja, a plutocracia, financiam as caríssimas campanhas eleitorais, por meio de seus departamentos específicos de propinas, transformando-se em árbitros do sucesso ou fracasso eletivo dos políticos;

2. Quando esses poderosos econômicos, financeiros e midiáticos podem pressionar ou extorquir o governo,

perturbando ou manobrando, consoante seus interesses, a ordem pública, a credibilidade na política, a confiança nas instituições, a produção legislativa, algumas importantes decisões judiciais, a bolsa de valores (com suas especulações), a estabilidade dos governantes, o clamor popular e setores das redes sociais;

3. Quando tudo isso acontece com a conivência ou cumplicidade das instituições fiscalizatórias, como Parlamento, tribunais de contas, mídia, Justiça, povo etc.;

4. Quando dentro das elites dirigentes destacam-se algumas fortunas (plutocracia) ou pessoas influentes (donos do poder) que conseguem dominar os grandes meios de comunicação que formam e manipulam, de acordo com sua conveniência, a chamada "opinião pública";

5. Quando nas mãos dos donos do poder se acham armas muito perigosas para o bom funcionamento das instituições responsáveis pelo desenvolvimento saudável do país;

6. Quando esses poderosos, no lugar do capitalismo competitivo, deliberam construir um tipo de relacionamento promíscuo entre a economia e a política, intermediada pela corrupção, criando-se um capitalismo particular — à brasileira, de compadres ou "político" —, regido pelos cartéis, monopólios e oligopólios;

7. Quando os donos do poder econômico e financeiro são regidos por uma legalidade particular, a extralegalidade, "comprando" leis específicas para atendimento dos seus interesses, ou seja, quando a força econômica se transforma também em força política, manipulando todas as instituições da democracia e até mesmo a qualidade dela;

8. Quando buscam, diuturnamente, o máximo de riqueza para seus bolsos, sem nenhum projeto de nação, tornando invisíveis e desprezíveis os cidadãos restantes do país;

9. Quando o propósito é conquistar fortunas indevidas ou politicamente favorecidas com o dinheiro público para satisfação dos seus exclusivos fins particulares;

10. Quando o enriquecimento pode ser alcançado mais por meio da ilicitude impune ou do favorecimento político que pelo esforço do mercado competitivo, desestimulando as leis impessoais assim como a legalidade racional;

11. Quando todos os cálculos econômicos concluem que a corrupção constitui o caminho de menor resistência para a criação de fortunas e concentração da riqueza do país (para cada R$ 1 bilhão que a Odebrecht "investiu" em propinas teve o retorno de R$ 4 bilhões em contratos);

12. Quando as castas dominantes interferem nas leis e no funcionamento da Justiça para alcançarem a impunidade dos seus desmandos, delitos e caprichos;

Sem sombra de dúvida, estamos diante de uma cleptocracia, de um governo de ladrões, amalgamada a uma plutodelinquência, em que endinheirados da plutocracia influenciam o poder político para surrupiar o dinheiro público, impunemente.

■ **Sem sombra de dúvida, estamos diante de uma cleptocracia, de um governo de ladrões, amalgamada a uma plutodelinquência, em que endinheirados da plutocracia influenciam o poder político para surrupiar o dinheiro público, impunemente.**

Juntas, sequestraram a democracia venal e formal, de baixa intensidade, bloquearam o crescimento econômico sustentado em todo o país, impediram contínuas políticas de desenvolvimento humano, geraram brutal desigualdade, pobreza, fome e miséria, além de mortes, e estão afetando a coesão social (que, reconhecidamente, está na iminência de uma verdadeira explosão).

Nisso consiste o sistema político-empresarial corrupto que agora está sendo implodido pela Lava Jato e que deve ser dinamitado definitivamente pelo nosso voto faxina da cidadania vigilante nas próximas eleições. A tarefa de implosão desse sistema não compete exclusivamente à Lava Jato, senão também a todos nós, nas urnas.

Quando nos referimos à Lava Jato, é importante saber o seguinte: os réus sem foro privilegiado são processados e julgados na primeira instância (em Curitiba, Rio de Janeiro, Brasília etc.). Os réus com foro privilegiado (deputados, senadores, ministros de Estado etc.) são julgados pelos respectivos tribunais. Os casos da Lava Jato estão tramitando tanto na primeira instância quanto nos tribunais.

Diariamente, temos que contribuir para a implosão do sistema. Por enquanto, o correto é suspendermos nossas preferências ideológicas e partidárias para nos unirmos em torno deste objetivo comum. Lembre-se de que os corruptos não possuem ideologia e se entendem bem com todos os partidos. Nós agora não podemos nos dividir. O sórdido e perverso sistema corrupto deve ser substituído por novas lideranças nacionais, estaduais e municipais, honestas e comprometidas seriamente com o combate à corrupção, às desigualdades sociais e às injustiças, fortalecendo o Estado de Direito e a democracia.

Há três anos ninguém seria capaz de dizer que iria aparecer no Brasil um grupo de jovens policiais, promotores, procuradores, juízes e auditores que colocasse em pé a nova instituição da Lava Jato. Em meio a toneladas de incredulidade, isto ocorreu. A mesma coisa deve se passar com o surgimento de novas ou repaginadas lideranças políticas para as eleições de 2018 — ou antes, se assim determinar o STF, depois de eventual cassação da chapa Dilma-Temer pelo TSE. Elas surgirão com mais facilidade no âmbito legislativo. A dificuldade maior será a construção de uma candidatura empolgante para a Presidência da República. Veremos.

Os comprovadamente corruptos que não forem abatidos pela Lava Jato devem ser defenestrados nas urnas por meio do voto faxina da cidadania vigilante, que pode limpar o cenário político, respeitando a democracia e suas instituições.

Novos atores, juntamente com os sobreviventes da implosão, que seguramente serão encontrados nos escombros do edifício desmoronado, cuidarão da reconstrução do Brasil, sob novos princípios éticos, jurídicos, políticos e econômicos.

> **"A conduta de uma espécie muda quando um número crítico de seus indivíduos aprende a fazer algo novo (...). Quando uma massa crítica de pessoas adota algo novo, uma ideia ou um comportamento novo, eles se convertem em uma norma nova."**
>
> **(J. Shinoda Bolen, *El Nuevo Movimento Global de las Mujeres*)**
>
> **(BOLEN, 2014)**

O SISTEMA POLÍTICO-EMPRESARIAL CORRUPTO

1

1.1 A necessária implosão do velho sistema

O velho, promíscuo e sórdido sistema político-empresarial vigente por mais de cinco séculos fez do Brasil um país extremamente desigual e injusto. Sua implosão, sobretudo depois das devastadoras revelações da Odebrecht, se tornou mais do que necessária. A cada dia temos que detonar uma bomba destrutiva em seus pilares, como uma nova prova, uma nova delação, uma nova condenação. Até que tudo vire escombros.

Os rapinadores que fazem parte desse arcaico sistema de composição da sociedade devem ser defenestrados. Independentemente da ideologia e do partido político, todos devem ser responsabilizados, consoante o princípio *erga omnes*, isto é: contra todos.

Por força do império da lei, o desmoronamento do sistema podre já vem acontecendo homeopaticamente dentro da Lava Jato. Mas é nas urnas que temos que perpetrar o golpe final. Para as próximas eleições, espera-se uma grande renovação da classe política, eliminando concomitantemente o nepotismo eleitoral.

Implodir significa detonar o sistema por dentro, tal como se derruba um prédio, programadamente. É distinto de explodir (para fora). Nós temos que implodir o sistema corrupto, a República da Odebrecht, evitando ao máximo os efeitos colaterais. A implosão é controlada.

É isso que temos que fazer com o sistema corrupto brasileiro: limpá-lo, eliminá-lo, para rapidamente reconstruir o país sobre novas bases. Temos que calcular bem a resistência do sistema para saber a quantidade certa de dinamite que deve ser utilizada para um resultado paulatino e gradativo, criando um novo ambiente para fazer política e negócios do jeito certo.

É preciso implodir para reconstruir. E o mais pronto possível, antes que a população, desempregada e esfomeada, promova desorganizadamente a explosão do sistema, com consequências imprevisíveis. Com a explosão desordenada, o risco que as elites dirigentes correm não é apenas de perderem seus cargos, mas também suas cabeças, como ocorreu na França, em 1789.

Não temos tempo a perder. Depois de 31 anos de redemocratização governada pelo PMDB, PSDB, DEM, PT etc., o sistema apodrecido está nos roubando, no mínimo, R$ 600 milhões por dia, R$ 18 bilhões por mês, R$ 200 bilhões por ano, conforme pesquisa Fiesp e revista *EXAME*. Logo, a sua destruição tem que ser a mais rápida possível, e controlada para evitar seu caráter catastrófico. Trata-se de uma assepsia impostergável, que tem como consequência o desmoronamento de um edifício perverso e nefasto para a sociedade.

As dinamites que vão detonar o sistema estão em cada delação premiada, em cada prova encontrada (de contas bancárias no exterior, por exemplo), em cada protesto da população, seja nas ruas ou nas redes sociais. A implosão está em andamento, sobretudo com as revelações bombásticas das delações da Odebrecht, que decidiu demolir o sistema com 77 delações. Cada informação confiável é uma dinamite. Todos os velhos partidos da rapinagem estão sendo atingidos. Todos devem ser dinamitados para que possamos buscar novas lideranças com outra mentalidade.

A Lava Jato, com suas forças-tarefas em cidades como Curitiba, Rio de Janeiro e Brasília, vem cumprindo seu papel implosivo. Já aplicou mais de 1.317 anos de prisão até o começo de 2017. A ação final de profilaxia, no entanto, vai ficar para o eleitor, nas urnas de 2018 ou antes (se a chapa Dilma-Temer for cassada pelo TSE). Neste dia, caberá a nós, no exercício da cidadania vigilante, promover a faxina dos comprovadamente corruptos como em um dia de juízo final. Isto significa apagar o passado degenerado e olhar para o futuro, para a reconstrução do país à luz do Estado de Direito e da democracia.

Por isso a metáfora de que a "bomba-relógio" está em nossas mãos. Nós é que vamos detoná-la nas ruas, nas redes sociais e, finalmente, nas urnas. Os ponteiros do relógio já estão correndo. Já temos dia e hora certos para a implosão final do edifício da gatunagem e da roubalheira do dinheiro público. A eliminação dos corruptos tem que ser implacável. Só assim vamos abrir espaço para a reconstrução de um Brasil saudável, mais justo e menos desigual.

De acordo com Mahatma Gandhi, "Você nunca sabe que resultados virão da sua ação, mas se você não fizer nada, não existirão resultados".

Há um milhão de motivos para implodir todo o sistema político-empresarial corrupto e seus atores. As castas dirigentes da nação, privilegiadas e frequentemente corruptas e desavergonhadas, nunca foram tratadas, sobretudo no campo da Justiça criminal, tal qual o restante da população.

Durante quinze anos fui juiz de direito concursado em São Paulo, após três anos na carreira de Promotor de Justiça e seis meses como delegado de polícia. Advoguei por dois anos e fui empreendedor na área do ensino jurídico por outros dez. Nunca, no entanto, como agente da lei, atuei em qualquer processo contra algum poderoso como esses investigados e processados pela Lava Jato. Por quê? Porque a Justiça criminal sempre agiu contra os crimes dos pobres ou desprotegidos. As castas dirigentes sempre foram intocáveis e repletas de privilégios.

■ A eliminação dos corruptos tem que ser implacável. Só assim vamos abrir espaço para a reconstrução de um Brasil saudável, mais justo e menos desigual.

Essa injustiça que salta aos olhos de qualquer cidadão começou a mudar com o Julgamento do Mensalão, em 2012, e se consolidou com a Operação Lava Jato, desde 2014, que hoje se transformou em um novo patrimônio nacional, com aprovação de 85% da população, segundo pesquisa da Ipsos.

Dominado por caciques e coronéis que mandam em tudo e em todos, o Brasil está permitindo que a inusitada e impensável Operação Lava Jato produza fenômenos nunca imaginados. Como o que diz que dentre as cinco personalidades mais admiradas pelos brasileiros, em fevereiro de 2017, as três primeiras são do Judiciário, e não do Executivo ou do Legislativo.

Na pesquisa da Ipsos Brasil, divulgada pelo *Estadão* em 27/02/17, Sérgio Moro aparece em primeiro lugar com 65% de aprovação, o ex-ministro Joaquim Barbosa, o grande responsável pelas punições no Mensalão, vem em seguida, com 48%, e Cármen Lúcia aparece com 33%. A lista se completa com dois políticos: Lula da Silva, com 31%, e Marina Silva, com 28%. Os cinco mais rejeitados são: Eduardo Cunha (89%), Renan Calheiros (82%), Michel Temer (78%) e Aécio Neves e Dilma Rousseff, empatados com 74%.

Por causa do efetivo combate à corrupção nas castas intocáveis, os brasileiros estão dando extraordinário valor aos membros do Judiciário, ao mesmo tempo em que repudiam duramente os políticos, que são os que ocupam cargos no Executivo e no Legislativo. Enquanto houver esse forte apoio popular, com certeza, o sistema político-empresarial corrupto, que explora a população, ficará sem forças para acabar com a Lava Jato. Se nas próximas eleições nomearmos alguém notoriamente comprometido com o combate à corrupção, às desigualdades e às injustiças, definitivamente a Lava Jato continuará cumprindo seu papel de limpeza geral do ambiente político e econômico brasileiro.

Não se pode acabar com uma operação policial-judicial que está combatendo o crime organizado mais poderoso do país, cujos meios são nefastos e cujos fins são mesquinhos, considerando que visam à conquista ilícita de riquezas em favor de poucos, prejudicando a maioria.

A Lava Jato está transmitindo a mensagem de que se pode promover o império da lei e, eventualmente, mandar para a cadeia e tomar os bens, inclusive dos poderosos. Como divisora de águas, diante de tudo que está sendo revelado, tornou-se inconcebível o círculo vicioso histórico que tende a perpetuar no poder lideranças moralmente degeneradas.

Franklin Roosevelt afirmou: "É triste falhar na vida, porém, mais triste é não tentar vencer".

É preciso implodir calculadamente o velho sistema político-empresarial corrupto. Novos líderes honestos e comprometidos com os interesses coletivos, com firme propósito de combate à corrupção, à desigualdade e às injustiças, devem surgir e ocupar o lugar dos velhos caciques que há cinquenta anos mandam na política, fazendo e desfazendo, atacando e menosprezando as leis e a Justiça, em um contínuo e irritante zigue-zague de caprichos, que corrompe, que agride, que viola princípios, que não respeita a ética nem as normas de convivência. Esse fluxo é odiado pelo povo, que vê em tudo isso arcaísmo e perversidade.

Não há brasileiro que não reconheça, no entanto, que a Lava Jato era algo impensável em um país cuja tradição é ser governado, sobretudo, por um covil de poderosos ladrões cleptocratas e plutodelinquentes.

Cleptocracia: governo de ladrões ou governantes ladrões. Plutodelinquentes: endinheirados bem posicionados dentro do Estado, como Odebrecht, Engevix, Andrade Gutierrez, que alavancam parte das suas riquezas surrupiando o dinheiro público por força das suas relações promíscuas e criminosas. Os ladrões que fazem parte das elites do poder político ou administrativo são os barões-ladrões-cleptocratas. Os ladrões endinheirados e seus comparsas financeiros, que contam com acesso à cleptocracia são os plutodelinquentes. Plutocracia é o governo dos endinheirados. Estes são os alvos da Lava Jato. Juntos eles formam um sistema, que está sendo dinamitado paulatinamente.

Dentro das elites dirigentes há uma espécie de clube dos sem caráter. Como apontou Marco Antonio Villa: "A elite política [assim como a elite do mercado e das finanças que fazem negócios com o Estado], com raríssimas exceções, não tem caráter, não tem pudor, não tem princípios. Faz política como negócio [e negócios com favorecimentos políticos]. Eventualmente incorpora alguma demanda popular, mas sempre para tirar algum proveito. São farsantes convictos. Ficam incomodados quando vigiados. E quando são atingidos pela ação — sempre tímida — do Estado democrático de Direito, reagem e buscam a proteção da estrutura político-jurídica que blinda a elite, criando inúmeros obstáculos para a aplicação da lei. Há um confronto entre a elite e a lei. Os poderosos divergem, atacam, criticam, mas todos fazem parte do mesmo clube."[1]

É fácil perceber que a Lava Jato faz parte de uma guerra de poder. Guerra homérica, por sinal. Porque é menos complicado ir à lua que enquadrar, investigar, processar e encarcerar as castas mais influentes do país, pois as elites econômicas, políticas, financeiras e administrativas contam com apoios e cumplicidades em todas as instituições jurídicas, políticas, econômicas, sociais, midiáticas e intelectuais. A mídia suja e podre sempre foi fator fundamental para a preservação do sistema corrupto no Brasil.

A implosão do sistema tem que significar também a reconstrução das instituições. Velhas cabeças clepto-coniventes já não fazem sentido. Sarney, em uma gravação feita por Sérgio Machado, ex-presidente da Transpetro, disse que há juízes que "são nossos cúmplices". A cada dia que passa se comprova a veracidade da sua fala. Machado gravou manifestações de Sarney, Renan e Jucá, que serão interrogados sobre suas revelações pela PF. Essas gravações se tornaram públicas no final de maio de 2016.

Por tudo isso, a Lava Jato é uma revolução sem comparação na nossa história — ainda que incompleta, com muitas falhas e suspeitas, diga-se. A partir dos seus princípios de que todos são iguais perante a lei e que todos estão submetidos ao seu império, nós temos que reconstruir o Brasil.

1.2 O sistema da rapinagem do dinheiro público

O sistema político-empresarial brasileiro corrupto é composto por políticos, empresários, partidos e setores da grande mídia e da intelectualidade. É uma potente organização criminosa que explora a sociedade brasileira à exaustão, canalizando consequentemente grandes montantes do dinheiro público para seus bolsos. Algo entre 4% e 5% do Produto Interno Bruto, ou seja, pelo menos R$ 200 bilhões por ano; isso significa R$ 18 bilhões por mês, que equivalem a R$ 600 milhões por dia.

Um estudo da Federação das Indústrias do Estado de São Paulo (Fiesp), elaborado em 2012[2], projetava a roubalheira da corrupção entre 1,38% e 2,3% do

Produto Interno Bruto. Isso significa que somente durante a nova democracia (1985-2017) praticamente dois terços de um Produto Interno Bruto, ou mais de R$ 3 trilhões, foram surrupiados dos brasileiros.

O capitalismo de compadrio, de cartéis, de laços, de relacionamentos, inequivocamente também corrupto, que promove o enriquecimento de alguns barões-ladrões em razão de favorecimentos políticos como empréstimos subsidiados, isenções fiscais, dinheiro do governo com taxas favorecidas, cartelização das concorrências, fraudes em licitações, representa 2,5% do Produto Interno Bruto, conforme ranking da revista *The Economist*[2].

O desvio, bem como a concentração absurda do dinheiro público nas mãos de poucos (na grande maioria de barões-ladrões), é causa impeditiva do crescimento econômico saudável e uma das razões da nossa recessão. Outro motivo é a irresponsabilidade fiscal, ou seja, gasta-se mais do que se pode. O sistema corrupto brasileiro também é responsável direto pela baixa qualidade da nossa democracia, que está longe de ser uma democracia cidadã. Ele ainda agrava a gritante desigualdade no país e, com isso, aumenta o risco de erosão da coesão social. O Brasil é um dos 10 países mais desiguais do planeta, conforme nos mostram os índices de desenvolvimento humano da ONU, de 2015.

■ O desvio, bem como a concentração absurda do dinheiro público nas mãos de poucos (na grande maioria de barões-ladrões), é causa impeditiva do crescimento econômico saudável e uma das razões da nossa recessão econômica.

O crime organizado político-empresarial atua em todas as esferas do poder, nos âmbitos federal, estadual e municipal. Agem no Legislativo e no Executivo, e ainda contam — normalmente — com a cobertura ou mesmo com a conivência de setores do Judiciário. A natureza sistêmica e universal da corrupção no Brasil foi mais do que comprovada na Lava Jato, em particular depois das delações da Odebrecht.

1.3 Espoliação de todos, sobretudo de quem mais precisa

O desvio das verbas públicas por um seleto grupo de delinquentes do colarinho branco assume o caráter perverso quando se sabe que o dinheiro surrupiado poderia permitir que o Estado brasileiro cumprisse seu papel de forma integral e com qualidade nas áreas da educação, saúde, Justiça e segurança, tão essenciais para a melhora da qualidade de vida de todos, incluindo, evidentemente, as futuras gerações.

A conexão entre corrupção e desigualdade alimenta um círculo vicioso de distribuição desigual de poder e de riqueza na sociedade, de acordo com o relatório de 2016 da ONG Transparência Internacional, sediada em Berlim.

"Nas 247 operações [nos últimos anos] de investigação de desvios de verbas federais repassadas para os municípios, constatou-se que quase 70% dos casos de corrupção ou fraude referiam-se às áreas de saúde e de educação. Mas a ação criminosa é extensa e atinge também recursos destinados à infraestrutura em geral, transportes e turismo[4]." Ainda segundo o *Estadão*, os países com os maiores índices de corrupção são também os que ostentam os piores indicadores econômicos e sociais. Quanto mais corrupção, piores são os indicadores do ensino básico, as taxas de repetência ou de evasão escolar. O Brasil ocupa a 79ª posição no ranking de percepção da corrupção da ONG Transparência Internacional.

A corrupção, no entanto, não atinge apenas os mais necessitados nas áreas da educação e da saúde, por exemplo. Por detrás da crise econômica trágica que vive a população brasileira, repleta de desempregados — que já passam de 13 milhões de pessoas em abril de 2017 —, vale a pena ressaltar também a classe dos "desempresários", aqueles que deixaram de ser empresários em virtude da recessão.

As perdas econômicas acabaram por atingir todas as classes de renda, de "A" a "E", em 2016[5]. Ou seja, a corrupção afeta o crescimento econômico e o desenvolvimento humano do país como um todo, aumentando a desigualdade e gerando forte impacto na coesão social de toda a população brasileira. Isso tudo não é responsabilidade da Operação Lava Jato, como alguns ainda insistem em afirmar.

Para melhorar o Brasil não há outra saída: é preciso implodir o sistema corrupto vigente, multipartidário, reduzindo drasticamente a corrupção. A boa notícia é que a bomba-relógio dessa implosão não está apenas nas mãos da Lava Jato, mas também nas da população, que, no exercício da cidadania vigilante, pode fazer muita coisa nas ruas, nas redes sociais e nas urnas.

Sérgio Moro costuma afirmar que "não podemos culpar o investigador por ter encontrado o cadáver" Correto. A Lava Jato constatou uma realidade, não a inventou. Afirmam ainda que a Lava Jato agravou a situação econômica, já arruinada, do país. O desconforto é inevitável, mas não há alternativa possível quando se opera um paciente com uma doença grave, como metaforizou Deltan Dallagnol. Para um país voltar a ser saudável tem que extirpar das suas entranhas a corrupção do sistema político-empresarial promíscuo.

1.4 O que está sendo "comprado" em troca das propinas chamadas "doações eleitorais"?

As delações premiadas dentro da Lava Jato, com particular atenção para as da Odebrecht, revelaram que, nas últimas campanhas, R$ 1,9 bilhões de reais foram "doados" aos políticos, ora por dentro, ora por fora. Isto significa ora declarados oficialmente, ora não declarados, com o inequívoco propósito, em geral, de receber benefícios em troca, como contratos superfaturados, preservação dos cartéis, fraudes em licitações, empréstimos subsidiados e leis de isenções ou favorecimentos fiscais. No Brasil, nenhuma empresa coloca milhões de reais em um político sem vislumbrar nenhum benefício em troca.

As dez maiores doadoras oficiais em 2014 ajudaram a eleger 70% dos deputados federais[6]. Mais de 360 deputados de 23 partidos distintos estão nessa lista. As "doações" empresariais, hoje proibidas pelo Supremo Tribunal Federal, são uma vergonha nacional, mas são democráticas, considerando que todo mundo recebe. Eis os detalhes (revelados pelo *Estadão*, citado):

- "A maior bancada que foi 'comprada' está relacionada com o bife, com a carne. Empresas do grupo JBS, ou que têm os mesmos sócios, distribuíram R$ 61,2 milhões para 162 deputados eleitos. Dona dos maiores frigoríficos do país, a JBS deu recursos para a cúpula de 21 dos 28 partidos representados na nova Câmara, incluindo todos os grandes [partidos]";

- "O Grupo Bradesco doou R$ 20,3 milhões para 113 deputados eleitos por 16 partidos. É a segunda maior bancada empresarial oficial. Ficou à frente do grupo Itaú, que contribuiu para a eleição de 84 novos deputados de 16 partidos. O Itaú foi mais econômico, gastou 'só' R$ 6,5 milhões. Há 42 deputados que foram financiados por ambos os bancos. O Bradesco privilegiou as direções partidárias. O Itaú doou mais a candidatos";
- "As empreiteiras, que são imbatíveis nas ajudas em caixa dois, também são bastante 'doadoras' oficiais. Cinco delas estão na lista das dez maiores: OAS, Andrade Gutierrez, Odebrecht, UTC Engenharia e Queiroz Galvão. A OAS investiu R$ 13 milhões para ajudar a eleger 79 deputados de 17 partidos — do PT ao PSDB, passando por PMDB e todos os grandes. Já a Andrade Gutierrez gastou quase o mesmo valor e ajudou a eleger 68 deputados federais. A Odebrecht doou R$ 6,5 milhões para 62 deputados, a UTC deu R$ 7,2 milhões para 61 deputados, e a Queiroz Galvão, R$ 7,5 milhões para 57 parlamentares";
- "O grupo Vale elegeu a terceira maior bancada empresarial oficial. Foram 85 os deputados eleitos — de 19 partidos — que receberam uma parte dos R$ 17,7 milhões doados pela empresa. Um deles foi o deputado reeleito pelo PP de Minas Gerais Luiz Fernando Faria. Ele recebeu R$ 800 mil de mais de uma empresa do grupo Vale — e já foi presidente da Comissão de Minas e Energia da Câmara. Mas também recebeu doações de outras sete das top dez doadoras";
- "A Ambev, dona das marcas Brahma e Antarctica, dentre outras, doou R$ 11,7 milhões e ajudou a eleger 76 deputados de 19 partidos. A bancada do churrasco, que recebeu do frigorífico e da cervejaria, soma 25 deputados".

O ministro da Saúde, Ricardo Barros, alugou recentemente um prédio de Paulo Octávio, em Brasília, em contrato de R$ 31 milhões. Isso porque Paulo financiou a campanha eleitoral da esposa de Barros, Cida Borghetti[7]. Percebe-se que as ajudas financeiras, sobretudo empresariais, em regra, criam uma relação que busca sempre "algo em troca" — e isso é corrupção.

■ A grande tese da Operação Lava Jato é a seguinte: as chamadas doações eleitorais, declaradas para a Justiça Eleitoral, ou doações na forma de caixa dois, não declaradas à Justiça, feitas pelos plutocratas, foram sempre o subterfúgio usado para esconder o sistema da megacorrupção.

A grande tese da Operação Lava Jato é a seguinte: as chamadas doações eleitorais, declaradas para a Justiça Eleitoral, ou doações na forma de caixa dois, não declaradas à Justiça, feitas pelos plutocratas, foram sempre o subterfúgio usado para esconder o sistema da megacorrupção. Toda "doação", ou financiamento, foi um investimento para receber em troca um milhão de favores do sistema político cleptocrata. Não há inocentes nesse jogo. Chegou a hora da prestação de contas dessa amoral preservação do sistema. Políticos, partidos, bancos, empresários, marqueteiros, tesoureiros: todos esses delinquentes sistêmicos que fazem parte da rapinagem político-empresarial devem ser, de acordo com a lei, devidamente responsabilizados por seus atos ilícitos.

Como é possível fazer isso? Temos que saber distinguir:

- As doações eleitorais legítimas, quando o dinheiro é limpo e não há cobrança de nada em troca: muitos particulares fazem isso em favor de alguns candidatos. Não pedem nada, os candidatos não prometem nada; essa doação é legítima;
- Do caixa dois puro, quando o dinheiro doado não é declarado à Justiça Eleitoral, mas nada se pede em troca da doação;
- Da corrupção, quando a doação eleitoral é só um subterfúgio para esconder uma troca de benefícios;

- Da lavagem de dinheiro, quando o candidato recebe dinheiro sujo, vindo de corrupção, sabendo da origem do dinheiro.

O STF reconheceu, em 7/03/17 que uma doação oficialmente declarada, como foi o caso do senador Valdir Raupp, de Rondônia, pode esconder uma operação de corrupção e/ou de lavagem de dinheiro. Existem doações criminosamente dentro da lei, ou seja, elas podem ser um subterfúgio para mascarar uma corrupção precedente. No caso das delações da Odebrecht já reveladas, pelo menos 2/3 das doações significaram corrupção, ou seja, houve troca de dinheiro por favores públicos (benefício em contratos, superfaturamentos, edição de leis etc.).

Uma das maiores especialistas do mundo no combate à corrupção, a professora Susan Rose-Ackerman, da Universidade de Yale, afirmou que "dando dinheiro aos políticos, aos governantes e aos partidos, os corruptores 'compram' a decisão do poder público de fazer obras ou adquirir serviços, 'compram' leis favoráveis aos seus negócios e ainda obtêm uma série de favores estatais (empréstimos subsidiados, apoio para obras internacionais, cartelização das licitações, incremento no capitalismo de laços etc.)"[8].

Se o custo da "compra" é menor que o benefício a ser obtido, há incentivo para a corrupção. Se a Odebrecht gastou R$ 1,9 bilhões em doações e corrupções nos últimos anos e lucrou R$ 7 bilhões, a relação custo-benefício foi favorável.

Na era da "pós-verdade" e dos "fatos alternativos" — as mentiras difundidas como verdades, sobretudo nas redes sociais —, o que mais se escuta dos governantes ladrões beneficiários do sistema político-empresarial corrupto é que todos eles receberam doações "dentro da lei", "declaradas de acordo com a lei". No máximo, teriam cometido "caixa dois". Essa mentira está virando pó diante das novas delações e provas surgidas na Lava Jato.

Dinheiro recebido de pessoa física ou jurídica como doação eleitoral, declarada ou na forma de caixa dois, em troca de favores e ajudas emanadas do poder público, é corrupção. Se o dinheiro dado é sujo, de origem ilícita, e o receptor sabe disso, é lavagem de dinheiro. O disfarce utilizado não desnatura nem a corrupção nem a lavagem. Essa é a grande tese da Lava Jato, que tem o dever de provar que milhares de doações foram feitas criminosamente "dentro da lei".

1.5 Evidências de que o sistema vive de favores bilaterais

As primeiras revelações das delações da Odebrecht já abalaram as carcomidas estruturas do sistema político-empresarial corrupto. Os cartéis corruptores do crime organizado comandados pelos donos clepto-delinquentes do poder transformaram em espantalho todas as instituições de controle do país: Justiça Eleitoral, Supremo Tribunal Federal, juízes etc. Sapatearam sobre as leis e sobre as instituições como se elas fossem objetos descartáveis. O Brasil foi apoderado pelas empresas corruptas que passaram a ditar os rumos econômicos e políticos do país. Incontáveis leis foram editadas em troca de dinheiro.

A promiscuidade entre a economia e a política, entre os empresários e os partidos, entre os financiadores e os políticos dizimou toda dignidade do Estado brasileiro, que foi sequestrado pelos donos do poder como se fosse uma entidade privada. Primeiro se coloca no governo "o escolhido" para depois virem os favores. Trata-se, ademais, de uma delinquência organizada de alto teor destrutivo do processo democrático.

Crimes de lesa-pátria como esse têm que merecer do Judiciário a mais pronta e contundente resposta. Mencionam o caixa dois como se fosse uma ninharia, como não retratasse um rematado abuso do poder econômico. Pior: sob esse subterfúgio, escondiam verdadeiras traficâncias de favores públicos, em troca de dinheiro obtido a partir de licitações fraudulentas, de contratos cartelizados, de empréstimos subsidiados, dentre outras irregularidades.

O método adequado para a Lava Jato comprovar a sua tese central terá que ser o indutivo: saindo de uma perspectiva particular para uma perspectiva geral. A Lava Jato terá que provar — e certamente vai conseguir — incontáveis casos concretos de "trocas de favores" para chegar à conclusão de que todo o sistema sempre funcionou assim.

Na delação de Marcelo Odebrecht, por exemplo, aparece a notícia de que, em 2009, a empresa deu ao PT R$ 50 milhões em troca de uma Medida Provisória que instituía um novo Refis, um novo parcelamento de débitos tributários. Na campanha de 2014 foram R$ 150 milhões, dos quais R$ 120 milhões na forma de caixa de dois.

Vamos a outros exemplos, pluripartidários:

Aécio Neves, FHC e Serra (dentre outros). O delator da Odebrecht Benedicto Júnior afirmou que combinou com Aécio, quando este ainda era governador de Minas Gerais, o esquema de fraude nas licitações da Cidade Administrativa, em Belo Horizonte[9]. Definiram juntos as empreiteiras e as propinas (entre 2,5% e 3% do total dos contratos, que chegaram a R$ 2,1 bilhões), pagas por intermédio do seu operador Oswaldo Borges da Costa Filho. Sérgio Neves, ex-Odebrecht em Minas Gerais, teria confirmado tudo isso em outra delação. A construtora baiana ainda afirma que fez depósitos para Aécio em conta sediada em Nova York, operada por sua irmã, Andrea Neves.

Se surgirem provas documentais de tudo isso, só resta saber que dia Aécio irá para a cadeia. Considerando-se o tempo dos processos contra quem desfruta de foro privilegiado, o caminho mais rápido consiste em faxiná-lo impiedosamente nas próximas eleições, tirando-lhe o foro privilegiado. Pesa ainda contra ele uma série de delações de propinas recebidas da direção de Furnas, famosa usina hidrelétrica situada em Minas Gerais. Tudo está sob investigação. Dimas Fabiano Toledo, ex-diretor da usina, fez acareação com o delator Fernando de Moura, que confirmou sua versão de que, em 2003, o ex-dirigente da empresa garantiu propinas de um terço para o PT nacional, um terço para o PT de São Paulo e um terço para Aécio Neves. Também teria recebido R$ 50 milhões quando a Odebrecht venceu o leilão para a construção da hidrelétrica de Santo Antônio, em dezembro de 2007. Aécio Neves, assim como todos os demais caciques partidários perversos e receptores de caixa dois, devem ser eliminados do jogo político — seja pela lei, seja pelas urnas.

Lula e Dilma. Outras revelações feitas nas delações da Odebrecht são as seguintes: a pedido do ex-presidente Lula, a empreiteira bancou treinamento empresarial, uma espécie de *coaching*, para seu filho organizar um campeonato de futebol nos EUA, sob o patrocínio das empresas TNT, Budweiser, Tigre, Sustenta Energia, Qualicorp, GOL e Caoa Hyundai[10]. O delator nesse caso foi Alexandrino Alencar, muito amigo de Lula, que ainda confirmou que a empresa pagou a reforma do sítio de Atibaia e construiu o estádio do Corinthians, assim como comprou um terreno para ser a nova sede do Instituto Lula. Tudo isso sem contar os vários milhões recebidos por palestras que podem não ter acontecido, de ajuda a outros familiares etc. De qualquer maneira, tudo está *sub judice* (sob julgamento).

Temer. Pelo que se sabe até aqui, quatro delatores já teriam confirmado o envolvimento de Michel Temer com o departamento de propinas da Odebrecht. Marcelo Odebrecht, Claudio Melo Filho, Márcio Faria e Benedito Júnior, ex-presidente e ex-executivos da empresa, respectivamente, descrevem detalhes de vários encontros inequivocamente criminosos com Temer. Eduardo Cunha participou de alguns desses atos. Cláudio confirmou o pedido de R$ 10 milhões combinado com Padilha e confirmado por Michel Temer, no Palácio do Jaburu. Saiu, nesse caso, dinheiro vivo do departamento de propinas da Odebrecht.

Márcio Faria confirmou que liberou dinheiro (US$ 40 milhões, nesse caso) a pedido de Temer em troca da celebração de contratos com a Petrobras. Teriam se encontrado no escritório político de Temer em São Paulo, com a presença de João Augusto Henriques, o operador de propinas do PMDB na Petrobras. O quarto delator é Benedito Júnior, que, conforme publicou Mauricio Lima, relata um encontro com Michel Temer, em 2010, quando jantaram com Moreira Franco e Eduardo Cunha[11]. Assuntos discutidos: financiamentos e investimentos da Caixa Econômica e campanha eleitoral, ou ajuda financeira em troca de favorecimentos.

Rodrigo Maia. No *Jornal Nacional* de 8/02/17, houve o vazamento de um relatório da PF onde se diz que o então presidente da Câmara, Rodrigo Maia, teria praticado corrupção passiva e lavagem de dinheiro. A origem está em mensagens de celular entre Maia e o empreiteiro Léo Pinheiro (da OAS). Em troca da propina de R$ 1 milhão, o parlamentar teria defendido interesses legislativos da empreiteira no Congresso entre 2013 e 2014, sobretudo na área da aviação regional, com vantagens para a construtora. Oficialmente, a propina teria ido para seu pai, César Maia. Essa doação pode ter sido mais um disfarce, como noticiou o Estadão em 8/02/2017. Estaria em andamento, ainda, a delação dos donos da empreiteira Delta, que falam em milhões dados a Maia em suas campanhas.

PRB e cia. Outra delação da Odebrecht menciona a propina de R$ 7 milhões para o ministro da Indústria, Comércio e Serviços do governo Temer, Marcos Pereira, do PRB. Foi paga por caixa dois, em espécie, na campanha de 2014, para a compra do apoio do partido à chapa Dilma-Temer. Outros partidos foram "comprados" pelo mesmo método e também pela Odebrecht (PROS, PCdoB, PP e PDT). Foram R$ 30 milhões no total. Delatores: Marcelo Odebrecht, Alexandrino Alencar e Fernando Cunha. Marcos Pereira foi o sexto ministro do governo de Michel Temer citado em delações[12].

■ O sistema político-empresarial corrupto se vale de meios criminosos para o financiamento não apenas das campanhas eleitorais, senão também das estruturas partidárias caríssimas assim como, em algumas vezes, da própria governabilidade por meio de compra de parlamentares venais. Essa grande tese da força-tarefa da Lava Jato ganha evidências a cada dia.

Eduardo Cunha, Geddel Vieira Lima, Henrique Alves, J&F, Odebrecht e cia. Delação do empresário Alexandre Margotto revelou todo o esquema corrupto na Caixa Econômica, sobretudo na liberação de recursos do FI-FGTS para Odebrecht, J&F, dos irmãos Wesley e Joesley Batista, Eldorado Celulose, Porto Maravilha, Moura Dubeux, BR Vias, GOL, dentre outras empresas[13].

Havia sociedade entre o doleiro Lúcio Funaro e Cunha. Fábio Cleto confessou em delação premiada que participava do esquema. Margotto se desentendeu com Funaro por causa do pagamento das propinas. Sua delação deixou Eduardo Cunha em uma posição fragilizada. Há muitas provas dos seus estratagemas também na Caixa Econômica, quase sempre ao lado de Geddel Vieira Lima.

Três dias depois da delação de Cleto, a J&F depositou R$ 600 mil na conta de Funaro. Há suspeita de que seja propina para receber investimentos do FI-FGTS[14]. Funaro também recebeu da empresa uma casa em SP no valor de R$ 30 milhões.

O sistema político-empresarial corrupto se vale de meios criminosos para o financiamento não apenas das campanhas eleitorais, senão também das estruturas partidárias caríssimas assim como, em algumas vezes, da própria governabilidade por meio de compra de parlamentares venais. Essa grande tese da força-

-tarefa da Lava Jato ganha evidências a cada dia. É por intermédio de um crime organizado que o sistema funciona. A política não é crime, o sistema que a mantém tradicionalmente no Brasil, sim, é escandalosamente criminoso. Ser empresário não é crime, mas se esse empresário faz parte do sistema corrupto torna-se um criminoso, um bandoleiro da República, como diz o ministro do Supremo Tribunal Federal, Celso de Mello. Tanto a direita quanto a esquerda estão na mesma vala comum nesse item.

Não há como não combater esse câncer. Onde quer que estejamos: em casa, no trabalho, na escola, nas ruas, nas redes. Temos que implodir esse sistema e mostrar a verdade, além de destruir as mentiras. Eis o desafio em um momento em que temos tantos manipuladores da opinião pública, principalmente nas redes sociais.

Octave Mirbeau afirmou: "O ridículo não existe, os que se atreveram a enfrentá-lo conquistaram o mundo".

1.6 Os donos corruptos do poder manipulam a legalidade a seu favor

A partir da delação de Cláudio Melo Filho, ex-executivo da Odebrecht, sabe-se que esta empresa "investiu" diretamente pelos menos R$ 17 milhões para o fim específico de "fazer aprovar" em seu benefício 15 atos normativos, dentre medidas provisórias, projeto de lei e resolução. São eles: MP 252/05, 255/05, 449/08, 460/09, 470/09, 472/09, 544/11, 563/12, 579/12, 613/13, 627/13, 651/14, PLC 32/07, 06/09 e Projeto de Resolução do Senado 72/10.

Esta delação estremeceu os governantes porque o próprio Temer foi acusado de ter pedido ajuda financeira que foi repassada, na forma de caixa dois, para Paulo Skaf (R$ 6 milhões, não declarados para a Justiça Eleitoral) e Eliseu Padilha (R$ 4 milhões, dos quais R$ 1 milhão teria sido entregue para José Yunes, ex-assessor especial de Temer). O marqueteiro Duda Mendonça, que trabalhou para Skaf em 2014, confirma a promessa de pagamento, via Odebrecht, em caixa dois[15].

O Grupo Libra, que atua nas áreas de informática e logística no porto de Santos (SP), também teria se favorecido com uma Medida Provisória mediante o pagamento de propina. Eduardo Cunha, certa feita, levou um dos acionistas do Grupo ao Palácio Jaburu e lá se encontraram com Temer para cuidar do assunto[16]. O Grupo não podia renovar seu contrato de serviços no Porto de Santos, em razão dos seus débitos com a União, então, tudo teria sido resolvido com a aprovação de uma Medida Provisória.

Sobre sua relação promíscua com Romero Jucá — o "Caju", segundo o apelido da Odebrecht —, Melo Filho declarou: "Eu e o senador tínhamos a convicção de que os apoios aos pleitos da empresa seriam posteriormente equacionados no valor estabelecido para contribuição a pretexto de campanha eleitoral, fosse ela realizada de forma oficial ou via caixa dois". E complementou afirmando que os pagamentos ao senador dos quais havia participado superavam R$ 22 milhões[17]. O delator revelou ainda que Romero Jucá notoriamente representava Renan Calheiros, e que Eduardo Cunha também havia sido destinatário de propinas para aprovar projetos e medidas provisórias.

Todos os atos normativos aprovados mediante o pagamento de propinas podem ser, eventualmente, anulados — embora seja um resultado muito difícil, como já se comprovou no Mensalão. De qualquer modo, o recebimento de propina da Odebrecht para aprovar leis comprova a corrupção e pode levar seu autor a uma condenação criminal pesada.

Os poderosos desse abjeto clube conseguem leis "paralelas" na medida dos seus interesses. Os parlamentares venais se prestam a isso.

Recebem dinheiro para isso — e, dessa forma, muitos são reeleitos. Esse padrão de "legalidade paralela e privilegiada" substitui a legalidade racional que vale para os demais.

O que essa relação promíscua entre a política e o mundo empresarial comprova? Nas cleptoplutocracias vigora o que Max Weber (SAPELLI, 1998) chamou de "capitalismo político", aquele tipo que canaliza os bens da nação para a construção de poucas fortunas particulares. Trata-se de um poder de classe medieval inserido na sociedade moderna. A cleptoplutocracia brasileira representa o que há de mais arcaico convivendo com o moderno. Ninguém nega que o Brasil é um país moderno, mas seu funcionamento segue ainda o modelo medieval em muitos setores. O novo grande desafio do país, dos partidos, da política, é distinguir o novo do arcaico. Quem não apresentar algo novo, tende a perecer. Os brasileiros estão cientes de que as velhas e carcomidas estruturas de poder se apodreceram.

O racional, correto e legítimo, seria toda economia — aliás, todos os nossos atos — seguir os parâmetros legais, as normas jurídicas gerais. Como sabemos, o princípio da legalidade é um dos eixos racionais e ideais do Estado de Direito. Mas o que ocorre nas cleptoplutocracias corruptas como a brasileira?

A economia é fechada, os donos cleptoplutocratas do poder praticam um capitalismo de compadres, utilizando-se de cartéis, monopólios, oligopólios, e frequentemente conseguem fazer aprovar leis específicas para atender interesses privados. Ações como essa destroem a crença na legalidade geral, a suposição de que todos são iguais perante a lei e outras tantas regras do Estado de Direito. Os poderosos cleptoplutocratas transformam em falácia o axioma de que ninguém é soberano na República.

Faz muita falta a cultura da mesma legalidade para todos. Os donos cleptoplutocratas do poder fazem suas fortunas com a ilegalidade ou com a legalidade forjada por eles e em seu próprio favor. A economia e a política se encontram promiscuamente no clube da cleptoplutocracia.

■ As relações de interesse dos donos do poder — elites econômicas, financeiras, políticas, jurídicas, midiáticas, que são as protagonistas soberbas do clube da clepto-plutocracia — são marcadas pela inequívoca manipulação da legalidade.

Enquanto esse clube não for implodido, continuaremos convivendo com o arcaico.

As relações de interesse dos donos do poder — elites econômicas, financeiras, políticas, jurídicas, midiáticas, que são as protagonistas soberbas do clube da cleptoplutocracia — são marcadas pela inequívoca manipulação da legalidade.

Os direitos de todos os cidadãos excluídos das castas intocáveis valem pelo que está escrito nas leis, nas constituições e nos tratados internacionais. Os direitos dos donos cleptoplutocratas do poder valem pelo que está escrito nas normas jurídicas que eles "compram" e "manipulam", forjando inclusive suas interpretações, até onde os juízes capachos sejam cleptoconiventes com essa estrutura aberrante e injusta de poder. São leis, medidas provisórias, emendas constitucionais, portarias, decretos e regulamentos *ad hoc*, ou seja, feitos na medida para atender interesses escusos. A instrumentalização do Direito é incontestável.

O capitalismo à brasileira praticado pelos membros do clube sempre se caracterizou pela extralegalidade, sublegalidade, imoralidade, compadrio, cartelização, monopolização, oligopolização, personalismo. Reitere-se: isso é o que Weber chamava de "capitalismo político" (SAPELLI, 1998), uma forma deturpada e degenerada de capitalismo que, utopicamente, deveria ser orientado racionalmente.

As ações dominadas pelos barões-ladrões da cleptoplutocracia são exemplos de fraturas ao idealizado mercado perfeito — ou relativamente perfeito, porém, competitivo, considerando que no Brasil as relações de mercado nunca conseguiram prosperar de maneira impessoal e inequivocamente regulada.

Não foi por acaso que José Sarney, em um ato de sincericídio, se referiu aos juízes como "cúmplices". Lula falou de um Supremo Tribunal Federal "acovardado". Renan fez alusão aos "juizecos". Se a visão dos cleptocratas políticos sobre as instituições é muito deturpada é porque, até aqui, eles encontraram pouca ou nenhuma resistência à altura. Reitere-se: o Mensalão e a Lava Jato são pontos fora da curva.

O acordo entre as elites econômicas e políticas (políticos, partidos, governantes) para o enriquecimento ilícito das oligarquias as transforma em verdadeiras facções, desenganadamente perniciosas para a República. Como já enfatizamos, somente as dez empresas que mais doaram em 2014 ajudaram a eleger 70% da Câmara dos Deputados[18]. A "compra" da eleição ou da reeleição é um golpe mortal na democracia.

Quem mais se valeu da Petrobras para implantar uma cleptoplutocracia partidária dentro dela foram o PT, o PP e o PMDB (PADUAN, 2016). Mas essa roubalheira que levou a Petrobras a uma quase falência não teria alcançado o grau que alcançou se não fosse a facilitação proporcionada por um decreto publicado no governo de FHC, leia-se: do PSDB. Se a corrupção é sistêmica e se o sistema político-empresarial corrupto conta com uma "legalidade" própria, o decreto referido (2.745/98) não surgiu por acaso. Por força desse decreto não se observava a lei geral de licitações. As empresas eram convidadas para participarem de novos contratos. É claro que as empreiteiras já formavam cartéis antes dele, mas é certo que ele favoreceu essa imoralidade e ilegalidade dentro da Petrobras.

Foi FHC, como afirmou certa vez Eduardo Cunha, "que abriu a porteira para a corrupção" na Petrobras. Segundo o deputado, a flexibilização das regras de licitação facilitou a escolha de empresas sem critérios.

■ É evidente que, seja com a regra A ou com a B, do ponto de vista ético não se pode praticar corrupção. Não foi a portaria de FHC que estimulou o nascimento da corrupção no Brasil, obviamente. Mas, se de um lado não teve esse efeito, de outro, não há dúvida de que facilitou a corrupção, fazendo parte do problema.

Daí nasceu a "cartelização" das empreiteiras, que combinavam e dividiam as obras, os preços, os sobrepreços, os aditivos, as propinas.

"Toda porteira da Petrobras foi aberta porque houve um regulamento de licitações publicado ainda no governo Fernando Henrique mudando toda a regra de contratação da petrolífera, que deixou de obedecer à Lei de Licitações e passou a obedecer a um regulamento próprio, que permitia a licitação por carta-convite por empresas cadastradas previamente na própria empresa", afirmou Cunha, em entrevista concedida ao programa *Diálogos* com Mário Sérgio Conti, da *GloboNews*[19].

"É claro que é uma desculpa até palatável, do ponto de vista que a Petrobras precisa competir no mercado internacional, mas ao mesmo tempo abriu a porteira para a corrupção. A porteira foi aberta porque o diretor podia escolher quem ele convidava e permitir que as empresas combinassem a quem se beneficiava, as empresas podiam combinar o seu preço", Cunha disse ainda.

É evidente que, seja com a regra A ou com a B, do ponto de vista ético não se pode praticar corrupção. Não foi a portaria de Fernando Henrique Cardoso que estimulou o nascimento da corrupção no Brasil, obviamente. Mas, se de um lado não teve esse efeito, de outro, não há dúvida de que facilitou a corrupção, fazendo parte do problema.

É claro que ninguém pode se aproveitar das facilidades legais implantadas para roubar a população brasileira. No mundo ideal é assim que funcionaria. Mas quem afirma isso, ingênua ou cinicamente, esquece que vivemos no contexto de uma cleptoplutocracia. As regras paralelas surgem porque o propósito dos donos delinquentes do poder é a roubalheira máxima possível do dinheiro público, sendo melhor que essa roubalheira seja "legalizada". Não há inocentes no clube da cleptoplutocracia. Ou o PSDB imaginava que a tal portaria pedida pelas empreiteiras visava ao bem público, ao bem comum ou ao bem de todos?

Como se vê, no governo FHC as potentes empreiteiras fugiram da regra geral e conseguiram um regime jurídico particular. No governo Lula, conquistaram todo tipo de empréstimo subsidiado, junto ao BNDES, a bancos públicos. Com Dilma, tentaram implantar no país um regime especial de leniência, por meio da Medida Provisória 703/15, que acabou perdendo sua validade. Com Temer, emplacaram a Portaria 2.278/16, também sobre leniência, sem a participação do Ministério Público. Esta última já está sendo questionada pelo MPF.

Não importa quem está no poder — leia-se: na presidência do clube da roubalheira do erário — seja FHC, Lula, Dilma ou Temer. Diferentemente dos capitalismos competitivos, onde se busca a ampliação do mercado livre regulado, nas cleptoplutocracias os donos do poder procuram a obtenção de privilégios dados pelo poder político ou utilizam diretamente a força do seu capital para monopólios ou oligopólios.

Se não forem cortadas as raízes dessa grama, ela volta a crescer, às vezes, até mais forte. Esse é o desafio da Lava Jato e da sociedade civil, que estão no controle da bomba-relógio para detonar o edifício do sistema corrupto que comanda o Brasil. A Lava Jato vem fazendo a parte dela, mas falta ainda um exercício mais severo e mais assertivo da cidadania vigilante, nas ruas, nas redes e nas urnas. Em todas as oportunidades possíveis nós temos que incansavelmente acionar as "dinamites" de que dispomos para implodir o pervertido sistema corruptivo.

1.7 A mentira descabelada dos políticos: recebi dinheiro, mas não embolsei

É a velha tese do Bill Clinton do "fumei, mas não traguei", como lembrou Vera Magalhães[20]. Sobre um relógio no valor de US$ 20 mil que lhe foi dado pela Odebrecht, Jaques Wagner (PT) chegou a dizer: "Guardei e nunca usei, porque eu uso outro tipo de relógio"[21]. É a própria desfaçatez líquida da era das sociedades líquidas de Bauman. É a pouca-vergonha institucionalizada por políticos de praticamente todos os velhos partidos. Escárnio e esculhambação que devem ser lembrados pelo eleitor nas próximas eleições. Todos dessa laia devem ser banidos da vida pública ou empresarial, no mínimo, temporariamente.

De acordo com o grupo organizado que disse querer "estancar a sangria" da Lava Jato, seria preciso distinguir o caixa dois usado nas campanhas eleitorais — o dito "romântico"! — daquele que enriqueceu o candidato — caixa dois "bandido". Na verdade, caixa dois é crime (art. 350 do Código Eleitoral) e constitui um dos eixos da organização criminosa que se apoderou do Brasil. As bilionárias doações foram feitas para receber em troca favores políticos, legislativos e administrativos. Somente os ingênuos não sabem disso. Tudo, ou praticamente tudo, foi corrupção. Essa é a grande tese da Lava Jato.

É desse tipo de malandragem que hoje vive o clube da rapinagem (acuado pela Lava Jato). Todos querem sobreviver. Utilizarão todas as artimanhas para isso e estaria em curso um "acordão" esse sentido (envolvendo inclusive o Supremo Tribunal Federal — ver V. Magalhães, *Estadão*, 26/12/165). Mas a sociedade não pode deixar isso acontecer.

O mesmo grupo afirmou que era preciso distinguir o "joio" do "trigo": uma coisa é Antonio Palocci (PT) e Sérgio Cabral (PMDB), que se enriqueceram, e outra são os financiamentos culturalmente aceitos, como os de Dilma, Temer e Aécio, na campanha de 2014, por exemplo. É esse tipo de pilantragem que já não podemos aceitar. Do ponto de vista ético o raciocínio é deplorável. Do ponto de vista jurídico, é mentiroso. O crime organizado político-empresarial no Brasil é composto de dois grupos que atuam convergentemente: um entra com o dinheiro (financiamentos eleitorais) enquanto o outro presta favores (benesses estatais). Isso se chama corrupção. No final, todos os delinquentes saem ganhando. E quem paga a conta, logicamente, é o povo.

Marcelo Odebrecht declarou que quatro quintos de um total de R$ 150 milhões que o grupo empresarial destinou à campanha de Dilma e de Temer em 2014 vieram via caixa dois e que a ex-presidente sabia da irregularidade e também do montante desses valores. Não se tem notícia de que ela tenha adquirido uma joia ou bijuteria com o dinheiro sujo ou que mantém vida nababesca, comprando coleções em joalherias e desfrutando de outros luxos sultânicos, como destacou Hélio Schwartsman[22]. Seu caso, portanto, seria de caixa dois para campanha e manutenção no poder. Mas não se pode menosprezar o caixa dois, que é criminoso tanto quanto a corrupção. O caixa dois significa dinheiro por fora e cria vantagens eleitorais para alguns concorrentes. Quem tem mais dinheiro faz mais divulgações de sua imagem, se mostra mais aos eleitores. Isso significa um crime contra a democracia porque elimina a igualdade na competição. Caixa dois é tão reprovável quanto a corrupção, porque ambos dão à democracia o caráter de venalidade. Ambos atrelam o político aos interesses do financiador, que chega a impor políticas públicas em seu benefício. Sempre em detrimento, claro, dos interesses gerais.

No fim das contas, toda dinheirama do caixa dois faz parte da preservação de um sistema corrupto, onde os financiadores dão dinheiro e, em troca, no mínimo, querem a manutenção desse sistema: empresas cartelizadas, autonomia sobre adiamento de obras, investimentos com dinheiro público, empréstimos subsidiados.

De qualquer forma, desonestos são todos, tanto os que aceitam caixa dois como, superlativamente, os que praticam corrupção. Contra esses desonestos da velha política temos que acionar o botão da implosão. Por força do império da lei, alguns deles serão aniquilados. Mas a limpeza final só pode ser feita nas eleições.

Recordemos, com Edmund Burke: "Para o triunfo do mal, só é preciso que os homens [os humanos] bons não façam nada".

1.8. Dinheiro: salvação ou perdição?

O dinheiro é só um meio ou se transformou em fim único e último da existência humana? Vive-se para ganhar dinheiro ou se ganha dinheiro para se viver? Qual seria a relação entre o dinheiro, os políticos, o poder e a corrupção? É possível ser político sem dinheiro? É possível ter muito dinheiro sem participar do poder? O dinheiro salva as campanhas caríssimas de muitos políticos que não querem nunca abrir mão do foro privilegiado? Seria também a perdição deles, quando toda corrupção é exposta à luz do sol?

Dinheiro e vida formam um par inseparável. No princípio, o humano só produzia o que consumia. Daí a origem da palavra economia: *oiko-nomia* significa "governo da casa". Quando a produção começou a exceder a demanda, nasceram o mercado, o dinheiro, a economia coletiva, a estocagem, o comércio, o transporte e tudo mais que conhecemos (VAROUFAKIS, 2015). O dinheiro é o motor da vida, da existência individual. E também da prosperidade coletiva e empresarial. Também faz parte da política. Já dizia o livro de Eclesiastes: "*Pecuniae oboediunt omnia*" ou "Todas as coisas obedecem ao dinheiro; o dinheiro é poderoso".

O teólogo holandês Erasmo de Rotterdam (1466-1536) recorda que "*pecunia anima miseris mortabilus*", "o dinheiro é a vida dos mortais miseráveis". Ainda: "*pecunia velut altera hominis anima*", "o dinheiro é a segunda vida do humano". Em resumo, o humano está, por natureza, envolvido com o dinheiro. O Estado também. Cícero já dizia: "*Robustissimus rei publicae nervus pecúnia est*", "o dinheiro é o nervo das repúblicas robustas". Jean Bodin confirmou: "*Nerfs* [nervos] *de la République*". A democracia não fica para trás. Todos nós necessitamos do dinheiro para viver e prosperar. *Pecunia regina mundi.* A questão é como ganhá-lo e o que fazer com ele?

Algumas pessoas se contêm e ganham dinheiro honestamente. Outras, porque acentuadamente venais, sempre que podem, "tomam, roubam, furtam, afanam, malufam". Aqui entram os políticos e alguns funcionários do Estado. Integrantes da cleptocracia, os governantes ladrões, assim como fortíssimos agentes do mercado e das finanças, que são os plutodelinquentes ou delinquentes endinheirados. Os que não podem afanar se corrompem. De qualquer modo, são venais tanto os que corrompem quanto os que são corrompidos. Corromper, lembremos, é também afanar, roubar, tomar.

O mundo moderno é a confirmação de toda sabedoria histórica retratada nos pensamentos dos fundadores na nossa cultura. A relação entre o dinheiro e o poder muda conforme cada momento. Hoje, sustenta-se abertamente que o dinheiro se tornou um fim em si mesmo. Ganha-se dinheiro para alcançar mais dinheiro — bancos fazem isso por profissão. Nem por isso o dinheiro deixou de ser também um meio, um meio de ganhar a vida ou um meio de se perpetuar no poder, como muitos governantes fazem.

O dinheiro faz a riqueza da plutocracia, mas nem toda riqueza é composta de dinheiro. Houve um tempo que o maior desejo era ser reconhecido com um título nobre. Muitos brasileiros compraram títulos de nobreza dos decadentes reis portugueses. Dava *status* ser nobre. O dinheiro era o meio para se alcançar posição de destaque. Ser poderoso valia mais que a conta bancária, embora as duas coisas caminhem juntas.

Houve também um período em que o dinheiro estava voltado para a produção. Comerciantes e industriais reempregavam o dinheiro ganho em suas atividades. Eles cresciam, geravam empregos — leia-se: consumidores — e a economia também crescia. O dinheiro, nesse tempo, ainda não estava a serviço da especulação em torno dele mesmo. Os países eram mais produtivos. A riqueza era mais útil socialmente. O capitalismo financeiro ainda não havia chegado. O dinheiro não era autorreferencial.

Hoje, claramente o dinheiro se tornou um fim em si mesmo. Ele existe prioritariamente para gerar mais dinheiro; e não mais para a produção, não mais para o comércio, não mais para a compra de títulos nobiliários. Algo de surreal está surgindo do vínculo entre o poder e o dinheiro nas democracias venais: nelas, o dinheiro é o meio para exercer o poder, e o poder é o meio de fazer mais dinheiro. Aí está o eixo do sistema político-empresarial corrupto vigente no Brasil que, enquanto não for implodido, continuará explorando a população brasileira.

Somados, dinheiro e poder produzem e reproduzem mais poder. A manutenção do poder depende de dinheiro e o dinheiro financia essa reprodução para conquistar mais poder. São escândalos de corrupção apurados na Lava Jato. Sendo assim, não há dúvida de que o dinheiro é a salvação da manutenção ou conquista do poder. Mas, quando o elo de corrupção vem a público, o dinheiro se torna uma perdição para os governantes e empresários corruptos, sejam de direita, de esquerda ou de centro; sejam centrais ou periféricos; sejam comunistas ou capitalistas.

LAVA JATO E GUERRA CONTRA AS ELITES DELINQUENTES PODEROSAS

2.1 Uma guerra que não cessa

Adquire-se o poder de castigar por instituição ou por conquista, dizia Thomas Hobbes (HOBBES, 2008). Em qualquer sociedade, a construção desse poder é carregada de tensões que nunca acabam, pois geram hegemonia de um grupo em detrimento de outro.

A Lava Jato, o poder jurídico de controle, está enquadrando e submetendo a corrupção sistêmica ao império da lei. Essa corrupção sistêmica é a que une o lado podre do Estado com o lado promíscuo do mercado, isto é, os poderes político, administrativo, financeiro e econômico.

Todos esses agentes do mercado e das finanças e agentes públicos, estão amalgamados por meio de um poderoso crime organizado, que surrupia, anualmente,

■ **Cada grupo, dentro da organização criminosa, desempenha seu papel: o econômico-financeiro alimenta os ganhos ilícitos e o político-administrativo, em troca, faz concessões ao corruptor.**

para seus bolsos, perto de 5% do PIB, gerando prejuízos imensos para políticas de inclusão e de coesão social.

Cada grupo, dentro da organização criminosa, desempenha seu papel. O econômico-financeiro alimenta os ganhos ilícitos e/ou as caríssimas campanhas eleitorais dos agentes públicos, com políticos e altos funcionários administrativos. O grupo político-administrativo, em troca, concede ao corruptor contratos superfaturados, empréstimos subsidiados, vistas grossas frente aos seus cartéis, monopólios ou oligopólios, leis e benefícios fiscais.

A tarefa da Lava Jato é, reconhecidamente, hercúlea, porque o poder de castigar é sempre expressão de um herói triunfante que se torna capaz de ditar a lei e monopolizar o uso legítimo da força física. Ou seja, que é capaz de impor uma nova ordem social aos agentes corruptos do Estado e do mercado.

Sobretudo em relação à Lava Jato, a genealogia da lei e da força, sendo o encarceramento a máxima representação disso, reside em uma guerra, conforme Michel Foucault (FOUCAULT, 2014). O discurso da Filosofia e do Direito sobre isso é fraco. O império da lei, antes de tudo, é uma questão de empoderamento, de submissão e de hegemonia. Em tempos mais antigos, sem luta, tensões, conflitos e oposição nenhum poder subordinaria as mais poderosas castas de um país ao império da lei.

O poder político não começa quando cessa a guerra. Na verdade, a guerra não cessa, como lembra novamente Foucault. É só ver as batalhas diárias da contraoperação Mela Jato, que defende a bandeira do estancamento da sangria da Lava Jato, para se notar que estamos vivenciando uma guerra. O império da lei — particularmente contra as elites mais potentes de uma nação que canalizam o dinheiro público para seus exclusivos interesses — nasce das batalhas, das vitórias, das lutas, das tensões assim como, em alguns momentos históricos passados, dos massacres, das conquistas, dos incêndios, das terras devastadas.

Não é a Lava Jato a culpada pelo estágio ainda subdesenvolvido em que nos encontramos, pelo desemprego, pelo baixo crescimento econômico, e sim, a corrupção sistêmica, além de outros fatores. São as escandalosas blindagens de políticos promovidas pelos governos, ratificadas (às vezes) mais escandalosamente pelo Supremo Tribunal Federal, que acabam por agravar a insatisfação popular.

O senador Romero Jucá (RR) foi à tribuna do Senado em fevereiro de 2017 e fez um longo discurso, de quase uma hora, no qual atacou a atuação da imprensa brasileira, a qual comparou com carrascos que promoveram a caça às bruxas, as mortes nas guilhotinas da Revolução Francesa e a perseguição aos judeus pelos nazistas[23]. Tudo faz parte da guerra instalada contra as castas intocáveis. Enquanto a Lava Jato se mantiver dentro da lei, merece nosso apoio firme e vigilante. A linguagem violenta das castas intocáveis bem revela o quanto elas estão sendo importunadas. Foram tiradas da zona de conforto. As provas estão chegando, inclusive de movimentações bancárias no exterior, como foi o caso do senador Edison Lobão, de José Serra, de Henrique Alves e de tantos outros.

A cólera dos donos delinquentes do poder não tem, no entanto, a força necessária para esconder as incertezas e as flutuações das suas movimentações, que giram em torno de propósitos efêmeros e escusos. A Lava Jato não pode morrer. Por força dessa revolução a expectativa é de que "o capitalismo tupiniquim dê lugar a outro, mais transparente e menos corrupto. O sistema político vai ser depurado, ainda que em velocidade que desagrade ao nosso autoritarismo cívico. Dezenas de políticos terão suas carreiras ceifadas. (...) Partidos políticos importantes vão perder a competitividade. Mas, no final das contas, sob uma perspectiva histórica, a ela será lembrada como marco de transformação profunda no sistema político e econômico do país", como aponta o cientista político Murillo de Aragão[24].

2.2 Origem da Lava Jato: "A cada pena que se puxa sai uma galinha" — Teori Zavascki

No dia 17 de março de 2014 vários doleiros estavam na mira da Polícia Federal e de Sérgio Moro, que já havia participado da Operação Banestado — amplo esquema de lavagem de dinheiro envolvendo o sistema político-empresarial corrupto, especializado na rapinagem do dinheiro público sem nenhum tipo de punição, salvo situações raríssimas. O tríplice gozo desses barões-ladrões, como se sabe, é roubar, desfrutar o roubado ou colocá-lo em algum lugar seguro, um paraíso fiscal, por exemplo, e não ser castigado. O alvo da diligência não era a Petrobras, que estava completamente fora do radar da investigação (PADUAN, 2016). Os focos eram alguns doleiros, dentre eles Adib Charter, dono do Posto da Torre em Brasília, de onde nasceu o nome da operação: Lava Jato.

Já se sabia, no entanto, que o operador principal desse esquema de lavagem de dinheiro era um tal de "primo" ou "Beto" (NETTO, 2016). Um policial, antigo operador de voos, conhecia bem a voz de "Beto" e, ao ouvir as interceptações telefônicas autorizadas judicialmente, logo concluiu que se tratava do doleiro Alberto Youssef, que já havia passado mais de dois anos no cárcere e estava cumprindo pena em regime domiciliar, em virtude da sua extensa colaboração com a Justiça. A partir da investigação das atividades de Youssef chegou-se em Paulo Roberto Costa, ex-diretor da Petrobras, nomeado em 2004 a pedido do Partido Progressista. Aí se descobriu o fatiamento das diretorias da Petrobras no governo petista. As três principais ficaram com PT, PP e PMDB, mas outros partidos também eram beneficiados — como sabemos, a corrupção é sistêmica.

Os dois confessaram suas participações em múltiplos crimes e delataram muitas pessoas, dentre elas diversos políticos e empresários, que também seriam criminosos contumazes. A tampa do tradicional sistema político-empresarial começou a ser aberta por força da lei da delação premiada (12.850/13) e das provas que foram sendo obtidas.

Com as delações de Paulo Roberto Costa e Youssef, o escândalo da Petrobras explodiu. Como disse o saudoso ministro do Supremo Tribunal Federal Teori Zavascki, "a cada pena que se puxa sai uma galinha". A frase ainda é válida. Basta considerar as 77 delações da Odebrecht. Olhando o conjunto da obra, vê-se que a corrupção na Petrobras faz parte de um sistema promíscuo muito maior, de um sistema endêmico, que é uma das causas do nosso subdesenvolvimento, das desigualdades e das injustiças que caracterizam nosso país.

Leandro Karnal nos advertiu: "Povo que não tem virtude acaba por ser escravo".

Em janeiro de 2017 já se contabilizavam 148 delações, incluindo as da Odebrecht. Foram as provas resultantes dessas delações que permitiram o começo da maior revolução punitiva contra os delinquentes poderosos do Brasil. Por esse caminho deve seguir a Lava Jato. Mas seu trabalho somente será totalmente legítimo se agir contra todos. Isso significa que temos que levantar a bandeira do "Fora, Corrupto", pouco importa seu partido político ou sua ideologia. “Fora, Corrupto”, doa a quem doer.

A implosão do sistema inteiro não pode poupar “corruptos de estimação”. A faxina da cidadania vigilante tem que ser penetrante e implacável. Boa seria uma renovação de pelo menos 90% da classe política, eliminando-se também o nepotismo eleitoral, que se caracteriza pelos sobrenomes que as dinastias carregam. As velhas lideranças corruptas devem ser banidas da vida pública por um bom período, com certeza. Para o lugar delas temos que imaginar novas lideranças em todas as instâncias de poder comprometidas experimentalmente com o combate à corrupção, às desigualdades e às injustiças.

Nós todos moramos no Brasil e não temos um plano B para mudarmos em conjunto para outro país. É aqui que nossa luta tem que ser desenvolvida, com o propósito de escolhermos as melhores lideranças para cuidar, junto com a população, dos destinos da nação. É preciso implodir o sistema corrupto para reconstruir o Brasil.

2.3 Fatiamento criminoso da Petrobras

Uma das primeiras constatações da Lava Jato foi que o governo petista (2003-2016) fez o fatiamento das principais diretorias da Petrobras com o propósito de garantir o (custoso) financiamento dos políticos e dos partidos aliados assim como para assegurar sua própria governabilidade, mediante a “compra” de parlamentares.

Eliseu Padilha, que chegou a ministro da Casa Civil do governo Michel Temer, disse de forma fisiológica “ser normal” trocar ministérios por apoio parlamentar. Quem dá mais votos ao governo leva os ministérios[25]. O fatiamento da Petrobras entre PT, PP e PMDB foi muito além disso. Tratou-se de um esquema muito mais sofisticado de corrupção, com profundas consequências nefastas para o país, para a economia, para o emprego, para a credibilidade da nação.

O sistema político-empresarial corrupto é único, mas as estratégias de cada grupo para se manter no poder — ainda que seja mediante a corrupção — são distintas. Na era petista a escolha foi pelo fatiamento das diretorias da Petrobras. O primeiro beneficiário identificado foi o falecido ex-deputado José Janene (PP), que passou a "comandar" uma dessas diretorias, lá colocando, "politicamente", claro, Paulo Roberto da Costa, que foi diretor da Petrobras de 2004 a 2012.

Com o desvio dos recursos eram financiadas as campanhas eleitorais, desde logo, do PP, PMDB e PT, a propina variando de 1% a 3%. Mas isso não significa que as propinas levantadas pelas empresas corruptoras nos contratos com a Petrobras não tenham sido "doadas" também aos outros partidos. Os contratantes de obras ou serviços, empreiteiras, sobretudo, superfaturavam os contratos e assim "financiavam" os políticos, os partidos assim como altos funcionários da Petrobras. Muitos se enriqueceram escandalosamente. PT, PMDB e PP usaram fundamentalmente a Petrobras, bem como outras estatais, para seus financiamentos.

O PT desenvolveu dessa forma o seu falido projeto de poder. Controlou os preços da gasolina para não incrementar a inflação — governos anteriores, no entanto, já tinham feito isso — e fez a Petrobras promover muitos investimentos deficitários para gerar empregos, crescimento econômico e bons índices socioeconômicos.

Não se pode ser contra o crescimento do país, mas isso não pode ser feito pelo método da corrupção. Praticamente quebraram a Petrobras e isso muito contribuiu para a recessão econômica do país.

PT e PMDB foram sócios delinquentes nesse empreendimento criminoso de quase falência total do Brasil — reconheça-se que o segundo era minoritário nessa empreitada até o advento do impeachment de Dilma. Durante anos, Nestor Cerveró foi o operador do PMDB. Renato Duque

■ Doações eleitorais, declaradas ou não declaradas, feitas em troca de algum benefício, significa corrupção.

foi a peça-chave do PT. Paulo Roberto Costa foi indicação do PP. Cada grupo do crime organizado tinha suas raízes dentro da Petrobras.

Antes de 2003 já havia corrupção na Petrobras. Delcídio do Amaral desviou de lá de dentro muito dinheiro público. Ele foi indicação política de Jader Barbalho, do PMDB. Nestor Cerveró também. Ambos fizeram muita riqueza pessoal. Mas essa corrupção não se destinava a assegurar a governabilidade do bloco de poder. Isso passou a acontecer com o PT, que assumiu, em 2003, a presidência do clube da cleptoplutocracia brasileira.

O uso de estatais para o financiamento eleitoral não é fato recente no Brasil. Mas a partir do Petrolão tudo ficou muito mais claro: as contratantes de serviços e obras superfaturavam os contratos — o Tribunal de Contas da União chegou a estimar em 17% esse superfaturamento — e davam propinas de 1% a 3% para os políticos e partidos, na forma de caixa dois ou por meio de doações oficiais declaradas à Justiça Eleitoral.

Doações eleitorais, declaradas ou não declaradas, feitas em troca de algum benefício, significa corrupção. Se o dinheiro é decorrente de corrupção, configura-se lavagem de dinheiro, quando se sabe da origem ilícita do dinheiro. A Justiça Eleitoral, nesse caso, é transformada em lavanderia oficial, como afirmou o corregedor Herman Benjamin.

As propinas extraídas das estatais e de contratos de obras, como é o caso da usina Belo Monte, onde as construtoras pagaram 0,5% para PT e 0,5% para o PMDB, via Edison Lobão, passaram a financiar todo o sistema político-empresarial corrupto, e falido. É difícil encontrar partido político que não tenha se beneficiado de todas essas propinas. Daí não ser justa a implosão de apenas um ou dois deles. A primeira ação de improbidade administrativa cobra mais de R$ 2 bilhões de ressarcimento do PP e de alguns deputados delinquentes. Em seguida virão ações contra o PT e o PMDB. Esses precedentes abrirão caminho para outras ações futuras contra o PSDB, DEM etc., que aparecem abundantemente nas corrupções delatadas pela Odebrecht.

Contra os tradicionais partidos corruptos (PT, PMDB, PSDB etc.) já existem várias denúncias e condenações, mas as provas, assim como as fontes de provas, continuam aparecendo.

Jorge Luz e Bruno Luz, pai e filho, respectivamente, foram presos nos EUA em 24 de março de 2017. Faziam parte do quarteto de operadores das propinas do PMDB na Petrobras. Além deles, desempenhavam esse papel João Augusto Henriques e Fernando Baiano. O PMDB controlava a Diretoria Internacional da petrolífera, com Nestor Cerveró e, depois, Jorge Zelada, por onde circulava propina, como no caso da compra da Refinaria de Pasadena, com prejuízo de mais de R$ 800 milhões para a empresa. São citados pelos operadores como destinatários de propinas Renan Calheiros, Eduardo Cunha e Edison Lobão, dentre outros.

Até onde se pode perceber, "uma eventual contribuição do operador se daria no esclarecimento de acusações que envolvem os senadores peemedebistas Renan Calheiros (AL) e Jader Barbalho (PA). Segundo Cerveró, um contrato para a aquisição de sondas da Petrobras rendeu US$ 6 milhões aos dois senadores, que em troca patrocinaram sua nomeação para a diretoria da empresa. Luz teria comparecido a uma reunião na casa de Barbalho, em 2006, para viabilizar o esquema. Como sempre, no entanto, cabe não confundir o que se afirma em delações com prova.

Confirmar tantas suspeitas é tarefa que exige o levantamento, por exemplo, de registros documentais ou indícios claros de lavagem de dinheiro[26]."

Em relação especificamente ao PSDB, recordem-se os R$ 10 milhões recebidos por Sérgio Guerra, ex-presidente do partido, assim como os R$ 23 milhões recebidos por José Serra (em caixa dois, na Suíça). Quanto a Aécio Neves, tanto existe caixa dois da Odebrecht como propinas relacionadas a Furnas e à Cidade Administrativa de Belo Horizonte. Até agora, no entanto, a Lava Jato não chegou à punição da tucanagem delinquente, em flagrante violação ao princípio *erga omnes*, contra todos. Para nós que somos "contra todos" — contra todos os governos corruptos: "Fora, governantes corruptos" —, esperamos que a omissão seja suprida o mais breve possível. Como a quase totalidade dos tucanos gozam de foro privilegiado (Aécio, Serra, Alckmin, entre outros), não foram ainda para a primeira instância. Continuam submetidos aos lentíssimos tribunais, como o STF, o Superior Tribunal de Justiça etc. Os velhos caciques políticos implicados com a corrupção devem abrir espaço para novas lideranças, com outra mentalidade. O prazo de validade desses oligarcas acabou. O Brasil quer experimentar algo novo, diferente, comprometido com o progresso do País.

2.4 Curiosidades probatórias na Lava Jato

No dia 5 de fevereiro de 2015, a Polícia Federal chegou à casa de Guilherme Esteves de Jesus, no Rio de Janeiro, às 6h01. Lília, sua esposa, atendeu a porta e pediu um momento para prender os cachorros. Que nada! Encheu um saco de dinheiro e de papéis e fugiu pelo quintal, saindo em uma porta lateral. Às 6h09, o marido veio falar com os policiais, que já estavam na iminência da invasão. Tudo foi gravado no circuito interno de TV.

Quem viu disse ter sido muito inusitada a cena em que se nota Guilherme detrás de uma moita conversando com sua mulher, que fugiria em seguida. Os dois foram denunciados por obstrução da Justiça, segundo Fábio Frabini, que cita outras curiosidades probatórias da Lava Jato[27]. Vejamos:

(a) Maria Lúcia Tavares era uma das responsáveis pela divisão de propinas da Odebrecht (Setor de Operações Estruturadas), que tinha bases tanto no Brasil como em vários outros países. Foi quem denunciou o famoso "deprop", o departamento de propinas da Odebrecht. Em junho de 2015, ela foi a Miami encontrar seu chefe, Luiz Eduardo Soares. Levou toneladas de documentos e papéis com os nomes e apelidos dos beneficiários das propinas. Não os deixou lá, ou seja, retornou com eles para o Brasil. Em 22 de fevereiro de 2016,o material foi apreendido em sua casa. Ela foi presa e contou tudo que sabia sobre o "deprop". A partir daí, a cúpula da empreiteira capitulou e emergiu "a delação do fim do mundo" de 77 executivos;

(b) O deputado Aníbal Gomes (PMDB-CE) foi denunciado no Supremo Tribunal Federal porque teria recebido propinas para ele e para Renan Calheiros. Durante o interrogatório, teve um ataque de sincericídio e confessou que em sua campanha recebeu dinheiro de muitas pessoas, mas declarou tudo na Justiça Eleitoral como se fosse seu, acabando por confessar um crime de falsidade ideológica que não era objeto da investigação;

(c) A Lava Jato passou meses tentando descobrir quem era o "italiano" que recebia propinas da Odebrecht. Uma incauta mensagem de 2009 enviada por Marcelo Odebrecht para um funcionário contribuiu para implicar Antonio Palocci. "Vc marcou alguma coisa com o Italiano na 2ª? Se não, vou ligar para Brani hoje para tentar marcar", escreveu o executivo. Brani era o apelido de Branislav Kontic, principal assessor do ex-ministro da Fazenda e da Casa Civil nas eras Lula e Dilma;

(d) Os grandes peixes também morrem pela boca. Foi o caso de Eduardo Cunha. Mesmo sem ser convocado, decidiu ir espontaneamente à comissão que investigava corrupção na Petrobras, em março de 2015. Ele afirmou, sem nenhuma indagação nesse sentido: "Não tenho qualquer conta em qualquer lugar que não seja a que está declarada em meu Imposto de Renda". Essa declaração lhe valeu a perda do mandato assim como do foro privilegiado. Cunha está preso em Curitiba e já condenado a cumprir mais de 15 anos de prisão. A Procuradoria-Geral da República provou a existência de várias contas bancárias em seu nome na Suíça;

(e) O Ministério Público suíço enviou à Procuradoria-Geral da República investigações apontando as contas secretas do deputado Cunha. Quando o material veio à tona, um detalhe chamou atenção: Cunha fornecera o nome da própria mãe como contrassenha a ser usada em consultas ao banco Julius Baer. Entre os procedimentos de segurança, a instituição, especializada em gerir fortunas, exigia que o cliente respondesse a uma pergunta secreta para acessar o serviço de suporte técnico quando necessário. O peemedebista optou por "O nome de minha mãe". A resposta: "Elza".

2.5 Como se tornou possível o fortalecimento da Lava Jato?

O nascimento e o fortalecimento da Operação Lava Jato têm origem no Mensalão em 2012, quando se descobriu que era possível implodir o sistema corrupto, submetendo-o ao império da lei. O juiz federal Sérgio Moro, nesse período, era assessor da ministra Rosa Weber. As lições foram aprendidas e assim, em 2014, começou a Lava Jato, já como uma nova instituição, com sua força-tarefa, dentro do Poder Jurídico de controle dos outros poderes. Pode parecer incrível, mas a Lava Jato só se tornou possível após o corrupto governo petista.

Em uma cleptoplutocracia como a que existe no Brasil não há como não admitir que foi totalmente inusitado o surgimento e o fortalecimento da operação. Afinal, como foi que isso aconteceu?

Por uma conjugação de fatores improváveis. De acordo com José Padilha[28]: "Um governo extremamente incompetente e fragilizado [Dilma Rousseff] diante da derrocada econômica que causou, uma bobeada do parlamento [ocorrida em 2013] que não percebeu que a legislação que operacionalizou a delação premiada era incompatível com o mecanismo [com o sistema político-empresarial corrupto], e o fato de que uma investigação potencialmente explosiva caiu nas mãos de uma equipe de [jovens] investigadores, procuradores e de juízes rígida, competente e com bastante sorte".

A esses fatores outros podem ser agregados. Desde logo, o forte apoio, no princípio da operação, de toda a grande mídia, que tinha o inequívoco interesse na troca do governo petista. A mídia alimentou tanto a Lava Jato que ela acabou ganhando sua autonomia de voo. Hoje boa parcela da mídia tenta esconder as falcatruas e malandragens dos outros partidos (PMDB, PSDB, DEM etc.), mas nessa altura a Lava Jato continua revelando a perversidade de todos eles.

Cabe ainda considerar o pensamento coletivo mais intolerante com a corrupção. A técnica dos "vazamentos" de dados e informações sigilosos — que é criminosa, diga-se de passagem —, foi decisiva, até aqui, para a intensa aprovação popular da Lava Jato, que é de 85%, segundo o instituto Ipsos[29].

Por que foi mais fácil combater a corrupção do PT? Porque sua força perante as instituições (da Justiça, dos Tribunais de Contas, Mídia etc.) era frágil. No caso Mensalão, por exemplo, nem o STF, tradicional aliado dos poderosos de plantão, foi influenciado. Saiu cadeia para todo mundo. E olha que estamos falando de um tribunal leniente que só veio a condenar o primeiro réu de foro privilegiado em 2010, depois de investigar e, em alguns casos processar, mais de quinhentos réus.

A Operação Lava Jato, iniciada em março de 2014, ganhou força e consistência diante de um governo desempoderado, enfraquecido. Se estivesse começando na gestão delinquente de Temer, Aécio, Renan Calheiros, Romero Jucá, Rodrigo Maia, Edison Lobão, Eliseu Padilha, Moreira Franco, Eduardo Cunha, Geddel Vieira Lima e cia. jamais a Lava Jato teria tido tanta envergadura. Cortariam o "mal", de acordo com a própria visão, pela raiz, em uma única espadada. Contra a Lava Jato fortalecida esse grupo lançou a escabrosa Operação Mela Jato, anunciada por Romero Jucá, José Sarney e Renan Calheiros, naquele famoso áudio gravado por Sérgio Machado. Eles agem com a velocidade da luz, mas estão encontrando muita resistência.

Não vai ser fácil conter a ferocidade e venalidade da Mela Jato. A Lava Jato, a mídia independente e o povo têm o dever de oferecer resistência aos ataques. Resistência, como se vê, é a palavra-chave.

A decisão do Supremo Tribunal Federal, na figura do ministro Celso de Mello, de confirmar Moreira Franco como ministro do governo Temer, com direito ao foro da impunidade privilegiada, em razão da lentidão do próprio Supremo, foi decepcionante. O tema vai para o Plenário do Supremo não se sabe quando. Mas, enquanto Moreira Franco não for afastado, todos estaremos denunciando o "foro da impunidade privilegiada".

Alguns ministros do STF, foi fácil perceber, estavam alinhados com a força institucional capilarizada do bloco de poder vigente (Temer, Aécio, Renan, Jucá etc.), que estavam de costas para a sociedade, que, por sua vez, já não tolerava essa forma de gerir a coisa pública. Sua periculosidade e danosidade social corruptiva eram públicas e notórias. Nesse cenário, somente a implosão de todo sistema poderia dar ao Brasil a tranquilidade que ele necessita para o seu crescimento econômico e desenvolvimento humano. Para nós que somos do "partido" *erga omnes*, do império da lei contra todos, descontaminado das naturais paixões e cegueiras partidaristas, é muito mais fácil constatar essas obviedades.

Durante o institucionalmente frouxo governo dilmista, a Lava Jato ganhou energia e começou a mostrar para a população que é possível derrubar os poderosos e mandá-los para a cadeia. Mas, sem o apoio da mídia independente e do povo, a operação não se mantém em pé. A Operação Mãos Limpas, na Itália, virou pó no exato momento em que a população deixou de apoiá-la.

Desde 1985, esse período chamado de redemocratização, o grupo que procurou se perpetuar no poder manda, desmanda ou influencia concretamente, mais que ninguém, as principais instituições do país, como o Supremo Tribunal Federal, o Tribunal de Contas da União, o Parlamento, a fixação das regras do jogo econômico, a grande mídia, a sociedade civil. A roubalheira da nação, nesse período, teria sido muito menor se as instituições tivessem funcionado bem.

■ **Desde 1985, esse período chamado de redemocratização, o grupo que procurou se perpetuar no poder manda, desmanda ou influencia concretamente, mais que ninguém, as principais instituições do país (...)**

De todos os imperfeitos partidos que nos governaram desde então — nove anos de PMDB (cinco de José Sarney, dois de Fernando Collor, um de Itamar Franco e um de Temer), oito anos de PSDB (com Fernando Henrique Cardoso) e 14 de PT (oito de Lula e seis de Dilma) —, o bloco de poder atuando em 2016/17, com Temer e Aécio à frente, foi o mais liso, o mais escorregadio no funcionamento e preservação do sistemão cleptoplutocrata corrupto. Eles são mais perigosos para o dinheiro público porque possuem mais forças e influências perante as instituições (do Judiciário, da Mídia, da Intelectualidade etc.). A mídia e a Justiça lambe-botas fazem de tudo para preservarem suas inescrupulosas rapinagens.

Estamos falando dos mais renomados profissionais da arte de surrupiar o dinheiro público impunemente. Mas certamente não vão conseguir deixar imune o governo das torrenciais turbulências políticas geradas pela Lava Jato. O fogo cruzado está se intensificando a cada dia.

O PT foi derrubado porque se "lambuzou", como chegou a dizer Jaques Wagner, exaustivamente nas falcatruas e roubalheiras do dinheiro público[30]. Quando assumiu o poder, ao lado da cúpula de caciques do PMDB, rapidamente aprendeu a arte de furtar, jogando para os ares seus velhos discursos éticos. Juntos, destruíram a Petrobras e juntos colocaram o país na maior recessão da nossa história.

Mas a Lava Jato ainda continua com déficit no item *erga omnes*. Tem que ir mais fundo nas maracutaias de todos os partidos, independentemente de ideologia. Como lembra João Francisco Lisboa, "nossos partidos [em geral] não são dignos deste nome; não vemos princípios, ideias e interesses gerais que os distingam seriamente uns dos outros; estão sempre em busca de proteção ao mais forte; destituídos de fé política bem como de motivos de luta que os possam elevar e enobrecer, [praticamente] todos os seus atos trazem o cunho do egoísmo e do personalismo" (LISBOA, 1995).

A Lava Jato ganhou repercussão, inclusive internacional: operação premiada fora do país, investigações conjuntas com o Departamento de Justiça dos EUA, com o Ministério Público suíço, compartilhamento de dados com vários países onde a Odebrecht exportou seu departamento de propinas. O humilhado povo brasileiro, que já não tolera o sistema político-empresarial corrupto, sabe muito bem o que não quer. Não quer corruptos, não quer conluios, não quer desigualdades, não quer violência, não quer impunidade.

É chegada a hora de definirmos politicamente o que queremos para promover a reconstrução do Brasil. Eu penso que essa tarefa tem que ser concentrada na implosão do sistema inteiro, testando novas lideranças — nacionais, estaduais e municipais — nitidamente comprometidas com o combate à corrupção assim como com as teses da cidadania vigilante, da luta contra as desigualdades e as injustiças.

É hora de passar o Brasil a limpo, com consciência e objetivo certos. Por isso é que falamos em implosão do sistema, não explosão (que não é controlada). O que mais impressiona é como o Brasil, mesmo depois de tudo que a Lava Jato já revelou contra políticos como Temer, Aécio, Serra, Jucá, Renan, Cunha, Geddel, Padilha etc., pode ainda estar sendo governado por gente tão corrupta e tão afinada com o caixa dois, que já participara de governos anteriores também corruptos.

2.6 Por que a Lava Jato não pode parar?

Corrupção sem castigo viraliza. Corrupção, em sentido político, empresarial e social, é a crença compartida, difusa e tolerada de que o uso da função, dos bens e do dinheiro público não está prioritariamente voltado para o bem comum, senão para o benefício do político, do partido, das empresas (parasitas) assim como das suas famílias e dos seus amigos.

A Lava Jato não pode parar porque a corrupção, que deve ser combatida, sempre foi norma social em toda história. Somente agora está sendo enfrentada a corrupção dos donos do poder. Essa não é uma ação exclusiva dos humanos — chimpanzés, abelhas e formigas também são corruptos. Não é um ato somente dos políticos, partidos e empresários parasitários, que financiam as campanhas eleitorais, senão de toda sociedade, que em certa medida a pratica ou a tolera, como aponta Facundo Manes[31].

A prática ou tolerância com a corrupção, no entanto, não tem como fonte exclusivamente a biologia. Também tem forte inspiração cultural, institucional e social. Quando estes fatores estão combinados, a corrupção sistêmica transforma o país em uma cleptoplutocracia. Sem castigos e submissão, sem exemplos e identificação e sem a internalização das regras éticas e morais, a corrupção se naturaliza e se banaliza.

Jurandir Freire Costa escreveu[32]: "A banalidade da corrupção é detestável por contribuir para a perpetuação da miséria material de grande parte dos brasileiros, mas também por degradar o valor da política na vida cultural. Esse crime é, no limite, quase indesculpável. Por exemplo, a gestão empresarial da corrupção agia com a ligeireza de quem administra processos burocráticos de maximização de lucros. Uma das empresas [Odebrecht] chegou a criar um departamento de propina com protocolos padronizados para pagamento aos corruptos. Algo equivalente ocorreu com os apelidos dados aos políticos pelos funcionários de tais empresas. Além de degradantes, os apelidos mostram o deboche com que os políticos corruptos eram tratados pela burocracia empresarial. Pior ataque à política é difícil de conceber".

A Lava Jato não pode parar porque quanto mais impunidade, como a que ocorre nas cleptoplutocracias, mais tolerância. Essa impunidade decorre, dentre outras razões, do mito de que todas as pessoas são iguais perante a lei. Temos muito que progredir nesse item. Outro fator relevante para a existência ou incremento da corrupção diz respeito à clandestinidade. Quanto mais clandestino o ato, mais ele se repete[33]. Em 2014 a revista científica *Frontiers in Behavioral Neuroscience* publicou o resultado de uma experiência nesse sentido.

A Lava Jato não pode parar porque a atmosfera de justiça que operações como essa criam inspira cada vez mais condutas honestas e idôneas. A transparência absoluta dos contratos públicos faria muito bem para o Brasil. A liberdade de imprensa exercida honestamente é também uma grande aliada da política preventiva da corrupção.

A Lava Jato não pode parar porque saber que seu ato está sendo visto ou provavelmente será conhecido por terceiros é fator inibidor da corrupção e do oportunismo. O medo de ser descoberto gera ansiedade, porque em jogo está a reputação da pessoa. Em algumas culturas a descoberta da corrupção leva seu autor ao suicídio.

Se sua família, seus amigos e a sociedade toleram a corrupção, ela acaba banalizada, transforma-se em algo normal, trivial[34]. Isso ocorre porque o humano, por natureza, coloca seus interesses privados em primeiro lugar. Depois pensa nas regras morais, éticas, sociais e jurídicas. Se a lei e a intolerância social imperam com efetividade, naturalmente o país terá menos corrupção. Se, ao contrário, vive-se a cultura de uma cleptoplutocracia, a corrupção tende a ser explosiva. Um governo corrupto contribui para a formação de uma sociedade corrupta.

Todos os países em todos os tempos sempre tiveram — e têm — seres humanos corruptos. A diferença entre um país com corrupção e um país cleptoplutocrata reside no quanto a corrupção é tolerada pela sociedade.

Quando um país cleptoplutocrata tem muitas empresas corruptas, muitos partidos corruptos, assim como muitos políticos e administradores públicos corruptos, significa que está internalizada a crença de que, no ambiente em que vivem, estão em "guerra" permanente. Então, os fins — lucro, ganância, conquista ou preservação do poder — são admitidos para justificar os meios[35]. A "guerra" é só pretexto. Algo como "se eu não praticasse a corrupção eu não sobreviveria".

Um estudo elaborado pelo Banco Mundial *(Mente, Sociedade y Conduta)* revela que onde a corrupção é "normalizada" sem sanção jurídica ou mesmo social, chega-se ao cúmulo de parte da sociedade burlar do funcionário honesto[36]. Essa zombaria, por mais incrível que pareça, faz com que uma pessoa tenha vergonha de ser honesta. Infelizmente, confirmou-se a frase de Rui Barbosa exaustivamente citada

■ **Todos os países em todos os tempos sempre tiveram — e têm — seres humanos corruptos. A diferença entre um país com corrupção e um país cleptoplutocrata reside no quanto a corrupção é tolerada pela sociedade.**

e conhecida: "De tanto ver triunfar as nulidades; de tanto ver prosperar a desonra, de tanto ver crescer a injustiça. De tanto ver agigantarem-se os poderes nas mãos dos maus, o homem chega a desanimar-se da virtude, a rir-se da honra e a ter vergonha de ser honesto".

A difusão da corrupção faz com que muitos critiquem a operação, mas sem se rebelar contra ela, para não ser "diferente", talvez. E, às vezes, a pessoa é punida, ou censurada pelos colegas por não participar de esquemas promíscuos. A Lava Jato é imprescindível porque a sociedade ora propende para respeitar o bem comum, ora atua de forma egoísta: tudo depende do ambiente cultural, social e jurídico do país em que se vive.

Quanto mais cleptoplutocrata o país, quanto mais corruptas são as elites dirigentes, menos predisposição existe para o comportamento utilitário coletivo, como, por exemplo, o ato de pagar imposto. A atitude egoísta de alguns contagia a predisposição cooperativa de muitos. A prática de atos beneficiosos em favor do bem comum requer a perspectiva de que algo virá em seu interesse no futuro. Paga-se mais imposto quando se sabe que o dinheiro coletivo é efetivamente gasto em saúde, educação, justiça, segurança etc. Essa mesma prática também se dá quando a pessoa sabe que está sendo observada. As pessoas gostam de ser reconhecidas como observadoras de regras.

Assim, a Lava Jato não pode parar, porque dela depende o futuro saudável do Brasil, sob o comando de novas lideranças comprometidas com o combate à corrupção, às desigualdades e às injustiças. O que pressupõe o banimento dos velhos caciques e empresários corruptos, que devem ser faxinados pela Justiça e pelas urnas. Sem um ambiente ético saudável, a locomotiva chamada Brasil não entrará nos trilhos. Esse ambiente jamais será conquistado com as velhas mentalidades corruptas.

O inacreditável não é o Brasil ser um país sistemicamente corrupto, o inacreditável é o país continuar sendo governado pelos mesmos corruptos de sempre (do PT, PMDB, PSDB, DEM etc.) com a complacência da Justiça e de boa parcela da população.

O avanço da Lava Jato, dentro do Estado de Direito, assim como do primado da lei também poderá significar a garantia de uma democracia com melhor qualidade, mais participativa, assim como o aumento da escolaridade do brasileiro, que irá usufruir de um ensino de melhor qualidade. Tudo isso tende a diminuir a brutal desigualdade que nos caracteriza, o que favorece a coesão social.

Sem uma intensa mobilização popular, em dois tempos as forças do sistema perverso reduzirão a Lava Jato a pó. Se a vitória final não for da Lava Jato, seremos cópia da Itália, que desenvolveu, após o fim da operação Mãos Limpas, um sofisticadíssimo sistema de corrupção 2.0 de difícil apuração. Por causa disso a Itália continua sendo um dos países mais corruptos e mais desacreditados da Europa, ocupando a posição 60 no ranking da Transparência Internacional. O Brasil está na posição 79.

Ninguém sabe, no entanto, quanto tempo a Lava Jato ainda vai perdurar. Em uma cleptoplutocracia potente como a brasileira, governada por um covil de ladrões, nunca houve espaço para prosperarem os interesses da nação ou da Justiça. Será que agora será diferente? Pode ser, se os arcaicos políticos e partidos forem substituídos por lideranças comprometidas com a nação. Essa substituição pressupõe a implosão do velho sistema e essa implosão final está em nossas mãos e nas urnas.

Dizia Nelson Mandela que todas as grandes conquistas "sempre parecem impossíveis, até que sejam feitas".

A força do sistema político-empresarial corrupto, sobretudo com a equipe experiente que está no poder, é muito grande. Todos que contrariam suas pretensões costumam ser banidos do cenário político ou institucional. O clube cleptoplutocrata faz e fará de tudo para a preservação do sistema injusto, que dissemina a desigualdade, o desemprego e a miséria. Essa é a barreira que a Lava Jato deve superar. E conseguirá êxito enquanto houver apoio da população e da mídia independente.

2.7 Como a Lava Jato reage aos ataques?

Vamos a um exemplo dessa reação:

Ação: em 11 de fevereiro de 2017, em uma entrevista ao *Estadão*, o senador maranhense Edison Lobão, acusado inúmeras vezes de desvio do dinheiro público, na qualidade de presidente da Comissão de Constituição e Justiça e seguindo a cartilha das estratégias de estancamento da Lava Jato, sugeriu que uma lei de anistia ao caixa dois seria constitucional.

Reação: no dia 16, foi desencadeada a operação Leviatã, que encontrou 1.200 quadros de grandes pintores nacionais e internacionais com o filho de Lobão, Márcio Lobão, acusado de ter recebido propinas da Petrobras e no caso de Belo Monte em nome do seu pai. Essa reação faz parte da guerra com a contraoperação Mela Jato. A Lava Jato viu como um acinte a eleição de Edison Lobão para a presidência da Comissão de Constituição, Justiça e Cidadania, a mais importante do Senado, assim como suas declarações.

Já Márcio Lobão é citado em várias delações premiadas, como nas de Sérgio Machado e de Delcídio do Amaral. Ele teria recebido suborno também relacionado com a usina Belo Monte — situação em que houve desvio de 1% para PT e PMDB, algo como R$ 19 bilhões de rapinagem — e tem contas bancárias no exterior

No caso de Eduardo Cunha, quando ele começou a usar todas as forças como presidente da Câmara para preservar sua impunidade, o STF acabou afastando-o das suas funções. Nessa altura, a Procuradoria Geral da República começou a divulgar os extratos das suas contas clandestinas na Suíça, o que provocou a sua cassação do mandato. Em seguida foi preso e já está condenado a cumprir mais de 15 anos de prisão.

Característica comum ao barão-ladrão é a seguinte: "quanto mais farto da roubalheira, mais sede de rapinas ele tem. Mais: esses fartos e repimpados à custa alheia ainda fazem da fortuna razão para sustentarem faustos supérfluos, engolfando-se mais para isso nas pilhagens, para luzirem desperdiçando, porque só no que desperdiçam acham gosto e honra" (*Arte de Furtar*, provavelmente de autoria de Manuel da Costa, 2006).

Somente em uma cleptocracia e com amplo apoio institucional, da política, da economia, da justiça, da grande mídia, do eleitorado, uma família inteira, um clã, uma dinastia, pode construir uma carreira criminosa contra o dinheiro público durante tantos anos.

Padre Antônio Vieira saiu do Maranhão no século XVII praguejando contra os "bons ladrões". Em pleno século XXI tudo parece continuar como naquele tempo. Necessitamos de mais operações como a Lava Jato, porque agora grandes setores da população já não toleram a corrupção.

2.8 A Lava Jato deve ser *erga omnes*

Sem as delações e as provas que foram descobertas no princípio da operação, a Lava Jato nunca teria chegado onde chegou, já tendo eliminado do mundo político e empresarial alguns exploradores da sociedade brasileira. Mas ainda resta muita coisa a ser feita. Muitos barões-ladrões continuam desfrutando do que roubaram e não estão sendo sequer investigados. Há muita coisa ainda a ser feita.

Com as provas que surgiram, a Polícia Federal, a força-tarefa do Ministério Público Federal e a Justiça Federal deflagraram a maior operação investigado do mundo, que passou a se chamar midiaticamente de Petrolão. Por uma questão de justiça, no entanto, é evidente que o povo espera que a Lava Jato vá mais fundo e que promova o império da lei contra todos, como mandam os preceitos éticos e jurídicos. Sempre que me perguntam de que partido sou, eu digo: do "partido" *erga omnes*.

Sobretudo depois das 77 delações da Odebrecht, está muito evidente que a peste da corrupção contaminou praticamente todos os partidos políticos e muitos dos seus membros. Por isso é que não podemos lutar pela implosão do partido A ou B. Todos os envolvidos devem ser responsabilizados. A Lava Jato tem que agir *erga omnes* (contra todos).

Os partidos, os políticos e os empresários delinquentes frequentemente se estranham e vivem se digladiando. Cada um deles procura buscar mais espaço para atender seus interesses, seus vícios, contudo, são praticamente idênticos. Enquanto não se chegar a todos os corruptos da cleptoplutocracia, de todos os partidos e de todas as ideologias, sempre vai remanescer uma sensação de favorecimento, de seletividade. Dentro da lei, a Lava Jato tem que ir mais fundo, respeitando o Estado de Direito vigente. Afinal, a Lava Jato não pode investigar os crimes dos poderosos praticando outros crimes.

2.9 A Lava Jato e seus cabos soltos

O juiz Sérgio Moro vinha sendo censurado por não compartilhar com vários Ministérios Públicos estaduais informações preciosas que poderiam ser muito úteis nas investigações. Especificamente no caso do trecho Leste do Rodoanel Mário Covas, em São Paulo, onde teria havido corrupção em benefício de integrantes do PSDB, o problema foi resolvido. Mas realmente são muitos ainda os cabos soltos na Lava Jato, e seus encarregados devem cuidar para que todos sejam corrigidos definitivamente.

O Supremo Tribunal Federal vai decidir em breve sobre a validade ou invalidade da controvertida condução coercitiva, que foi prodigalizada sem base legal, tendo sido usada inclusive contra blogueiros, o que é um abuso manifesto. A interceptação telefônica de todo um escritório de advocacia não pode se repetir. A divulgação de conversas de terceiras pessoas não envolvidas com o processo é crime.

O PSDB não fazia parte do fatiamento criminoso da Petrobras, isso é verdade. Essa é a razão dada pela força-tarefa para o PSDB não estar na Lava Jato lado a lado com os demais partidos. Agora, com as delações da Odebrecht, no entanto, nada justifica não promover o império da lei contra todos os corruptos, de todas as ideologias. Muito dinheiro do escândalo da Petrobras também alimentou o PSDB, como no caso do seu ex-presidente do partido Sérgio Guerra que recebeu R$ 10 milhões para arquivar uma CPI.

A população percebe todo tipo de tratamento diferenciado. Das injustiças todos logo tomam conhecimento. A população tem muitas razões históricas para duvidar da Justiça brasileira, por isso que ela deve ser a mais transparente possível. Ela sabe, ademais, que todo o sistema político-empresarial tradicional é corrupto. Não se pode nunca transmitir a sensação de que se trabalha com dois pesos e duas medidas. Depois de mais de vinte anos, somente agora a Justiça de Minas Gerais bloqueou bens do ex-governador Eduardo Azeredo, que participou do Mensalão tucano. Esse tratamento privilegiado é indecoroso. O Supremo tinha firmado o entendimento, com o caso do deputado Donadon, que não adiantava renunciar ao mandato para se esquivar do seu julgamento.

■ A população percebe todo tipo de tratamento diferenciado. Das injustiças todos logo tomam conhecimento. A população tem muitas razões históricas para duvidar da Justiça brasileira, por isso que ela deve ser a mais transparente possível.

Eduardo Azeredo fez isso e o Supremo, vergonhosamente, mudou de posição e não o julgou, mandando seu caso para o primeiro grau.

"Processos e investigações contra os tucanos não andam", é o que se diz popularmente. Essa imagem de proteção, de cleptoconivência, tem que ser desfeita pela própria Justiça, cumprindo-se o império da lei contra todos. Justiça não pode ter partido.

Do ponto de vista do movimento #QueroUmBrasilÉtico, é evidente que postulamos que a Lava Jato vá mais longe, porque a operação só será completamente legítima quando agir *erga omnes* (contra todos). Todo o velho sistema deve ser implodido. Ou não reconstruiremos o Brasil a partir dos escombros da implosão, dos seus sobreviventes e das novas lideranças — nacionais, estaduais e municipais — que se empenhem em combater seriamente a corrupção, as desigualdades e as injustiças.

A Lava Jato, em princípio, já foi longe o suficiente para não morrer de inanição. Digo isto porque nunca se sabe o que mais pode vir do STF depois das concessões de foro privilegiado a políticos citados na operação, como nos casos de José Sarney e Moreira Franco. Aliás, se a regra firmada em favor de Sarney for universalizada, a Lava Jato estará morta. Todos os réus passariam para a competência do Supremo, que é — no âmbito do foro privilegiado — o tribunal mais moroso do país.

Ainda existem muitos cabos soltos na Lava Jato que vão além da repulsiva "imunidade" do PSDB. Sua eficácia investigativa e punitiva, por força do princípio *erga omnes* que defendemos, tem que chegar a todos os partidos políticos que viraram vergonhosos balcões de negócios, nos bancos que promovem a lavagem de praticamente toda a dinheirama movimentada pela corrupção, nas empresas estrangeiras, nos operadores financeiros que moram fora do Brasil, nos funcionários de menor escalão na Petrobras, nos políticos protegidos pelo foro privilegiado, ou melhor, pelo foro da impunidade privilegiada, nos membros do Poder Judiciário envolvidos com a rapinagem etc.

Membros do Poder Judiciário e do Ministério Público, cúmplices das corrupções dos poderosos (como no caso de Sérgio Cabral), ainda estão todos preservados. Esse cabo solto tem que ser ajustado o mais pronto possível. Alguns membros do Tribunal de Contas do Estado do Rio de Janeiro foram presos. Mas há centenas de outros, em vários Estados, que devem ser devidamente investigados e processados. A bandidagem contra o dinheiro público não reside apenas na política e nas empresas parasitas.

Próceres do PSDB, DEM e outros partidos, Siemens, Alstom, escândalo do Metrô, Cidade Administrativa de Belo Horizonte, propinas na usina de Furnas, contas no exterior, sobretudo na Suíça — com cerca de oitocentos correntistas já identificados, Mensalão mineiro: tudo isso ainda está pendente de investigações ou com processos com andamento muito moroso. Até ministro do Supremo Tribunal Federal, como é o caso do já citado Dias Toffoli, deve ser devidamente investigado (para se saber se é inocente ou culpado). Se isso não for feito, a suspeita de ter ajudado o ex-ministro do Planejamento (Paulo Bernardo) lhe pesará eternamente sobre os ombros[37].

Mais questionamentos: Dilma, afinal, nomeou o ministro do Superior Tribunal de Justiça, Marcelo Navarro, para votar em favor de Marcelo Odebrecht? O presidente do Superior Tribunal de Justiça de então, Francisco Falcão, participou de tudo isso, como delatou Delcídio do

Amaral? Lula é o dono do sítio de Atibaia? É dono do triplex? Por que nenhum vazamento criminoso (das delações de Delcídio, do áudio de Sérgio Machado, de várias delações da Odebrecht etc.) até hoje foi apurado? Por que não ficou bem esclarecida a referência ao ministro Dias Toffoli na delação de Leo Pinheiro, que foi abortada?

Muitas perguntas começaram a ter respostas nas delações da Odebrecht. Mas é preciso ir mais fundo, porque delação depende de provas. A Justiça tem que agir *erga omnes* (contra todos), porque urge a implosão do sistema político-empresarial corrupto. Quem não for castigado pela justiça, tem que ser castigado nas urnas. Os políticos que sobreviverem, juntamente com as novas lideranças, serão os encarregados de reconstruir o Brasil com o firme propósito de combater a corrupção assim como de lutar contra as desigualdades e as injustiças.

2.10 A repressão é necessária, mas insuficiente

O aspecto ético e cultural é relevante para diminuir a corrupção. Mas nenhum país dispensa a repressão penal. A educação tem que estar ao lado da repressão. Ela é necessária. Mas só a repressão penal não funciona em longo prazo: um grupo é punido e um novo grupo aparece[38]. Isso ocorreu na Itália após a Operação Mãos Limpas, tendo surgido a corrupção 2.0. Mudanças profundas só acontecem com reformas das instituições políticas, econômicas, jurídicas e sociais.

Quando o agente público "exige" propina e a vítima não se sente empoderada para denunciar, estamos diante do mau funcionamento das instituições. Serviços de atendimento confiáveis precisam ser instituídos para que o "denunciante" se sinta seguro.

Algumas ideias que devemos implantar ou, pelo menos, discutir, foram lançadas ou tendencialmente sugeridas pela professora norte-americana Susan Rose-Ackerman:

- Manutenção da proibição de financiamento empresarial;
- Barateamento das campanhas;
- Monitoramento rigoroso dos gastos de campanha e imposição de teto de gastos;
- Sistema unicameral, reduzindo o Parlamento à metade;
- Redução drástica dos partidos, a cinco, por exemplo — menos fisiologismo melhora a governabilidade pela coalização presidencial;
- Impedir a participação de políticos em contratos públicos, quebrando esse tipo de relação;
- Transparência absoluta desses contratos;
- Responsabilidade efetiva do político pelas suas decisões: política, administrativa, civil e penal.

E mais:

- Transparência das suas decisões;
- Controle frequente do patrimônio dos políticos;
- *Recall*, que é a possibilidade de o próprio eleitor deseleger um político; quem poder de eleger tem que ter o poder de deseleger;
- Proibição de longas carreiras políticas institucionais no Legislativo, ou seja, proibição do político profissional, impondo-se o limite de dois mandatos, por exemplo;
- Proibição de reeleições no Executivo;
- Controle imediato das leis produzidas pelo Legislativo;
- Nomeação dos ministros do Supremo Tribunal Federal pelo mérito e sorteio, colocando fim à indicação política;
- Novas leis penais para preencher algumas lacunas ou deficiências legais, como o caixa dois (que é uma legislação deficiente);
- Ajustes para o aprimoramento da delação premiada, o *whistleblowing* ou informante de boa-fé.

2.11 Desdobramentos na Lava Jato

As 77 delações da Odebrecht geraram uma tempestade nunca vista nas oligarquias políticas e empresariais corruptas que dominam a nação. O vazamento de alguns nomes e primeiras narrativas ocasionaram muita indignação popular. Essas revelações vão fazer com que ganhe força a tese da implosão de todo o sistema corrupto. Uma quantidade infinita de delações no país todo vai surgir nos âmbitos estaduais e municipais em razão dos "filhotes" da Lava Jato.

Em segundo lugar, sabe-se que a Odebrecht firmou acordo de leniência, feito com a empresa, comprometendo-se a entregar todas as provas que possui sobre "propinas eleitorais" pagas desde 2000 nos âmbitos federal, estadual e municipal. Foram cinco eleições municipais e quatro nacionais e estaduais.

O acordo significa benefícios e obrigações à empresa, mas não diretamente aos seus donos. No campo criminal, não se confunde com as delações premiadas. Pelo acordo, a Odebrecht quis reconquistar o direito de participar de novos contratos públicos. O acordo foi protocolado na Justiça Federal em 20 de janeiro de 2017 e divulgado em primeira mão no mesmo dia pelo *Estadão*.

Obrigações da Odebrecht: (1) pagar R$ 3,2 bilhões para o Brasil, EUA e Suíça, divididos em cotas 80%, 10% e 10%; (2) oferecer detalhes de todas as suas contas secretas no exterior e sua rede de *offsho-*

res — desde março de 2016 se sabe do seu departamento de propinas bem como de contas em paraísos fiscais como Panamá, Suíça, Uruguai e Ilhas Virgens; (3) narrar e trazer provas de todos os contratos com a União, Estados e Municípios, desde 2000; (4) descrever e oferecer provas em curto prazo sobre as doações e "propinas eleitorais" pagas desde o ano 2000. E ainda entregar "uma lista consolidada com os nomes de beneficiários de pagamentos de vantagens indevidas que tenham atualmente prerrogativa de foro por função".

Em terceiro lugar, vale lembrar que a Justiça suíça, independentemente das revelações voluntárias da Odebrecht, autorizou o envio ao Brasil de milhões de dados bancários das suas contas correntes. Por um caminho ou outro o conteúdo disso tudo virá à tona, assim como os destinatários dos pagamentos das propinas. Em 15 de fevereiro de 2017, Rodrigo Janot acertou com Temer os detalhes finais do acordo de cooperação com a Suíça, que investiga a corrupção combatida pela Lava Jato.

Há nomes do PT, do PMDB, do PSDB e de outros grandes partidos, como também de ministros do governo Michel Temer, governadores, prefeitos, senadores e deputados. A força-tarefa, com base nessas informações, pretende ingressar com ações cíveis contra os partidos em virtude dos prejuízos causados à Petrobras. As mesmas informações vão instruir a ação de cassação da chapa Dilma-Temer que tramita no TSE.

Em quarto lugar vem a possível delação de Eduardo Cunha. No seu processo criminal ele arrolou como testemunhas de defesa Michel Temer e Moreira Franco, formulando ao primeiro 19 perguntas embaraçosas. É nitidamente uma ameaça com potencial explosivo. Não se pode esquecer, por outro lado, que Cunha tem Moreira Franco como seu desafeto, por entender que ele foi o responsável pela sua cassação na Câmara, e tudo teria sido manipulado por Franco para colocar seu genro Rodrigo Maia na presidência da Casa.

As perguntas versam sobre a participação deles em reuniões que tratavam de "propinas eleitorais" em troca de investimentos do fundo respectivo do FGTS, o FI-FGTS. Eduardo Cunha, em Brasília, responde por esses fatos. Das suas perguntas se extrai a suposição de que Temer e Franco seriam cúmplices desses atos de corrupção, que se repetiram com a Odebrecht e a OAS, dentre outras empresas.

As doações eleitorais estariam vinculadas à liberação de dinheiro pelo FI-FGTS, o que configura, inequivocamente, corrupção. Em uma das situações, o dinheiro foi liberado depois que a OAS teria feito doações de R$ 200 mil a Gabriel Chalita, na campanha de 2012. Isso já foi objeto de delação de Fábio Cleto, que também trabalhava na Caixa Econômica. Ninguém mais que Cunha conhece o sistema de arrecadação de dinheiro do PMDB, cujas receitas, "propinas", segundo a força-tarefa da Lava Jato, vinham, dentre outras fontes, de empresas estatais, como Petrobras e Transpetro, de obras públicas, como a usina Belo Monte, usinas nucleares , assim como da Caixa Econômica Federal, onde se encontravam tomando decisões gatunos experientes como Cunha, Moreira Franco e Geddel Vieira Lima.

Dois fatores são relevantíssimos para Cunha ser delator: (a) as implicações mais sérias de membros da sua família (para salvar a família decide-se pela delação); (b) o nível de empenho do Planalto na sua liberação. Se o Planalto não conseguir mostrar bom resultado e se sua família for condenada, a chance de delação aumenta muito, sobretudo depois da sentença que lhe impôs mais de 15 anos de prisão. Outro desdobramento contra os barões-ladrões diz respeito às delações de outras empreiteiras que estão por vir. O sistema político-empresarial corrupto será dinamitado definitivamente quando aparecerem essas delações.

2.12 Criticar é uma coisa, abafar é outra

Uma coisa é ser crítico da Lava Jato. Outra distinta é ser seu inimigo. O primeiro grupo quer corrigi-la, ajustá-la e não quer vê-la fora do Estado de Direito. O segundo quer eliminá-la, quer soterrá-la nos escombros da degeneração moral e ética, para que tudo fique como está. Se a Lava Jato virou uma investigação indispensável para passar o Brasil a limpo, tudo que é feito para "estancar a sangria" deve ser visto como coisa de "inimigos" do império da lei, que só querem continuar a gatunagem do dinheiro público sem serem perturbados em seu triplo gozo de roubar, de desfrutar o roubado ou colocá-lo em local seguro, em um paraíso fiscal, por exemplo, e de não ser castigado.

Os políticos inimigos da Lava Jato, os que querem destruí-la, devem ser tidos como inimigos do povo e devidamente "faxinados" nas próximas eleições. Em quem tocar "a cruz escarlate da Lava Jato será carne queimada", como apontou Vera Magalhães (*Estadão*, 19/2/2017). Não adianta protestar contra a corrupção e reeleger os mesmos personagens um dia execrados. A implosão do sistema passa pela não reeleição de políticos corruptos, eliminando-se, ao mesmo tempo, os nepotismos. A sociedade tem que ir em direção oposta à dos inimigos do povo. Não pode convalidá-los nas urnas, o que seria um despropósito e uma contradição descomunal. A nova classe política tem que ser espelho da nova percepção da sociedade. Se muitos corruptos forem reeleitos, isso significa que a sociedade não mudou nada.

■ Uma coisa é ser crítico da Lava Jato. Outra distinta é ser seu inimigo. O primeiro grupo quer corrigi-la, ajustá-la e não quer vê-la fora do Estado de Direito. O segundo quer eliminá-la, quer soterrá-la nos escombros da degeneração moral e ética, para que tudo fique como está.

Aqueles que não forem julgados até 2018 por força da Lava Jato devem ser eliminados pelo voto, que é o castigo das urnas, com a consequência de também eliminar o foro privilegiado das castas intocáveis. No lugar dos eliminados devemos testar novas lideranças comprometidas com um Brasil saudável política e economicamente. A renovação de quase toda a classe política faria uma revolução, se eliminado também o nepotismo eleitoral.

A Lava Jato sinaliza para a necessidade de uma profunda reformulação nas nossas instituições políticas, econômicas, jurídicas e sociais, antes que a população descrente se iluda com miraculosas lideranças e soluções extremadas, como as do *Brexit* e dos EUA. Quando o mercado se alia ao Estado para construírem um modelo de capitalismo, que privilegia alguns em detrimento dos muitos, em lugar de um crescimento sustentado e do desenvolvimento humano, o que se colhe é colapso.

Começamos a "lavoterapia" e devemos seguir além, aplicando todas as medidas que ajudem a promover e cultivar a saúde política e institucional do país. "Vencer a corrupção é condição para que a justiça social, a democracia e o desenvolvimento sustentável tenham força e prevaleçam no Brasil", conforme Marina Silva[39].

2.13 Os inimigos da Lava Jato estão incendiando a consciência popular

A terceira lei de Newton, princípio da Física segundo o qual "toda ação provoca uma reação de igual ou maior intensidade, mesma direção e em sentido contrário", ajuda a explicar o momento crítico que estamos vivendo.

Ação: em 30 de janeiro de 2017, a presidente do Supremo Tribunal Federal, Cármen Lúcia, homologou as 77 delações da Odebrecht. Seu conteúdo explosivo está vindo a público homeopaticamente. Sabe-se que envolve mais de trezentos barões-ladrões da cleptoplutocracia nacional.

Reação: dois dias depois, o governo Temer e seus aliados — Aécio Neves, Renan Calheiros, Romero Jucá, Edison Lobão, Eunício Oliveira, Rodrigo Maia, Eliseu Padilha, Moreira Franco e cia. — deliberaram intensificar uma contraoperação, logo batizada pela imprensa de Mela Jato, com o intuito de blindar ao máximo os integrantes do sistema corrompido. Essa contraoperação está seguindo rigorosamente o roteiro traçado pelos caciques do PMDB naquele famoso áudio de Sérgio Machado.

É uma questão, antes de tudo, de sobrevivência. Ninguém sabe ao certo o que ainda pode acontecer com os principais membros cleptoplutocratas envolvidos com a corrupção, sobretudo depois de reveladas todas as delações da Odebrecht. A instabilidade e a insegurança os deixam apavorados.

No Japão o político corrupto se mata. No Brasil ele se blinda ou busca a anistia. Da blindagem do sistema inteiro fez parte a indicação de Alexandre de Moraes para ministro do Supremo Tribunal Federal. Alexandre é fruto de um sistema podre e perverso. Se vai confirmar a tarja de suspeitíssimo na testa é outra coisa. Veremos. Em sua sabatina pública prometeu agir com independência. Seus atos dirão.

A Moreira Franco deu-se o foro "privilegiado", o direito de ser julgado pelo Supremo Tribunal Federal. Em seguida, o ministro Celso de Mello ratificou o escárnio. Com isso o Supremo Tribunal Federal confirmou que está mesmo contaminado, que perdeu a bússola do valor justiça, tal como naquele julgamento de 7 de dezembro de 2016, quando sete ministros do Supremo Tribunal Federal (seis presentes e um a distância) mantiveram o réu Renan Calheiros na presidência do Senado.

Paralelamente, o Parlamento tentou aprovar a blindagem dos partidos políticos frente às sanções do Tribunal Superior Eleitoral. Romero Jucá tentou blindar os presidentes do Senado e da Câmara. Também se pretendeu aprovar a blindagem do dinheiro enviado ao exterior por políticos e seus parentes — medida tomada na semana em que se descobriu que parentes de Lobão possuem contas no exterior.

Temer anunciou que só iria exonerar ministro que tivesse sido citado nas delações da Lava Jato depois de recebida a denúncia contra eles no Supremo Tribunal Federal. Isso não costuma acontecer com menos de três ou quatro anos, tempo muito posterior ao final de seu mandato. O engodo e a blindagem estão mais do que patentes.

Com essa indecorosa postura, o governo Temer, o Parlamento, o Supremo Tribunal Federal e até mesmo Lula (quando emite desqualificações infundadas sobre a Lava Jato, dizendo, por exemplo, que ela é a causa da recessão econômica) estão promovendo um incêndio antiético na consciência da população, visto que eles desejam abafar, sufocar, restringir, blindar ou minguar a operação, para a preservação dos seus mandatos, interesses e privilégios. O fosso que os separa do povo é gigantesco. Não estão dando a mínima atenção para as novas exigências éticas da sociedade.

O sistema corrupto sempre defendeu o fruto das suas rapinagens. Agora também estão em jogo muitas carreiras políticas, assim como a própria liberdade. Enquanto a sociedade inerte não se mobilizar intensamente, ele vai em frente, porque seu escopo é a perpetuação no poder, usufruindo do foro privilegiado. Ninguém tem faro melhor que o político para auscultar o ruído da população. Ele sabe quando avançar e quando recuar.

Sem ter em quem confiar, tendo em vista a submissão majoritária do Supremo Tribunal Federal aos interesses do trio Temer-Aécio-Gilmar Mendes, e sabendo-se da contraofensiva do governo e do Parlamento à Lava Jato — o Parlamento já tentou aprovar várias medidas legislativas para melar a operação —, é mais do que previsível uma reação popular.

Daí podem emergir tanto o voto serotonina (agradecimento e ressurreição de velhos políticos corruptos) como o voto toxina (irado, furibundo, enraivecido, iracundo, indignado), que se inclina para o populismo radical (*Brexit*, na Inglaterra, e Donald Trump, nos EUA, são semelhantes em muitos aspectos).

Se esses incendiários da consciência coletiva continuarem menosprezando a sensação de injustiça que está alimentando fervorosamente o povo, vão acabar erodindo a coesão social, porque não há nada mais cínico do que suas declarações logo após pilhados em suas falcatruas ("está tudo dentro da lei", "as doações foram declaradas"). O silêncio e a cumplicidade dos membros da cleptoplutocracia são macunaímicos.

■ Se esses incendiários da consciência coletiva continuarem menosprezando a sensação de injustiça que está alimentando fervorosamente o povo, vão acabar erodindo a coesão social, porque não há nada mais cínico do que suas declarações logo após pilhados em suas falcatruas.

Não é a Lava Jato a responsável pela eclosão da ira, da indignação. Seus inimigos é que estão perturbando a consciência popular. Quando houver o estopim, o povo vai para as ruas. O risco sério é que aconteça a "explosão" do sistema de modo descontrolado, antes da "implosão" controlada que aqui sugerimos. A sociedade mudou e já não tolera mais nem a violência, nem a corrupção nem os privilégios nem as blindagens dos bandidos do colarinho branco. Do ponto de vista ético-moral o país vive o caos. No dia em que houver o estopim, o risco de comoção social é imenso. O terrível da explosão descontrolada da população é que ela não consegue administrar seus efeitos.

A sociedade pode evitar essa tragédia mobilizando-se no sentido da reconstrução do Brasil, com novas lideranças — em todas as esferas de poder — responsáveis, competentes e honestas. Desde 2013, o povo nas ruas e nas redes está dizendo não à corrupção. É hora do basta definitivo.

Em 14 de dezembro de 2016, o ministro Luiz Fux concedeu liminar para anular toda tramitação na Câmara do pacote das dez medidas anticorrupção, encampadas pelo Ministério Público, dentro do contexto da Lava Jato. Na madrugada de 30 de novembro de 2016, como se sabe, a Câmara desfigurou e trucidou o projeto da população e ainda aprovou várias medidas contrárias a ele. Nada disso é permitido pelo Regimento da Casa (artigo 24). Tudo, consequentemente, do ponto de vista jurídico, virou pó. A tramitação do projeto de iniciativa popular foi totalmente errada. Um parlamentar dele se apropriou e isso é terminantemente proibido. Luiz Fux anulou tudo. Mandou voltar a zero e seguir o procedimento específico das propostas populares.

Rodrigo Maia recebeu o projeto que já estava no Senado e, em lugar de recomeçar tudo, como determinou o ministro Fux, mandou só conferir as assinaturas da iniciativa popular — mais de dois milhões. Em seguida devolveu tudo ao Senado, menosprezando a decisão do ministro Fux. Descumprem-se tais decisões com imensa facilidade. Isso denota o nível da nossa cleptocracia.

Luiz Fux já tinha sublinhado que a Câmara estava "dando as costas para o povo". Mais que isso: estava descumprindo uma ordem judicial! O que Rodrigo Maia fez foi um despropósito, uma desfaçatez, porque o projeto tramitou na Câmara com uma "multiplicidade de vícios". Tudo foi ignorado. Luiz Fux se esqueceu do assunto e assim caminha nossa cleptocracia, onde as instituições acobertam os perversos e nefastos corruptos do País.

O BRASIL É MUITO MAIS QUE UM PAÍS CORRUPTO

3.1 Corrupção, cleptocracia e plutocracia

Quando nossa lupa é colocada sobre as elites dirigentes e delinquentes, logo se descobre que o Brasil é, ao mesmo tempo, uma cleptocracia e uma plutocracia. *Kleptos* significa ladrão e *cracia* é poder, governo; logo, um governo composto de ladrões ou de governantes ladrões. *Ploutos* significa riqueza, pessoas endinheiradas e *kratos* ou *cracia* é poder, governo; logo, um governo administrado ou influenciado por pessoas com muito dinheiro.

Subornar um agente público na rua ou nas repartições para a prática ou omissão de um ato é corrupção. "Comprar" a quase totalidade dos parlamentares para aprovarem 15 atos normativos (medidas provisórias, leis e projeto de resolução) em benefício de uma empresa privada (Odebrecht), que conseguiu isenções fiscais, fraudes em concorrências, favorecimentos, é cleptoplutocracia. Subornar um juiz para obter uma sentença favorável é corrupção. Conchavar o apoio de sete ministros da Corte Suprema para manter no poder caciques reconhecidamente corruptos é cleptoplutocracia.

Financiar esporádica ou sistematicamente a campanha eleitoral de um candidato, em troca de um benefício concreto, é corrupção. Instituir um sistema generalizado de financiamento eleitoral, onde as empresas contam até mesmo com um específico departamento de propinas, é cleptoplutocracia. O país em que os dez maiores financiadores de campanhas conseguem eleger 70% do Parlamento (ou seja, 360 deputados) é uma cleptoplutocracia.

Nenhuma democracia do mundo nesses 25 séculos de história democrática foi governada pelo povo. Democracia pura — governo do povo, pelo povo e para o povo, como a definiu Abraham Lincoln — nunca existiu. Nem nas ágoras da Grécia antiga, onde apenas cerca de 10% do povo participava das assembleias.

Toda democracia é governada necessariamente por poucos, pelas oligarquias. Essa é a "lei de ferro das oligarquias", descrita por R. Michels, em 1911 (NEGRO PAVÓN, 2015). Quando nossa Constituição fala em Estado Democrático, necessariamente temos que entender Estado Democrático dominado e comandado por algumas oligarquias. Daí nasceu a ideia de Democracia Representativa, em que o povo é representado por poucos. Nosso enfoque está voltado para a corrupção dessas oligarquias delinquentes, cleptocratas e plutocratas. São elas que estão sendo homeopaticamente implodidas na Lava Jato.

Nas democracias venais e formais como a brasileira, a democracia é capturada, sequestrada, pelas elites dominantes, ou seja, pelas oligarquias dominantes. Há as que reinam, que governam, e há as que influenciam os governantes. De dentro das elites governantes saem os barões-ladrões cleptocratas. Do seio das elites econômicas e financeiras que influenciam os governantes saem os barões-ladrões plutocratas, muitos deles réus confessos: Odebrecht, Andrade Gutierrez, Engevix, UTC, Camargo Corrêa. Unidos, formam um sistema, que é ao mesmo tempo o maior crime organizado do país.

3.2 Corrupção do mercado e do Estado

O Brasil é um país corrupto. Mais que isso: nossa corrupção é sistêmica. No entanto, neste livro não estamos cuidando de toda a corrupção existente na nação. Nosso foco está voltado para a corrupção das elites dirigentes, daqueles que mandam e comandam o Brasil, ou seja, dos que detêm o poder (político, econômico, financeiro, midiático etc.). O que há de peculiar na grande corrupção brasileira? Ela envolve a estrutura do poder, ou seja, o mercado e o próprio Estado. É sistêmica: pertence ao sistema de governo, com respaldo na cultura e na tradição.

Que tipo de governo? Elitista, extrativista e excludente, que prioriza o enriquecimento das elites econômicas e políticas dirigentes do país por meio da espoliação do povo e/ou da natureza ou por meios politicamente favorecidos ou, sobretudo, por meios ilícitos. Como essas elites dirigentes e corruptas bem posicionadas dentro do Estado se mantêm ou se perpetuam no poder? Isso é possível em razão do mau funcionamento das instituições de controle (políticas, econômicas, jurídicas e sociais). A Lava Jato é uma exceção. Também em virtude da inércia da população, que tem

■ O que há de peculiar na grande corrupção brasileira? Ela envolve a estrutura do poder, ou seja, o mercado e o próprio Estado.

que reagir com mais contundência e firmeza. Onde essas instituições de controle não existem ou funcionam mal, as elites canalizam o máximo possível da riqueza e do poder da nação para elas. Especialmente por meios ilícitos: corrupção, peculato, evasão de divisas, lavagem de dinheiro. Repetindo Karnal: "Povo que não tem virtude acaba por ser escravo".

Somos, portanto, uma democracia venal e formal dentro do contexto de uma cleptoplutocracracia, que envolve: (a) o corpo, com espoliação da energia muscular via escravidão ou servidão, que impede o acesso ao capital econômico; (b) a alma, pela escravização em nome da evangelização; (c) o espírito, com subtração do conhecimento, da educação, do acesso ao capital cultural e social; (d) os bens comuns, pela destruição da natureza; e (e) o dinheiro do povo, arrecadado pelo Estado.

Toda corrupção em sentido estrito tem dois lados, um que paga e o outro que aceita ou exige ou gerencia o pagamento. Todos saem ganhando. Nos casos mais complexos, como o da Petrobras, há vários ganhadores: as empreiteiras superfaturavam os contratos das obras — algo em torno de 17%, diz o Tribunal de Contas da União — ou serviços e pagavam propinas a altos funcionários da Petrobras, aos políticos e aos partidos. Agentes financeiros que intermediavam a "negociata" levavam a parte deles. Todos tinham incentivos econômicos para estarem no "negócio". A conta, claro, recaiu sobre os ombros da população, que agora padece as consequências nefastas de um país envilecido, degradado, desvirtuado e corrompido.

3.3 O sistema explora a sociedade

Na base da formação histórica do Brasil opera esse sistema político-empresarial corrupto, que explora severamente a sociedade por meio de uma organização criminosa muito poderosa. Essa organização criminosa une os barões-ladrões do governo (cleptocratas) aos barões-ladrões das empresas e das finanças (plutodelinquentes), gerando as mais negativas e dolorosas consequências, até chegar à decomposição plena da economia, da política e da sociedade.

O sistema político-empresarial corrupto que opera grande parte da atividade econômica brasileira é, assim, cleptoplutocrata. O crime organizado constituído pela aliança dos barões-ladrões de cada setor tem a mesma natureza. Os que afirmam que o Brasil é só uma cleptocracia esquecem que a corrupção é sempre bilateral: existe o corrompido e existe o corruptor, este, normalmente, pertence à plutocracia. Juntos estão provocando sequelas insuportáveis e deprimentes para uma democracia enfraquecida como a brasileira, que não conta com instituições firmes o suficiente para resistir aos ataques dos mais poderosos.

Quando Eike Batista confessou que pagou US$ 16,5 milhões para Sérgio Cabral para ser favorecido em obras públicas, em compra de terrenos, temos o encontro de uma roubalheira da plutocracia delinquente (Eike) com a cleptocracia impiedosa (Cabral). O que nós temos que implodir é justamente esse sistema promíscuo, explosivo e demolidor, que se retroalimenta. Não podemos mais adiar essa tarefa de implosão do sistema político-empresarial corrupto. Isso se consegue pelo império da lei assim como pela efetiva participação da sociedade na democracia, por meio de protestos nas ruas e nas redes e ações concretas para melhorar as instituições. Não podemos suportar por mais nenhum dia mansamente as injustiças e as agressões dos donos dirigentes e delinquentes do poder, que estão levando o Brasil ao abismo, à decomposição e à ruína.

Nas eleições, o nosso dever é promover a faxina da cidadania vigilante: eliminar os corruptos e eleger novas lideranças — em todos os níveis do poder — comprometidas com o país. Pelo menos 90% de renovação das lideranças políticas seria o ideal. Isso é o que falta para a revitalização da nossa democracia, "que jamais é implantada de um dia para o outro já inteiramente confeccionada" (como dizia Alf Ross).

3.4 Financiamento das campanhas eleitorais

Uma das pontes que liga os dois grupos de barões-ladrões — leia-se: o dinheiro com o poder —, normalmente, é o financiamento das campanhas eleitorais. Por esse *modus procedendi* o poder econômico e financeiro conquista o poder político. Ao mesmo tempo, os políticos e os partidos adquirem o poder econômico necessário para campanhas ou, eventualmente, para o enriquecimento. Esse é o sistema que sempre nos fez viver em um país com aparência de democracia, porém sem valores éticos, porque estes foram aniquilados pelos que dirigem desavergonhadamente os destinos da nação.

Os milhões "doados" pela Odebrecht e tantas outras empresas aos políticos significam o sequestro do poder político e da democracia pela plutodelinquência, que fez desaparecer a essência da vida política e da cidadania e permitiu o enriquecimento do beneficiário, seja um político ou um partido, do caixa dois ou da propina. Tudo isso possui o significado concreto de morte da democracia substancial. A "compra" da democracia é sua morte. Há aí um "democraticídio", por mais que tenhamos eleições periódicas, mas maculadas e manipuladas. Estas, os partidos, as liberdades, a imprensa livre, etc.: nada disso é garantia de uma democracia verdadeira, quando aniquilada pela venalidade dos políticos e empresários que comandam a nação.

Recentemente passou a vigorar no Brasil a proibição dos financiamentos empresariais de campanhas — contra o voto de Gilmar Mendes, que sempre se mostrou favorável à dinheirama jogada pela Odebrecht e cia. nas campanhas políticas. Mas não estão vedadas as doações pessoais. Por esse caminho também se pode "comprar" um político (e a democracia), daí a necessidade de mais transparência nas prestações de contas, a atuação mais efetiva da Justiça Eleitoral, a fiscalização mais concreta do Ministério Público, a participação mais eloquente da sociedade, o barateamento das campanhas, o limite de gastos. Sem essas condições substanciais, falta para nossa democracia o brilho desejado. O povo já não tolera viver apenas um simulacro de democracia, que é, na verdade, muito venal e puramente formal (não cidadã).

O poder acaba concentrado naqueles detentores da riqueza que conseguem leis, medidas provisórias, contratos superfaturados, benefícios, favorecimentos e empréstimos subsidiados. Foi essa acusação que pesou, por exemplo, contra o presidente da Câmara, Rodrigo Maia: em troca de propinas para campanhas eleitorais ele teria favorecido a OAS em várias iniciativas legislativas[40]. A mola propulsora desses benefícios e enriquecimentos é a corrupção, que afeta o crescimento econômico, agrava a desigualdade e ainda gera a erosão da coesão social.

É preciso superar essa democracia puramente formal, que conduz a uma vida política e empresarial esclerosada, privada de substantividade, de essência, de alma e convertida em perversidade e astúcia.

3.5 Não é possível eliminar a corrupção, mas as instituições podem ser modificadas

A Lava Jato nasceu como uma instituição nova na nossa República. Seus órgãos pertencem ao poder jurídico de controle, como a polícia, o Ministério Público, as auditorias e magistraturas, mas ela se distingue completamente dos órgãos similares em funcionamento na nação. Acabar com a corrupção é impossível — nenhum país conseguiu essa proeza. Reduzi-la drasticamente, por força de novas instituições, bem distintas das tradicionais, sim, é possível. A Lava Jato é uma prova disso.

A implosão do sistema político-empresarial corrupto tem esta finalidade: reestruturar todas as nossas instituições sob o comando de novas lideranças, em todos os níveis do poder, regidas por outros princípios republicanos, evidentemente. Essa mudança institucional, no entanto, exige amadurecimento do eleitor e dos políticos, que não podem estar subordinados escravizadamente ao poder econômico, que conserva os rituais da democracia, suas liturgias externas, destruindo-a por dentro, pelo seu interior esvaziado.

Se o Supremo Tribunal Federal, que julga grande parte dos casos de foro privilegiado, continuar com sua lentidão paralisante, jamais eliminaremos o ambiente propulsor da corrupção política. A Lava Jato, enquanto dentro da lei, vem provando que o bom funcionamento institucional, paralelamente às medidas preventivas, é a via adequada para atacar com eficácia a corrupção dos poderosos, que não desaparece por si só.

Os donos delinquentes do poder, tal como as máfias, nunca internalizaram regras éticas e não possuem modelos exemplares a serem copiados. Logo, a única maneira imediata de enquadrá-los em uma convivência civilizada é a submissão ao império da lei.

Depois de mais de 500 anos de roubalheira persistente do dinheiro público, o paciente chamado Brasil se exauriu e foi para a UTI com diagnóstico de várias crises concomitantes: econômica, política, fiscal, ética, social, jurídica. Enquanto não solucionada a causa, a patologia continuará produzindo seus estragos na economia, na educação, na desigualdade, na coesão social.

O sistema político-empresarial brasileiro — que com o Império, a partir de 1822, conformou-se como político-partidário-empresarial — é e sempre foi cleptoplutocrata. O Brasil já nasceu assim, como uma forma pervertida de sociedade, onde prospera a demagogia. A corrupção veio com as caravelas de Cabral. Já o ambiente e as instituições propícias para ela prosperar da forma como prosperou foram sendo criados ao longo dos anos, sob a falta de escrúpulos dos demagogos e desonestos.

■ A implosão do sistema político-empresarial corrupto tem esta finalidade: reestruturar todas as nossas instituições sob o comando de novas lideranças, em todos os níveis do poder, regidas por outros princípios republicanos, evidentemente.

A corrupção não nasceu no Brasil nem em Brasília. Em Roma, já existia; na Inglaterra dos séculos XVI e XVIII era forte, tanto quanto nos EUA entre o final do século XIX e começo do século XX. Quanto à corrupção, há superabundância de notícias, de acusações, de incriminações. O problema é a punição, o controle, a criação de regras e sua aplicação. A impunidade generalizada dos donos cleptoplutocratas do poder até o advento do Mensalão (2012-2013) e da Lava Jato (a partir de 2014) é a maior prova da cleptoconivência das instituições de controle, que, em vez disso, deveriam funcionar sob o sistema dos freios e contrapesos.

A Europa prendeu e matou muitas "bruxas" sem nunca ter encontrado uma sequer. Dos corruptos os poderes nunca trataram com a devida diligência (CAVALCANTI, 1991). Até ao advento da Lava Jato, sempre houve no Brasil muito mais ladrões de galinha nas cadeias que o encontro de provas mínimas sobre a corrupção das elites dirigentes. Como se vê, o cupim da roubalheira do dinheiro público no Brasil vai muito além da corrupção sistêmica, posto que faz parte de uma cleptoplutocracia que pode ser controlada. O duro trabalho de impor limites aos donos delinquentes do poder foi iniciado com o Mensalão e está tendo prosseguimento com a Lava Jato e as operações "filhotes".

Todos os países do mundo, em todas as épocas tiveram e têm corrupção; mas nem todos são cleptoplutocratas como o Brasil. Acabar com a corrupção é impossível, já liquidar o ambiente institucional manipulado pela cleptoplutocracia é factível, começando pelo controle das próprias instituições. As instituições precisam ser reformadas, ou reestruturadas. E que haja intensa fiscalização popular pelas ruas ou pelas redes sociais. As insuficiências, as anomalias e os defeitos da nossa democracia devem ser corrigidos com o remédio de mais democracia.

A cleptoplutocracia, como se vê, tem tudo a ver com o funcionamento das instituições (justiça, polícia, democracia, voto, partidos, mercado). O povo, vários setores da mídia e a Lava Jato, estão em guerra com outras instituições: com os políticos governantes, partidos e segmentos do mundo empresarial-financeiro dado a licenciosidades e delinquências. Nenhuma sociedade civilizada pode prescindir dos políticos e da política, mas temos que eliminar os ladrões aí existentes; a democracia depende de partidos fortes, não de organizações criminosas; a economia requer empresários e bancos fortalecidos, não parasitas do Estado. É da essência do Estado de Direito a liberdade de expressão, mas já passou da hora de se contrapor aos setores da mídia cleptoconivente com as estruturas do poder por meio de uma mídia alternativa, a das redes sociais, que também está buscando sua força junto à "opinião pública", que não pode ser formada exclusivamente pela grande mídia subserviente, que cumpre o papel de lambe-botas do poder.

O pau que nasce torto não tem que morrer torto. Nas democracias não se contam as cabeças que são cortadas, sim, as que se somam. Novas regras de um novo jogo que priorize a educação de qualidade para todos devem ser instituídas, colocando-se o capitalismo competitivo justo no lugar do velho capitalismo de compadres, de favores. As regras do jogo nascem como fruto das interpretações constitucionais do STF que, ao lado do povo, é a mais relevante de todas as instituições.

O problema: o Supremo Tribunal Federal se posiciona de forma ambígua, e até mesmo desorientada. No afastamento de Eduardo Cunha, em maio de 2016, ficou do lado do clamor popular constitucionalmente legítimo e da Lava Jato. No conchavão pró-Renan Calheiros, em dezembro do mesmo ano, bandeou para o lado dos barões-ladrões cleptocratas. A confirmação do foro privilegiado dado a Moreira Franco ratificou essa posição errática do Supremo Tribunal Federal, que se reiterou com a concessão de foro privilegiado a José Sarney. É por isso que vemos o Supremo com certo pessimismo. Ele, que já fez coisas importantes em termos de preservação dos direitos e garantias, também já decepcionou muito a sociedade brasileira.

Do Supremo Tribunal Federal espera-se mais firmeza na interpretação da Constituição, demarcando com precisão as regras do jogo político, econômico e social. E o que for determinado pelo Supremo Tribunal Federal, única instituição que pode salvar o Brasil do populismo ditatorial democrático eleito pelo povo, tem que ser respeitado. Quando os caciques políticos não cumprem as decisões do Supremo, a desmoralização é completa. Renan Calheiros e Rodrigo Maia não são modelos disso. O primeiro deixou de atender um oficial de Justiça e o segundo descumpriu o que o Supremo mandou fazer com as dez medidas anticorrupção, devolvendo-as ao Senado sem novas votações, ou seja, sem a votação correta do relatório final do deputado Onyx Lorenzoni, que fazia o expurgo das medidas inconstitucionais.

Em síntese: eliminar a corrupção completamente é impossível, mas acabar com o ambiente institucional que a favorece, que a torna impune, é um projeto totalmente factível. É o único caminho disponível para se fazer a faxina jurídica no sistema político-empresarial corrupto. O estabelecimento de regras claras para o jogo político, partidário e empresarial a partir de interpretações firmes da Constituição é imprescindível. Somente assim podemos alcançar um novo padrão ético de governabilidade. A população tem que fiscalizar inclusive o STF, que não pode ficar imune às suas constitucionalmente legítimas reivindicações. Sem o bom funcionamento das instituições nunca veremos o império da lei contra todos os que parasitam o país, sem nenhum comprometimento com a "ética do respeito à verdade", como dizia Sartori.

3.6 Como a corrupção se tornou um grande "negócio" no Brasil?

Em um país que tem corrupção, mesmo nos mais evoluídos, não é incomum empreiteiras, bem como outras grandes empresas e bancos, pagarem suborno para ganhar uma licitação. Nos países cleptoplutocratas, como o Brasil, essas empresas do mercado e das finanças vão muito mais longe: se cartelizam, ou seja, combinam os preços superfaturados assim como os ganhadores de cada licitação (de cada obra, de cada serviço); combinam os contratos aditivos e ajustam os valores e os destinatários das propinas e arrebanham fortunas incalculáveis mediante a pilhagem do dinheiro público. Tudo isso está comprovado na Lava Jato. Se não for implodida, a cleptoplucracia brasileira vai nos levar ao mais profundo patamar de um precipício sem retorno.

Em uma cleptoplutocracia a corrupção empresarial, do mercado e das finanças, é praticada em harmonia com o poder político, que em lugar de cumprir o seu papel de fiscalização e maestro supervisor da economia, passa a ser conivente ou cúmplice com a espoliação escorchante da sociedade. Juntos, governantes ladrões da cleptocracia e plutodelinquentes da plutocracia, fazem um jogo de cartas marcadas com o apoio e o acobertamento de todo o sistema institucionalizado corrupto ou conivente, incluindo muitas vezes a Justiça, a mídia e alguns intelectuais.

Eles manobram a nação com a sensação de um poder ilimitado, conduzindo o Estado sem prudência, sem equilíbrio, sem continência, sem qualquer preocupação com a gestão honesta, que é substituída pela podridão, sem seriedade, entregando-se à banalidade, à espoliação, à improvisação, às extravagâncias degeneradas.

Os políticos, os partidos, os altos funcionários, os empresários e alguns bancos que se dedicam à roubalheira do dinheiro público integram um mesmo clube, que paga propinas a todo o sistema — aos juízes, aos jornalistas, aos intelectuais, às redes sociais — para alcançarem mais lucros, sempre em detrimento, claro, da população e da qualidade dos serviços públicos.

Se for inevitável ser governado por elites oligárquicas, torna-se fundamental a qualidade moral, ética e política dessas elites. O que se deve lamentar na nossa formação histórica, social e institucional é que nem sempre esses atributos habitam os currículos dos nossos degradados

■ A corrupção nos países cleptoplutocratas é um negócio "rentável", visto que a punição é muito rara. Não é preciso enfatizar que a Lava Jato, nesse contexto, é um ponto fora da curva.

dirigentes. Essa é a realidade que devemos alterar, implodindo o sistema perverso e corrupto aqui instalado. Muitos deles, os chamados barões-ladrões, criaram e ainda alimentam um nefasto e pernicioso clube, o clube da cleptoplutocracia, estruturado na forma de um crime organizado, que configura um Estado paralelo dentro do Estado oficial, que, valendo-se da sua posição privilegiada, procura canalizar a riqueza do país para a construção das suas fortunas pessoais ou empresariais, carregadas de todo tipo de envilecimento imaginável.

A corrupção nos países cleptoplutocratas é um negócio "rentável", visto que a punição é muito rara. Não é preciso enfatizar novamente que a Lava Jato, nesse contexto, é um ponto fora da curva. Na experiência brasileira recente — escândalos da Petrobras e outras estatais, além de obras públicas como Belo Monte —, dentro do referido clube formou-se o cartel mais lucrativo de toda nossa história entre Odebrecht, Andrade Gutierrez, Engevix, UTC, Camargo Correa, Mendes Júnior, OAS, Queiroz Galvão, Iesa e Galvão Engenharia.

O caso particular da Odebrecht é emblemático, conforme comprovação da Lava Jato, do Departamento de Justiça dos EUA e do Ministério Público suíço. De 2006 a 2014, a empresa pagou R$ 3,4 bilhões em propinas no Brasil e em mais onze países. Os benefícios obtidos foram de R$ 11,4 bilhões[41]. A corrupção se tornou um grande negócio, que teve seu custo elevado agudamente em virtude da aplicação efetiva da lei.

Com a força, estrutura, sofisticação e profissionalismo demonstrados, tornou-se absolutamente ridícula a tese de que essas empresas eram "extorquidas", ou compelidas a pagarem corrupção. A corrupção se tornou um grande negócio para corruptos e corrompidos. Em vários países, para cada 1 bilhão de propinas a Odebrecht conseguia 4 bilhões em contratos[42].

Trata-se, no caso, de uma corrupção intercontinental. Que só ganhou essa proporção descomunal, como sublinharam o Departamento de Justiça dos Estados Unidos e o Ministério Público suíço, em virtude dos apoios institucionais de políticos, partidos, da burocracia, da justiça, da mídia venal, dos intelectuais vendidos.

Todos os envolvidos — corruptores, corrompidos e instituições complacentes, coniventes ou cúmplices — fazem parte de um único clube depravado, composto pelos donos cleptocratas do poder, bem como por seus numerosos vassalos, como são, por exemplo, muitos lobistas e jornalistas. É o fenômeno da cleptocumplicidade, que revela envilecimento, degradação e degeneração.

Desmoronou-se também a tese dos políticos de que só aceitaram as propinas porque "o sistema é assim". "O peixe não consegue ver a água", diz um dito popular. O sistema é assim porque os corrompidos e corruptores querem que seja assim, um sistema de exploração injusto, assimétrico e permanente que estigmatiza e elimina a dignidade de milhões de pessoas excluídas ou ignoradas pelas castas dirigentes.

Os donos cleptoplutocratas do poder se caracterizam pela habilidade em fazer riquezas, particularmente por meios ilícitos ou politicamente favorecidos, assim como pela mediocridade visual em relação ao país. Não são simpáticos ao conceito de nação. O fisco constatou, por exemplo, que Eduardo Cunha, Fernando Collor e mais quatro parlamentares possuíam gastos incompatíveis com o patrimônio, exibindo carrões e contas milionárias com cartões de crédito[43].

O clube da cleptoplutocracia, composto de barões-ladrões ou ladrões do colarinho branco, constitui um dos sintomas mais gritantes de que nossas elites delinquentes padecem desde 1500 de uma deformidade moral gravíssima, que contaminou a essência de todas as instituições. Elas são infantis e altamente previsíveis em suas falcatruas. Como já afirmamos, não se trata de uma patologia, mas, sim, de uma degeneração ética que faz parte do seu "anormal" funcionamento.

Como é um grande "negócio", a corrupção não é uma jabuticaba brasileira. Está presente em todos os países e em todos os tempos. Noruega, Suécia, Finlândia, Dinamarca e Islândia também possuem corrupção, mas não são uma cleptoplutocracia porque não existe apoio institucional para a roubalheira. O Brasil, ao contrário, é uma cleptoplutocracia, em que a corrupção une os barões-ladrões governantes com os barões-ladrões do mercado e das finanças. Desde seu descobrimento é assim. Nesse sentido, nosso país tem suas singularidades institucionais. É frouxo diante da punição da corrupção. Por isso se tornou sistêmica e também por isso é que deve ser detonada, implodida. Se o sistema corrupto que governa o Brasil não for aniquilado, o país corre o risco de uma decomposição absoluta, que pode nos levar a mais atraso frente a outras nações civilizadas.

3.7 Enquanto houver cavalo para montar, São Jorge não andará a pé

Nós, humanos, diz o filósofo Savater (SAVATER, 2012), "somos maus o quanto nos deixam ser. Se alguém acredita que pode fazer algo e alcançar alguma vantagem, se está completamente seguro de que nada vai ocorrer, pois o fará". Se o mal — a rapinagem, a bandidagem, o gansgsterismo — não é censurado, reprovado, tudo continua como está. Não é verdade que a ética só vale para alguns momentos, podendo ser suspensa em outros. Ela nos vincula para toda a vida. Nos concretos atos da nossa vida, quando em jogo está o superior plano ético, você não tem que perguntar a ninguém o que deve ser feito. Savater sugere que você pergunte a si mesmo. E mais, não vale ser ético somente durante um trecho da sua vida. Por quê?

Cármen Lúcia, presidente do Supremo Tribunal Federal, afirmou: "A vida é igual a uma estrada. Não adianta você dizer que foi na reta certinho mil quilômetros e depois você entra na contramão e pega alguém. É a mesma coisa. Você tem que ser reto a sua vida inteira. Independente do que o outro fizer, independente de o outro atravessar a estrada. Se você estiver certo, você terá contribuído para o fluxo da vida ser mais fácil. Isso no serviço público muito mais".

A falta de compostura e ética do clube da rapinagem das elites, finalmente, levou a uma reação. O maior bombardeio de toda história contra o clube da cleptoplutocracia tupiniquim foi deflagrado em primeiro lugar pelo Mensalão (2012-2013). Em 2014 chegou a vez da Lava Jato, que ganhou dimensão internacional, sobretudo depois da cooperação do Departamento de Justiça dos EUA e do Ministério Público e da Justiça da Suíça. A operação se converteu na maior ação de combate

■ **A falta de compostura e ética do clube da rapinagem das elites, finalmente, levou a uma reação. O maior bombardeio de toda história contra o clube da cleptoplutocracia tupiniquim foi deflagrado em primeiro lugar pelo Mensalão (2012-2013).**

à corrupção da história nacional e a mais eficaz na atualidade em todo o planeta. As vísceras invisíveis da cleptoplutocracia brasileira estão sendo expostas a céu aberto.

Os principais executivos das empresas cartelizadas — o cartel impune é o espelho mais fiel do capitalismo de compadres — já estão sendo investigados ou processados ou já foram condenados, e vários deles estão presos. Setenta e sete da Odebrecht fizeram a "delação do fim do mundo". É um divisor de águas. Cada fato revelado e comprovado é uma dinamite colocada nos pilares do velho sistema, que deve ser implodido totalmente, pouco importando se se trata do PT, PMDB, PSDB, que com seus procedimentos vergonhosos foram se esquecendo dos compromissos sociais, debilitando a verdadeira democracia.

Se o clube da maldade vencer, a cleptoplutocracia vai se consolidar *ad aeternum*. Se perder a guerra, podemos ter novos padrões de comportamento substitutivos das promíscuas relações político-empresariais. Um novo Brasil pode nascer; mais transparente, mais seguro, mais confiável.

Várias empresas, como a Odebrecht, divulgaram comunicados onde estão assumindo compromissos com a ética. Isso, se convertido em algo verdadeiro, torna o ambiente econômico saudável. Os investidores passam a confiar. Emílio Odebrecht, pai de Marcelo, o "capo" do grupo, confirmou o cartel e algo mais: as decisões eram tomadas diretamente pelos controladores das empreiteiras, e não apenas pelos executivos[44]. Ou seja: há muito mais gente graúda que ainda não foi fisgada pela Lava Jato.

É evidente, por outro lado, que essa delação "rainha das delações" leva a vários *recalls*, pois muitos que já colaboraram com a Justiça vão ter que prestar esclarecimentos complementares. Alguns desses controladores, Eike Batista, por exemplo, espontaneamente se apresentaram à força-tarefa e começaram a dar as suas explicações. Os donos cleptoplutocratas do poder querem evitar, acima de tudo, longos anos de prisão.

A delação premiada, que faz parte da colaboração premiada, sem sombra de dúvida, mudou completamente a forma de se investigar e de se produzir provas no Brasil. Foi o instrumento mais contundente contra o clube da cleptoplutocracia, que confunde grandeza com riqueza, generosidade com astúcia. A cooperação internacional e o esforço hercúleo da polícia, do Ministério Público e da Justiça desencadearam o processo de destruição da cleptoplutocracia brasileira.

Mesmo os empresários mais resistentes à delação, caso de Marcelo Odebrecht, por exemplo, sucumbiram. O fator decisivo foi a delação do seu pai, Emílio Odebrecht, que, percebendo que sem as delações seu negócio podia desandar definitivamente, publicou anúncio em jornais pedindo desculpas pelas "práticas impróprias". Sérgio Andrade, da Andrade Gutierrez, admitiu "erros graves". O grupo Odebrecht vai pagar para Brasil, EUA e Suíça a maior multa de toda história: US$ 3,5 bilhões, valor maior que a multa por corrupção paga pela Siemens alemã, em 2008, de US$ 1,6 bilhões.

O Brasil, com a ajuda das investigações estrangeiras, está começando a ser passado a limpo. Temos que caminhar na direção da submissão dos poderosos, da multa, das prisões, porque os donos cleptocratas do poder nos países periféricos são incapazes de internalizar regras éticas e tampouco contam com modelos exemplares no sistema pátrio de dominação para copiar. Tudo isso tem forte simbolismo, incluindo as desculpas públicas de algumas empreiteiras, mas ninguém garante que suas práticas serão efetivamente revisadas. Mudar de comportamento não significa mudar de atitude ética. O tempo dirá quem será o grande vencedor: a Lava Jato, com apoio das ruas, das redes sociais e da mídia independente, ou o perverso clube da cleptoplutocracia.

Na Itália, o cenário foi favorável aos delinquentes. Quem venceu foi a corrupção, que aniquilou a Operação Mãos Limpas e implantou a corrupção 2.0. E no Brasil? Nossa tarefa é implodir a raiz da corrupção, ou seja, o sistema corrupto. Por que implodir a raiz do problema? Porque enquanto houver cavalo para montar, São Jorge nunca andará a pé. Acorda, Brasil!

3.8 Cultura da corrupção das elites dirigentes

Cultura da corrupção das elites dirigentes é, conforme Jurandir Freire Costa,[45] o "conjunto de crenças e regras de ação internalizadas e praticadas por pessoas suficientemente poderosas para malversar, em benefício próprio, recursos pecuniários destinados ao bem público". Todas as instituições que participam dessa cultura internalizam ou naturalizam as práticas cleptoplutocratas. "O Brasil sempre foi assim, não há nada que se fazer", dizem os derrotados. A cultura da cleptoplutocracia vai além da cultura da corrupção, onde se tolera o "jeitinho", e o escopo de se levar vantagem em tudo.

Da cultura da cleptoplutocraciadas elites dirigentes do país faz parte a convicção da impunidade, que se assegura de mil maneiras, seja impedindo a investigação de um crime ou bloqueando a denúncia ou atrapalhando o andamento do processo ou usando todos os recursos possíveis para se alcançar a prescrição. Corruptos existem em todos os níveis sociais. Mas os que conseguem conchavar uma decisão no Supremo Tribunal Federal são apenas os elitizados, os que mandam no país.

Sem mudanças de comportamentos e, melhor ainda, de atitude, não só individuais, senão, sobretudo, empresariais e institucionais, não há dúvida que o futuro do Brasil ético e justo fica comprometido. O problema do Brasil não se resume apenas a atos corruptivos individuais, senão às práticas consolidadas institucionais. Disso é exemplo o foro privilegiado no Supremo Tribunal Federal, que é muito lento e fonte de impunidade. Usam-se as instituições públicas para fins privados como extensões do clube da cleptoplutocracia.

Esse clube do velho sistema corrompido tem exércitos multitudinários de mercenários que difundem sua ideologia, de poder e dinheiro por alguns, ou muitos, dólares: nas escolas, nas mídias, na política, no mercado, nas universidades. Esses mercenários não se envergonham de que são pagos com dinheiro do nosso trabalho e dos nossos impostos (MARTÍN JIMENEZ, 2015).

De acordo com Cristina Martín Jiménez, sem o saber e sem o querer "estamos pagando nossos senhores, nossos amos, nossos algozes. Mais: estamos financiando a nossa escravidão [e nosso calvário]. 'Empobrecem as pessoas para que logo a seguir estas votem em quem as lançou na pobreza', disse o cardeal Jorge Bergoglio, hoje Papa Francisco".

Os donos cleptoplutocratas do poder, que pisoteiam a tripartição dos poderes entre Executivo, Legislativo e Judiciário desenvolvida por Montesquieu no século XVIII, diariamente "fabricam" leis à medida, "comprando" o parlamento, os parlamentares, as leis, os governantes e a democracia. Maior inescrupulosidade é impossível. Algo assim só é explicável onde existe uma cultura específica, a cultura da cleptoplutocracia, introjetada na consciência da sociedade desde seu nascedouro. Sem resistências, as castas intocáveis vão gerenciando o país e surrupiando o dinheiro público à sua maneira. A interferência direta dos donos delinquentes do poder no funcionamento da Justiça é outra característica do nosso país: ela destrói a credibilidade das decisões e impõe uma espécie de ditadura dos medíocres, dos disseminadores da maldade.

O sistema político-empresarial corrupto se transformou, ao longo do tempo, em uma máquina de reprodução da rapinagem. Essa injustiça perene vem gerando ódios recíprocos entre os donos cleptoplutocratas do poder e o restante da população, que é jogada cruelmente à desigualdade ou é tratada de forma injusta, o que abre um fosso profundo marcado pela desumanidade que pode levar o Brasil a convulsões sociais.

Falta entre nós a compreensão de que a democracia não é fruto espontâneo da natureza. A riqueza não pode ser conquistada sem esforço e sacrifício, a não ser quando decorrente do ilícito. Nenhum país subsiste decentemente sem compromissos éticos individuais e coletivos. A criação de um país decente não é uma graça divina *(gratia deorum)*.

3.9 Brasil: 79° país mais corrupto do mundo

De acordo com o relatório da Transparência Internacional de 2016, o Brasil ficou na 79ª posição com 40 pontos, uma das menores notas dos últimos cinco anos. Apenas em 2015 a nota foi mais baixa, quando ficou em 76º lugar dentre 168 países.

O Brasl no índice de Percepção da Corrupção			
Ano	Posição	Nota (0-100)	Número de países no relatório
2016	79°	40	176
2015	76°	38	168
2014	69°	43	175
2013	72°	42	177
2012	69°	43	174

Fonte: Transparência Internacional

Obs.: Quanto mais perto de 100 melhor a nota

O aparente paradoxo em relação ao Brasil de 2016 — piorou 3 posições no índice global, mas melhorou sua nota frente a 2015 — tem explicação. Com o impeachment da presidente Dilma e a Lava Jato a corrupção se tornou muito mais perceptível, mas, ao mesmo tempo, vê-se alguns setores institucionais, tal qual a polícia, o Ministério Público, a justiça, o fisco, preocupados com a repressão à corrupção, atacando a impunidade, sobretudo dos donos do poder. A corrupção, ao lado da desigualdade, sempre marcou a história do nosso país.

O senso comum vem afirmando que, apesar das nossas crises, "as instituições estão funcionando". Confunde-se a parte com o todo. Setores da justiça, da polícia e do Ministério Público estão promovendo uma verdadeira microrrevolução contra a bandidagem político-empresarial. Mas a boa performance dessas partes não significa que todo o Judiciário esteja funcionando bem, que toda a polícia esteja bem.

O relatório da Transparência Internacional aponta a raiz da corrupção endêmica em dois terços dos países analisados. Aqueles com menores notas no ranking — Brasil, 79ª posição; Argentina, 95ª; México, 123ª; Venezuela, 166ª — são indiscutivelmente afetados por instituições públicas não confiáveis e que funcionam mal, como a polícia e o judiciário. Isso é absolutamente verdadeiro em relação à realidade brasileira, com a ressalva de que a Lava Jato que é um ponto fora da curva.

Mesmo que esses países piores colocados possuam leis anticorrupção, na prática são muitas vezes contornadas ou ignoradas. Não basta só legislar, é preciso dar efetividade às leis. Essa é a diferença, do ponto de vista da política criminal, entre aprovar leis penais mais duras, o que fazem os legislativos demagogos e decrépitos, e promover a certeza do castigo, que é um relevante fator de prevenção do crime, como disse o Marquês de Beccaria (BECCARIA, 2013), em 1764, no seu famoso livro "*Dos Delitos e Das Penas*".

Nos países onde a corrupção endêmica é não apenas difusa como constitui o eixo central das relações entre a grande economia e a política, a população não só enfrenta situações disseminadas de suborno e de extorsão, como se depara com péssimos serviços básicos naturalmente prejudicados pela apropriação indevida do dinheiro público. Confronta-se, ademais, com a indiferença oficial quando busca reparação das autoridades encarregadas do controle dos poderes corruptos.

Os Mensalões do PT e do PSDB, casos da Petrobras, da corrupção no Metrô de São Paulo (nos governos de Serra e Alckmin), Usina Belo Monte, cujas empreiteiras pagaram 1% de propinas para PT e PMDB, Eletrobras, Eletronuclear e empresas mundialmente corruptas como a Odebrecht, mostram como o conluio entre empresas e políticos desviam bilhões de dólares das receitas nacionais, beneficiando os poucos donos cleptocratas do poder em detrimento de muitos. Este tipo de corrupção endêmica é inerente ao sistema politico-empresarial vigente, e, de acordo com a Transparência Internacional, viola os direitos humanos, impede o crescimento econômico, o desenvolvimento humano sustentável e ainda alimenta a exclusão social. A consequência mais trágica é a desigualdade, que é fonte de incontáveis problemas sociais e políticos, como democracia precária e instituições fracas. Todos os países com alto índice de corrupção apresentam baixos índices de desenvolvimento econômico.

Os países com melhores pontuações no ranking da percepção da corrupção, de acordo com o relatório mencionado, apresentam um grau mais elevado de liberdade de expressão e de imprensa, acesso transparente a informação das despesas públicas, padrões mais fortes de integridade dos agentes públicos, serviços públicos mais eficientes e um Judiciário independente.

Contexto internacional. Em termos mundiais, a ONG Transparência Internacional indica que o nível de corrupção piorou no ano de 2016. A pontuação média global foi de 43 pontos. O Brasil não alcançou sequer a pontuação média (ficou com a nota 40). O crime organizado político-empresarial é o grande responsável pelo agravamento da corrupção. Combate efetivo e medidas concretas são necessárias e urgentes. O empoderamento das instituições de controle dos poderes faz toda diferença (como é o caso da Lava Jato).

Dentre os países menos corruptos, a Dinamarca vem mantendo a primeira posição há anos. Em 2016, Dinamarca, Nova Zelândia, Finlândia, Suécia e Suíça ocuparam as cinco primeiras posições. Dentre aqueles com alto grau de percepção da corrupção, a Somália teve a menor nota, ficando na última posição (176ª), com apenas 10 pontos. Sudão, Líbia, Afeganistão, Guiné Bissau e Venezuela, são os mais corruptos do planeta.

Os dez países menos corruptos			Os dez países mais corruptos		
Posição	País	Nota (0-100)	Posição	País	Nota (0-100)
1°	Dinamarca	90	176°	Somália	10
1°	Nova Zelândia	90	175°	Sudão do Sul	11
3°	Finlândia	89	174°	Coréia do Norte	12
4°	Suécia	88	173°	Síria	13
5°	Suíça	86	170°	Iêmen	14
6°	Noruega	85	170°	Sudão	14
7°	Cingapura	84	170°	Líbia	14
8°	Holanda	83	169°	Afeganistão	15
9°	Canadá	82	168°	Guiné Bissau	16
10°	Alemanha	81	166°	Venezuela	17

Fonte: Transparência Internacional

Obs.: Quanto mais perto de 100 melhor a nota.

Foram analisados 176 países em 2016.

3.10 Espírito Santo: corrupção, desordem e a bomba-relógio da ira social

O caos e o colapso do Espírito Santo no início de 2017, por exemplo, constitui um alerta do que pode ocorrer com o país, diante da absoluta avacalhação dos dirigentes da nação, os políticos e empresários corruptos. O estopim foi que parte da Polícia Militar de lá entendeu que os programas de ajuste fiscal do Estado esqueceram de valorizar o policial.

Os policiais, diante dos bloqueios feitos pelos seus familiares, deixaram de ir para ruas. A greve nas polícias, no entanto, segundo entendimento consolidado no Supremo Tribunal Federal, é proibida. Estabelecimentos comerciais foram saqueados e os homicídios explodiram de 3,2 por dia (a média de 2016)[46] para mais de 150 em poucos dias (no princípio de 2017). A população entrou em desespero assistindo ao colapso do serviço público: escolas sem aulas, falta de transporte público, postos de saúde fechados, repartições públicas com atendimento precário.

"A classe dirigente do país tem que atentar para a necessidade de dar o exemplo ao cidadão, oferecer serviço público adequado e fazer o seu papel, para o qual foi eleita. Precisa cair na real. Políticos estão desmoralizados pelo que fizeram. É preciso recuperar esse prestígio da classe dirigente do país. O Brasil precisa tomar jeito. Ninguém acredita em ninguém, não há lideranças que se imponham, e para sair disso só com uma mudança geral na maneira de fazer política. A Lava Jato está fazendo isso e os políticos precisam entender", escreveu o articulista Merval Pereira[47].

Quando tudo isso passar, não há dúvida que o Brasil estará muito mais limpo. Mas para isso acontecer, temos que implodir o sistema corrupto. É preciso, desde logo, que a Operação Lava Jato acelere seus passos dentro do Estado de Direito para rapidamente livrar o povo brasileiro dos donos mais perversos e corruptos do poder. Isso poderia impedir algumas tragédias anunciadas. Claro que a Lava Jato não fará a assepsia total. Boa parcela dessa tarefa ficará por conta dos eleitores, com seu voto faxina, nas urnas. A renovação de 90% das lideranças seria o ideal, castigando-se também o nepotismo eleitoral.

A população desacreditada busca por esse mínimo de esperança, porque sabe que a bomba-relógio social pode explodir nacionalmente a qualquer momento. Em 2017 também tivemos a eclosão da ira social em Manaus, no Amazonas, Roraima e Rio Grande do Norte. A comoção transcendeu o ambiente dos macabros massacres nos presídios dessas regiões. Um susto enorme na população também ocorreu em Bauru (SP).

A grande mídia fica apenas na superfície desses levantes emblemáticos. Ela não informa que a *corrupção sistêmica* dos governantes ladrões cleptocratas, na casa dos 200 bilhões de

■ **A grande mídia fica apenas na superfície desses levantes emblemáticos. Ela não informa que a corrupção sistêmica dos cleptocratas em conjunto com os barões-ladrões plutocratas impede o crescimento econômico, aprofunda a desigualdade e produz a bomba-relógio da explosão da ira social.**

reais desviados por ano, em conjunto com os barões-ladrões plutocratas, saídos de setores das elites do mercado econômico e financeiro bem posicionadas dentro do Estado, impede o crescimento econômico, aprofunda a desigualdade e produz a bomba-relógio da ira social.

Eike Batista, um barão-ladrão confesso, em uma das várias vezes que pagou propina para Cabral — ex-governador do RJ, portanto, um cleptocrata —, deu-lhe US$ 16,5 milhões. Sabe-se que em troca da propina Eike foi favorecido em vários contratos públicos[48]. Não se trata, portanto, de um "mocinho". É um criminoso que, com seu grupo EBX, deu prejuízo de bilhões a muitos investidores[49].

Toda essa dinheirama escorre pelo ralo. Somando-se a corrupção com os excessos de gastos e de isenções fiscais, claro que não sobra para o Estado meios de cumprir suas funções básicas que educação, saúde, justiça e segurança. É a roda das tragédias sociais. As crises econômica, política e ética se transformam em caos, o caos gera o colapso de alguns serviços públicos, segurança, por exemplo, e este constitui o estopim da explosão da ira social.

O Brasil, assim, não por acaso, em 2016, estava dentre os dez maiores riscos geopolíticos do planeta, ao lado, inclusive, do Estado Islâmico. As razões para isso, segundo o cientista político Ian Bremmer, fundador e presidente da Eurasia, principal consultoria de risco político do globo terrestre, são as seguintes: crise econômica, crise política e instabilidade gerada pela Lava Jato, de acordo com artigo de Marcelo Ninio[50].

Tony Judt, um dos mais importantes pensadores do século XX, escreveu: "o desafio da nossa geração não é escolher entre o capitalismo e o comunismo, entre o final da história (Fukuyama) ou o retorno da história, sim, entre a política de coesão social baseada em propósitos coletivos e a erosão da sociedade mediante a política do medo" (JUDT, SNYDER, 2012). Coesão ou erosão: a escolha compete a cada país.

As inúmeras crises — econômica, política, fiscal, hídrica, institucional — estão nos levando para o caos. Do caos ao colapso é um passo. A bomba-relógio da explosão social é a consequência possível, porém não inevitável, de tudo isso. Todo brasileiro já percebeu que o Brasil caminha para a total falta de coesão social, sobretudo se não mudarem os rumos das suas políticas, que são traçadas sob o império do sistema político-empresarial corrupto. Se nós não implodirmos esse sistema dinamitando-o diariamente, até que o edifício vire escombros, o agravamento das crises pode chegar a uma convulsão social indesejada. Salvo se surgirem várias cabeças bastante responsáveis que pensem nos interesses da nação, e não nos seus particulares, a situação vai continuar se agravando, sobretudo com governantes como Temer, Aécio, Renan, Jucá e cia., que só querem sobreviver na política e na impunidade.

Novas lideranças — nacionais, estaduais e municipais — têm que aparecer e recuperar a esperança da população. Lideranças comprometidas com o Estado de Direito e com a democracia, assim como com o combate à corrupção e às desigualdades. Ninguém imaginava o aparecimento de um grupo de jovens policiais, promotores, juízes, auditores que colocaria em pé a Lava Jato. Algo desse tipo tem que ocorrer com a política. Sem uma interferência decisiva do povo nas ruas, nas redes sociais e nas medidas judiciais, as oligarquias nada mudarão e vão fazer eclodir a bomba da falta de coesão social.

■ **Sem uma interferência decisiva do povo nas ruas, nas redes sociais e nas medidas judiciais, as oligarquias nada mudarão e vão fazer eclodir a bomba da falta de coesão social.**

Temos que temporariamente suspender nossas preferências ideológicas e partidárias e promover uma união nacional em torno da implosão do sistema político-empresarial corrupto. Os corruptos não possuem ideologia. A cada dia, a cada ato, tudo vai significando mais dinamites nas bases do sistema. A implosão final, claro, se dará nas eleições, quando temos o dever de fazer a faxina final, exercendo a cidadania vigilante.

3.11 Intervenção militar

Em minhas redes sociais, muitas pessoas perguntam se sou a favor da intervenção militar. Aproveito para esclarecer: no meu modesto entendimento, intervenção militar só pode ocorrer justamente na forma como aconteceu no Espírito Santo, consoante os parâmetros constitucionais. Fora disso é golpe. E muito melhor que um golpe militar, não desejado pelas Forças Armadas, seria nós mesmos encontrarmos as lideranças certas para passar o Brasil a limpo. Implodindo o velho sistema corrupto e seus principais atores, abre-se espaço para o novo. Na Lava Jato, um grupo de jovens policiais, promotores e juízes criou uma nova instituição e está fazendo a revolução. Essa é a ideia que temos que desenvolver, com a consciência de que, como afirmava Jacob Burckhardt, "todo poder é maligno por natureza" e, como completava Lord Acton, "o poder tende a corromper-se".

Como disse o Comandante do Exército, general Villas Bôas, uma intervenção militar só pode acontecer nos termos dos artigos 136, 137 e 142 da Constituição, com o intuito e no sentido de manter a ordem e a paz social em momento de caos, o que é totalmente diferente de golpe ou ditadura militar, como sucedeu no Brasil nos chamados "anos de chumbo" (1964-1985). Em golpes militares, ou cívico-militares, os direitos individuais, inclusive o direito de discordar, ficam suprimidos, e o cidadão fica acuado, se sentindo constantemente ameaçado e reprimido. Postular o retorno da ditadura militar no Brasil é querer fazer dele uma cópia da atual Venezuela. Pior retrocesso é impossível.

Se a intervenção nos termos do artigo 142 não for suficiente, velhos institutos empoeirados podem ser lamentavelmente desenterrados: Estado de Defesa (art. 136) e Estado de Sítio (art. 137), que possibilitam restrições mais graves dos direitos fundamentais. As suspensões das democracias são momentos tristes da história. A democracia, como dizia Churchill, é o pior regime existente, com exceção dos demais. Por isso que sou pela democracia, que deve ser aprimorada diariamente. Se o poder acompanha o humano como uma sombra, é melhor que esse poder seja democrático. Porém, não venalmente democrático, como é o caso do nosso atual sistema cleptoplutocrático.

Um quadro militarizado em plena globalização pode agravar a deteriorada situação econômica do país porque vai minguar, ainda mais, a credibilidade no Brasil, que de país emergente em ascensão — rumo a um *power soft* — pode ser desclassificado para país em desmoronamento social. Ele também afugenta os investidores, tal como no quadro de corrupção. É um erro supor que durante uma ditadura não haja corrupção. Os militares também são cercados de vigaristas e empresários parasitas.

Desde a proclamação da República (1889) já vivemos 41 anos sob o regime ditatorial cívico-militar (1889-1894; 1930-1945; 1964-1985). Essa página está virada, como aponta o general Villas Bôas. Ele foi explícito: não haverá golpe militar, apesar do agravamento da crise social. Se necessário, aplica-se o artigo 142 da Constituição[51].

As melhorias mais significativas para a população, como estabilidade da moeda e programas sociais de inclusão, aconteceram nas últimas décadas democráticas, dos anos 1990 até 2010 (ARRETCHE, 2005). O que se lamenta é que tenha sido também uma época de muita corrupção. Sem passar o Brasil a limpo, detonando todos os pilares da velha política e do velho jeito corrupto de fazer negócios, não teremos nunca ordem e progresso sustentáveis.

O regime militarizado para a governança diária dos civis é uma forma rudimentar e antidemocrática de organização política. Isso não significa que não devamos lutar por um país decente, onde todos não estejam em guerra contra todos *(bellum omnium omnibus)*. Não parece uma boa ideia entregar a liberdade nas mãos de um poder absolutista, tal como postulava Thomas Hobbes. Nem sequer a civilização admite que a maioria tem sempre o direito de ditar de todas as regras, como afirmava John Locke, em completo desrespeito às minorias. Se temos todos que viver em grupo, porque somos animais políticos *(zoonpolitikon*, como dizia Aristóteles), o melhor é que façamos isso sob o império de uma democracia substantiva, que não tem nada a ver com o que estamos vivendo na atualidade no Brasil, onde o poder é exercido de forma venal, dilacerada e degenerada.

A SUBMISSÃO DO ESTADO BRASILEIRO À BANDIDAGEM ORGANIZADA

4.1 O Brasil e o crime organizado

Dinheiro, política, poder e crime organizado. O Brasil tem que ser estudado também sob a perspectiva do crime organizado praticado pelos donos delinquentes do poder. Seria exagero afirmar que todas as lideranças do país, que todos os donos do poder, integram o crime organizado. Haveria excesso em asseverar que tudo que os donos do poder conquistaram economicamente foi fruto de uma desavergonhada criminalidade. Por falta de bases empíricas, não se pode afirmar que todas as riquezas e vantagens dos que comandam a nação, seja como governantes, seja como pessoas influentes, sejam criminosos, ímprobos ou politicamente favorecidos.

Até onde se sabe, no entanto, a delinquência é a origem de grande parte das fortunas das castas dirigentes, que ainda desfrutam da quase absoluta impunidade. Esse panorama de roubalheira vigorou fortemente nos primeiros quinhentos anos do país. Só em 2012-2013 é que veio o Mensalão e em março de 2014 começou a Lava Jato. Os barões-ladrões, finalmente, estão se encontrando com o império da lei, tendo que se explicar perante a justiça, assumindo suas responsabilidades.

Da formação histórica do Brasil já cuidaram economistas, sociólogos, antropólogos, juristas, médicos e historiadores de múltiplos matizes ideológicos. Chegou a hora de analisar essa mesma formação pelo ângulo da criminalidade organizada, protagonizada pelos que se valem do exercício do poder público ou da influência sobre ele para roubar, corromper, pilhar ou se enriquecer privilegiadamente ou obter vantagens ilícita e indevidamente.

A criação da ideia de Estado como forma de organização política é recente. Os humanos dominam outros humanos desde sempre. Esse poder passou pelo feudalismo, pelas monarquias, pela difusão da cultura universitária, pelos exércitos modernos, pela burguesia, pela burocracia. No caso brasileiro o destaque fica com a cleptocracia e a plutocracia, que é o poder nas mãos de alguns ladrões e dos endinheirados.

Trata-se de um empreendimento intelectual valioso e, ao mesmo tempo, complementar a tudo que já se escreveu sobre as origens e desenvolvimento do Brasil. Do ponto de vista do estudo do crime, seria muito interessante ver na sua integralidade o "conjunto da obra" da formação do Brasil, que nasceu antes de tudo como uma ordem social imposta de fora para dentro, do exterior para o interior. Jogando luz sobre o famoso "clube" da criminalidade organizada dos poderosos, não há como deixar de sublinhar o quanto o crime contribuiu para o acúmulo das riquezas dessa seleta casta. Há muitas heranças polpudas que foram conquistadas pela violência, pela fraude ou pelas relações promíscuas de agentes do mercado com agentes do Estado.

Se o império da lei tem que valer para todos, *erga omnes*, é evidente que deve recair também contra a roubalheira dos poderosos, que aqui no Brasil não nasceu com a Nova República. Contudo, foi nesse período que a rapinagem do dinheiro público se avolumou enormemente, em virtude da evolução da riqueza material circulante. Quanto mais cresceu o Produto Interno Bruto brasileiro, quanto mais rico ficou o Brasil, mais os corruptos e ladrões foram acumulando suas riquezas indevidas.

Na Nova República tudo começou com Sarney, que corrompeu e "comprou" um ano a mais de mandato — "é dando que se recebe", se dizia. O sonho seria que tudo estivesse terminando com Temer, cujos amigos (Eliseu Padilha e Paulo Skaf), por influência dele, receberam, por exemplo, R$ 10 milhões do departamento de propinas da empresa mais corrupta do mundo, a Odebrecht. Entre Sarney e Temer tivemos: Fernando Collor, que sofreu impeachment por corrupção; Itamar Franco, que não se envolveu com os casos de corrupção no seu governo; Fernando Henrique Cardoso, cujo grupo corrompeu e "comprou" a emenda da reeleição assim como a convenção do PMDB no ano de 1997; Lula, que destruiu a Petrobras, por exemplo, para garantir a governabilidade; e Dilma, que conviveu com a corrupção sistêmica debaixo do seu nariz durante cinco anos e também sofreu impeachment. Todos, consciente ou inconscientemente, pública ou escusamente, de forma direta ou indiretamente, fecharam os olhos, conviveram ou se curvaram aos interesses do putrefato sistema ancorado na bandidagem político-empresarial, em maior ou menor grau.

O império da lei contra os donos cleptoplutocratas do poder foi um fracasso retumbante até 2012, quando foi julgado com braço forte o Mensalão petista. Os barões-ladrões raramente eram importunados e sempre contaram com a conivência das instituições para assegurar a impunidade por suas ações ardilosas. Sobretudo, as castas políticas intocáveis sempre contaram com o odioso foro privilegiado, que se transformou no foro da impunidade privilegiada.

Produto Interno Bruto do Brasil - 1985-2015		
Ano	PIB (US$ correntes)	Crescimento anual do PIB (%)
1985	222.942.790.435,30	7,95
1986	268.137.224.729,72	7,99
1987	294.084.112.392,66	3,60
1988	330.397.381.998,49	-0,10
1989	425.595.310.000,00	7,95
1990	461.951.782.000,00	7,99
1991	602.860.000.000,00	3,60
1992	400.599.250.000,00	-0,10
1993	437.798.577.639,75	4,67
1994	558.111.997.497,26	5,33
1995	785.643.456.467,26	4,42
1996	850.425.828.275,79	2,21
1997	883.199.443.413,73	3,40
1998	863.723.395.088,32	0,34
1999	599.388.879.704,63	0,47
2000	655.421.153.320,58	4,11
2001	559.372.502.338,24	1,66
2002	507.962.741.819,92	3,05
2003	558.320.116.997,08	1,14
2004	669.316.239.316,24	5,76

2005	891.629.970.423,92	3,20
2006	1.107.640.325.472,35	3,96
2007	1.397.084.381.901,29	6,07
2008	1.695.824.517.395,57	5,09
2009	1.667.020.106.031,81	-0,13
2010	2.208.872.214.643,02	7,53
2011	2.614.573.170.731,71	3,91
2012	2.460.658.440.428,04	1,92
2013	2.465.773.850.934,56	3,02
2014	2.417.046.323.841,90	0,10
2015	1.774.724.818.900,48	-3,85

A redemocratização, em 1985, assim como a nova Constituição (1988), trouxe muita esperança de um futuro melhor para a nação. Houve prosperidade socioeconômica, particularmente na primeira década dos anos 2000, mas, ao mesmo tempo, a corrupção se avolumou gigantescamente, não sendo acompanhada da aplicação da lei (do império da lei). Isso é o que explica o Brasil estar ocupando a vergonhosa posição 79 no ranking da ONG Transparência Internacional. Para o Fórum Econômico Mundial (Suíça, julho de 2016), o Brasil era o quarto país mais corrupto do mundo, ao lado do Paraguai. Venezuela, Bolívia e Chade estavam à frente.

Aqui nasceu também, sobretudo, durante a Nova República a empresa mais corrupta, ou uma das mais corruptas, do planeta. A Odebrecht se transformou em uma "máquina de propinas", nos últimos dez anos, particularmente[52]. Com ela, o Brasil passou a "exportar" corrupção. Em pelo menos 12 países, a empresa pagou milhões de dólares em propinas, conforme investigação do Departamento de Justiça dos EUA. Grande parte da bandidagem do sistema político-empresarial corrupto foi abastecida pela Odebrecht e suas congêneres durante longos anos. Quase todo o financiamento eleitoral durante a Nova República, de praticamente todos os partidos, saiu desse esquema viciado. É isso que estava mais do que evidente na ação proposta pelo PSDB contra a chapa Dilma-Temer. O paradoxal é saber, por meio das delações da Odebrecht, que tanto o reclamante (PSDB) como os reclamados (PT e PMDB) praticaram os mesmos vícios (caixa dois e propinas). O sistema se degenerou. Daí a imperiosa necessidade de implodi-lo inteiramente.

Não há dúvida de que todos os protagonistas do velho sistema corroído para corrupção devem ser banidos da vida pública, seja pela lei ou pelo voto consciente e responsável da população. Sem a implosão do sistema não surge espaço para o aparecimento de novas lideranças. A revolução pode ser feita com 90% de renovação da classe política. Temos que nos unir para essa luta, suspendendo temporariamente nossas ideologias e preferências partidárias.

A corrupção sistêmica no Brasil chegou aonde chegou em virtude da ausência do império da lei. Em países cleptoplutocratas, é altíssima a impunidade das elites dirigentes que roubam a população impunemente. Vejam, por exemplo, os números da impunidade no Supremo Tribunal Federal nos casos de foro privilegiado: conforme a Fundação Getúlio Vargas, de 404 ações, entre março de 2011 e março de 2016, 276 (68%) prescreveram ou foram enviadas a outras instâncias. A condenação se deu apenas em 0,74%, ou seja, menos de 1%. Em países com esse perfil não funcionam os freios éticos diante do agudo estágio de degeneração. Tampouco, nesse ambiente deletério, existem modelos para serem seguidos. Daí a importância do império da lei, que promova a submissão dos donos delinquentes do poder.

Depois de quinhentos anos de roubalheiras ou pilhagens do dinheiro público canalizado para os bolsos dos donos delinquentes do poder, o

Brasil sucumbiu ao crime organizado. Não há brasileiro que escape dos efeitos nefastos desses crimes. A bandidagem organizada está presente desde os becos da Comunidade da Rocinha até os bancos da Suíça, passando pela Ilha da Fantasia chamada Brasília. Carlos Amorin disse que vão das favelas até Wall Street[53].

As facções que dominam, em geral a quase totalidade das prisões estão em guerra em razão da disputa do tráfico de drogas; todas querem o monopólio desse comércio. A bandidagem político-empresarial está em guerra com a Lava Jato porque quer se safar das suas responsabilidades, assegurando sua clássica impunidade.

O crime organizado constitui um "Estado" paralelo ao Estado oficial. Grandes parcelas da população, presas ou em liberdade, estão diretamente submetidas a esse "Estado paralelo", diante da omissão do Estado oficial, que ou já não reage mais ou reage cambaleantemente, porque está entrando em colapso em muitos lugares ou ambientes. Não há santos no crime organizado que está massacrando o país pela violência, pela fraude, pela corrupção. A população brasileira, no entanto, sabe muito pouco sobre isso. O cenário em que vivemos é extremamente grave e não estamos vendo lideranças competentes com ideias profícuas para resolver a situação. As instituições precisam ser renovadas, mas, para isso, dependemos de uma boa cidadania, assim como de uma

■ O crime organizado constitui um "Estado" paralelo ao Estado oficial. Grandes parcelas da população estão diretamente submetida a esse "Estado paralelo", diante da omissão do Estado oficial, que já não reage mais, porque está entrando em colapso.

classe política consciente e verdadeiramente comprometida com o país, não com o crime organizado.

Diante do poder e da força do crime organizado é preciso restabelecer o Estado, antes que advenha a completa barbárie. A reconstrução do Estado passa pelo corte das mordomias e dos privilégios. Passa também por não considerar a política apenas como uma "luta pelo poder", como dizia Karl Loewenstein.

4.2 O Estado brasileiro caiu nas mãos de quatro grupos de crimes organizados

Os próximos meses e anos têm perfil determinante para o estabelecimento de novos princípios éticos. Novas lideranças devem surgir, tanto quanto apareceram para a construção da Lava Jato. Antes, porém, a população brasileira tem que saber que os inúmeros governos corruptos que nos comandaram deixaram o Brasil cair nas mãos de quatro grupos de crime organizado. São eles:

(1) *Crime organizado privado.* Primeiro Comando da Capital (PCC), Comando Vermelho (CV), Família do Norte (FDN), Sindicado do Crime, Bonde dos 40, dentre outros. Facções como PCC, CV e outras similares atuam, fundamentalmente, na distribuição e venda de drogas e podem até contar com o auxílio de agentes públicos, como policiais, por exemplo, mas o comando, a administração da organização é particular, ou seja, pertence aos chefes de cada facção. Trata-se de uma organização que tem faturamento na casa dos milhões. Somente o PCC fatura, anualmente, algo em torno de R$ 200 a R$ 300 milhões[54].

Para se ter uma ideia, só de propinas no Brasil, a Odebrecht pagou (de 2006 a 2014) R$ 1,9 bilhão para uma contrapartida em contratos de R$ 7,2 bilhões, segundo o Departamento de Justiça dos EUA. No mesmo período, em doze países (Brasil, México, Guatemala, Equador, Colômbia, Peru, Argentina, Panamá, República Dominicana, Venezuela, Angola e Moçambique), a Odebrecht pagou R$ 3,4 bilhões em propinas e lucrou R$ 11,4 bilhões[55]. Ou seja, apenas as propinas da Odebrecht já são estrondosamente maiores que os vários rendimentos anuais do PCC, se todos os números forem verdadeiros.

O PCC, copiando o modelo do capitalismo à brasileira praticado pelos donos oligarcas e cleptoplutocratas do poder, que dominam a economia por meio dos seus monopólios, oligopólios e cartéis, está pretendendo monopolizar nacionalmente o tráfico, a distribuição e a venda de drogas. A resistência dos concorrentes, como a Família do Norte (FDN), em Manaus, e o Comando Vermelho, no Rio de Janeiro, é feroz. A violência é a linguagem dessas facções e está para esses grupos como a fraude, o conluio e o enriquecimento indevido ou politicamente favorecido está para o crime organizado político-empresarial, que não sabe o que é viver dentro dos limites constitucionais, tal como reivindicava Thomas Jefferson para a política norte-americana do final do século XVIII.

O massacre de Manaus foi previsto por uma Comissão de prevenção à tortura, em 2015. Em condições normais, os Estados estão anestesiados e colapsados. Na quase totalidade dos assassinatos do país o que se nota é a ausência absoluta do Estado oficial. Quando há massacres nos presídios, por exemplo, o Estado reage pontualmente apenas, sem sistematizar as ações. Mas a regra frequente é o abandono.

(2) *Crime organizado dos agentes públicos*. Dentro do INSS, por exemplo, para recebimento fraudulento de pensões; dentro das polícias, das auditorias fiscais. A Máfia dos Fiscais em São Paulo, que solicitava e recebia propinas de incontáveis empreendedoras na área da construção, é um exemplo. Esse tipo de crime organizado, que é bastante disseminado,

como comprovam inúmeras operações da Polícia Federal, pode até ter alianças com particulares, mas o comando das ações é dos funcionários públicos. Não há notícia sobre o faturamento anual total desses grupos.

(3) *Crimes organizados empresariais.* Na operação Zelotes, por exemplo, apura-se o pagamento de propinas por empresas que "compravam" decisões tributárias favoráveis no respectivo Conselho Administrativo de Recursos Fiscais (Carf) para se livrarem do pagamento, total ou parcialmente, de milionárias autuações fiscais. Incontáveis e poderosas empresas teriam gerado desfalque de R$ 19 bilhões de reais ao fisco. Seriam elas: Grupo Gerdau, Banco Safra e Hyundai/Caoa[56]; e Bradesco, Santander, BTG Pactual, Bank Boston, Ford, Mitsubishi, BR Foods, Petrobrás, Camargo Corrêa, Light, Grupo RBS, Embraer, Coopersucar, Cervejaria Petrópolis, Évora, Marcopolo, Nardini Agroindustrial, Ometto, Viação Vale do Ribeira, Via Concessões, Dascan, Holdenn, Kaneko Silk, Cimento Penha e C. Prestadora de Serviços[57].

Andrade Gutierrez e UTC fecharam acordo de leniência[58] com o Conselho Administrativo de Defesa Econômica envolvendo o pagamento de R$ 195 milhões de multa em virtude de irregularidades em licitações para obras da Petrobras e para a construção da usina nuclear Angra 3. As empresas se cartelizaram e isso significa grandes danos para o dinheiro público. Pelos menos 16 licitações foram fraudadas nos contratos citados.

A formação de cartéis na venda de combustíveis constitui outro exemplo do crime organizado empresarial. Nos últimos 15 anos, essa prática foi condenada em 16 cidades, somando mais de R$ 220 milhões em multas aplicadas pelo Conselho Administrativo de Defesa Econômica[59]. Vários cartéis nessa área já foram constatados em cidades como Londrina, Goiânia, Brasília, Uberlândia e Belo Horizonte, dentre outras.

(4) *Crime organizado político-empresarial.* Esse é fruto do conluio e dos conchavos entre a economia e a política. É composto de políticos de setores dos antigos partidos, assim como de empresários picaretas integrantes da plutocracia brasileira. É o crime organizado mais antigo

do Brasil, com mais de cinco séculos de existência. É absolutamente incalculável o desfalque gerado para o país nas últimas décadas. Somente na Petrobras o rombo teria sido de R$ 6 bilhões, consoante dados do balanço da empresa, ou de R$ 42 bilhões, como informa a Polícia Federal. Estima-se que essa roubalheira seja algo próximo a 5% do Produto Interno Bruto anual. Então, a cada vinte anos o Brasil perde um Produto Interno Bruto para os bolsos do crime organizado político-empresarial. Quem dolosamente integra esses grupos são bandidos convictos ou quadrilheiros da República, como disse Celso de Mello, ministro do Supremo Tribunal Federal, ao censurar as bandalheiras do governo petista.

■ Estima-se que essa roubalheira seja algo próximo a 5% do Produto Interno Bruto anual. Então, a cada vinte anos o Brasil perde um Produto Interno Bruto para os bolsos do crime organizado político-empresarial.

Esses quatro grupos estão roubando e matando os brasileiros e o país. Matam dentro e fora dos presídios. Alguns decepam as cabeças inimigas nas celas, outros roubam o dinheiro público e matam gente invisível na fila do INSS, dentro dos hospitais ou nas periferias do lado arcaico do Brasil. As instituições da área da segurança e justiça revelam-se cada vez mais incapazes de enfrentar o crime organizado, que está corroendo as bases do Estado, paradoxalmente inventado para dar segurança a todos.

O avanço de todos do crime organizado no Brasil — composto por traficantes, estupradores, homicidas, ladrões do dinheiro privado, barões-ladrões do dinheiro público, empresas

■ O Estado brasileiro perdeu o comando dos presídios e já não consegue deter a ação dos quatro grupos do crime organizado.

que fazem da corrupção a alavanca para o crescimento das suas fortunas — demonstra a crise e, às vezes, até mesmo o colapso das instituições brasileiras, cada dia mais perdidas em suas funções.

O Estado brasileiro, que deveria controlar o crime, perdeu o comando dos presídios — salvo durante as intervenções federais — e já não consegue deter a ação dos quatro grupos de crime organizado mencionados. A sua reação é limitada e nitidamente omissa. Em 2016, o Estado cortou 85% das verbas para a construção de presídios, apesar da existência de um déficit de quase trezentas mil vagas[60].

Depois de cinco séculos de cleptoplutocracia, a conta está chegando na forma de massacres, que o Estado falido não consegue impedir, de epidemias difusas, de devastação dos serviços públicos, de salários atrasados, de recessão econômica, desemprego, de aniquilações da capacidade do Estado de reagir. O Estado do Rio de Janeiro constitui um exemplo vivo de tudo isso. Solução? Só com novas lideranças transparentes, comprometidas com o Estado de Direito, honestas e competentes, eticamente saudáveis, o Brasil pode ter outra cara. O surgimento dessas novas lideranças pressupõe a implosão do velho sistema corrupto. A faxina tem que ser ampla e implacável, fazendo com que o Estado brasileiro também se sujeite à Constituição, com o objetivo de limitar as arbitrariedades do poder, que só pode ser exercido sob o império do Estado de Direito.

Velhas e velhacas lideranças da bandidagem político-empresarial, que não podem mais sair da política em razão do foro privilegiado no Supremo Tribunal Federal, só sabem fazer mais do mesmo. Esse desgastado jeito de fazer política, de tocar partidos e de ser empresário parasita do Estado se exauriu. Seu prazo de validade venceu. O Brasil precisa ser reconstruído, reinventado. Mas isso não vai acontecer enquanto insistirmos no modelo arcaico, ultrapassado, que está ancorado no sistema corrupto que une a economia com a política. A bomba-relógio da implosão desse provecto sistema está nas mãos das autoridades da Lava Jato, do Tribunal Superior Eleitoral, do Supremo Tribunal Federal, assim como da população e seu voto nas urnas.

Os donos delinquentes do poder não podem ficar fora do império da lei, porque somente assim se promove o equilíbrio necessário entre o exercício do poder e o seu controle.

4.3 Dos traficantes nas ruas aos assaltantes do poder

A Lava Jato e os macabros massacres nos presídios são a prova inequívoca de que o Estado brasileiro está submetido em larga escala ao crime organizado. De todos, no entanto, dois se destacam: um extremamente feroz, o das facções, e outro extraordinariamente voraz, o da bandidagem político-empresarial. Ayres Britto, em entrevista para Josias de Sousa, comentou que: "Os assaltantes do erário são os meliantes mais prejudiciais à ideia de vida civilizada. [...] O dinheiro que desce pelo ralo da corrupção — sistemicamente, enquadrilhadamente —, é o que falta para o Estado desempenhar bem o seu papel no plano da infraestrutura econômica, social, prestação de serviços públicos, educação de qualidade, saúde. O assaltante do erário, no fundo, é um genocida. É o bandido número um[61]".

Apesar de algumas experiências localizadas, o mundo ainda não inventou uma política de contenção do tráfico e do uso de drogas. A mesma coisa não se pode afirmar em relação à drástica redução da corrupção. A experiência internacional revela que é possível diminuir, parcial ou drasticamente, a corrupção, mesmo a sistêmica. Casos como de Singapura, Hong Kong, Coreia do Sul, Chile, Uruguay, Botsuana e Ilhas Maurício são citados no relatório 2016 da Transparência Internacional como exemplos de êxitono combate à corrupção, ainda que com momentos de oscilação. Na Coreia do Sul, o povo indignado foi para as ruas e conseguiu arrancar do poder sua presidente, mandando-a para a cadeia. O presidente da Samsung, Lee Jae-yong, também está preso. Na Espanha o cunhado do rei acaba de ser condenado por corrupção a mais de seis anos de prisão.

Em virtude da erosão do Estado, o Primeiro Comando da Capital dá apoio para comunidades, faz seus "julgamentos internos" e controla, em grande parte, os homicídios, tanto nos presídios como nas ruas. Os financiadores das campanhas eleitorais, liderados pela Odebrecht, por exemplo, controlam a democracia, as eleições e o voto, por meio do dinheiro. Os financiados se transformaram em "máquinas de propinas", e isso vale também para o conjunto dos financiadores eleitorais[62]. Cada crime organizado domina o seu campo de ação. A Odebrecht chegou a estruturar um departamento exclusivamente dedicado ao pagamento de propinas, sobretudo por meio de contas no exterior. Tudo contabilizado, tudo registrado. Está prevista no acordo de leniência a apresentação todas as provas das "doações" e subornos pagos de 2000 a 2016.

Os protagonistas desses crimes são distintos, mas alguma semelhança pode-se vislumbrar nos seus apelidos. Da cúpula do Primeiro Comando da Capital, fazem ou já fizeram parte Marcola ou Russo, Paca, Neno, Gegê do Mangue, Birosca, Tio, Sono, Madruga, Padaria, Moringa, Gordão, Casca, Bô, Ousadia, Boy, dentre outros. Na lista de propinas de Odebrecht estão: Caju, Justiça, Missa, Pino, Gripado, Botafogo, Gremista, Primo, Angorá, Campari, Cerrado, Ferrari, Pólo, Babel, Caranguejo, Misericórdia, Santo, Tuca, Boca-Mole, Todo Feio e Feia, dentre outros.

As mais ferozes organizações criminosas privadas são carcerárias, pois nasceram no cárcere e são comandados de dentro dos presídios. Na banda dos engravatados vorazes, somente agora, com a Lava Jato e operações congêneres, é que alguns donos delinquentes do poder estão indo para o cárcere. O método central dos dois grupos da bandidagem profissionalizada consiste na formação de cartéis. Combinam tudo: divisão de território, preços dos seus "produtos" — uma droga ou uma obra pública —, propinas pagas aos agentes políticos e públicos. Quando a bandidagem do crime organizado rompe seus acordos internos, a briga, a ferocidade e a voracidade são incalculáveis. O crime organizado privado está centrado na violência, mas já começa a copiar os donos cleptocratas do poder com o financiamento de campanhas eleitorais. É a politização universal do crime. De vez em quando a bandidagem político-empresarial copia as bandas privadas e matam pessoas. Lembre-se de PC Farias, Celso Daniel, Toninho de Campinas. Há intercâmbios metodológicos entre os grupos organizados mais potentes do país.

No mundo, o crime organizado fatura anualmente de US$ 3 a 4 trilhões, segundo dados da ONU. Isso é mais do que o dobro do Produto Interno Bruto do Brasil. O negócio das drogas leva US$ 1 milhão. A maior parte dessa fortuna cobiçadíssima passa diariamente pelo sistema financeiro mundial. O Mensalão, por exemplo, teve como eixo o Banco Rural. Sem o auxílio e intermediação do sistema financeiro,w o crime organizado não seria tão potente. Impressionante é como as investigações e as punições ainda não chegaram nessa camada intocável da sociedade. A maior riqueza gerada pelo crime organizado, na América

■ **Quando a bandidagem do crime organizado rompe seus acordos internos, a briga, a ferocidade e a voracidade são incalculáveis. O crime organizado privado está centrado na violência, mas já começa a copiar os donos cleptocratas do poder com o financiamento de campanhas eleitorais. É a politização universal do crime.**

Latina, está centrada no México. O Brasil fica em segundo lugar em faturamento e em consumo, como explicou Carlos Amorin[63].

Seriam 27 os grupos que dominam as prisões, segundo informações do Ministério Público. Os dois principais protagonistas dessa "guerra" — o Primeiro Comando da Capital (PCC), de São Paulo, o maior deles, e o Comando Vermelho (CV), do Rio de Janeiro, que vem logo em seguida — buscam se aliar com os outros 25[64]. Dentro do clube dos barões cleptoplutocratas, os grupos que surrupiam o dinheiro público são infinitos e estão espalhados em todas as licitações, obras e serviços municipais, estaduais, distritais e nacionais.

O crime organizado privado violento controla o tráfico de drogas e de armas nas fronteiras com Paraguai, Bolívia, Peru e Colômbia. Um negócio milionário, que explica a ferocidade da disputa, só equiparável à voracidade com que o crime organizado dos poderosos avança sobre os cofres públicos. "O sistema penitenciário continua decisivo para todos esses grupos, porque é a sua principal base de comando e planejamento — que lhes permite agir sob a proteção do Estado, ou como se o Estado fossem —, e cujo domínio é facilitado pelas condições degradantes em que vive a massa dos presos[65]". O crime organizado dos donos delinquentes do poder sempre está bem posicionado dentro do próprio Estado.

Formam castas intocáveis, que ignoram completamente as condições degradantes em que vive a massa da população.

Ambos os grupos criminosos surgiram, organizaram-se, agigantaram-se e multiplicaram-se sob as barbas das autoridades, dentro de espaços sob a responsabilidade delas. Sem a conivência das instituições de controle, jurídicas, fiscais, administrativas, jamais alcançariam o tamanho a que chegaram. Não se teme o Estado nem suas instituições de controle, quando estão envolvidos de alguma maneira na escalada dos crimes. A limitação para os crimes de rapinagem das elites começou a ser dada pelo Mensalão e pela Lava Jato. Cada ato exitoso da Lava Jato é uma bomba que está implodindo o velho sistema parasitário e promíscuo.

A Lava Jato está conseguindo entrar no patrimônio dos corruptos por meio de indisponibilidade de bens, sequestro de contas correntes, restituição, indenizações, multas. Isso aniquila ou enfraquece enormemente o crime organizado. No dia em que essa iniciativa ocorrer em relação aos crimes organizados privados seus poderes também serão drasticamente reduzidos.

O duro combate ao crime organizado político-empresarial constitui tarefa inadiável no nosso país, embora se saiba que os políticos envolvidos em corrupção [e o mundo empresarial que os financia] formem a segunda profissão mais antiga do mundo. Eles configuram "uma duvidosa espécie de mamíferos", como dizia Joseph Schumpeter (SCHUMPETER, 2015). Operam com os votos precisamente da mesma forma que os corruptores operam com os contratos, os aditivos, os superfaturamentos etc.

4.4 Controle do crime organizado pelas novas instituições

É nítida a erosão da eficácia do provecto poder público, do velho Estado. Os grupos organizados de poder no

Brasil assumiram as prisões e o controle das licitações, que estão vinculadas ao financiamento das campanhas eleitorais, dos empréstimos públicos subsidiados, das isenções fiscais. Salvo se regeneradas, as arcaicas instituições brasileiras não possuem habilidades e competências para enfrentar o crime organizado.

A "compra" de uma vaga no Tribunal de Contas do Mato Grosso custou R$ 4 milhões. Cinco dos sete Conselheiros do Tribunal de Contas do Rio de Janeiro foram presos. Uma desembargadora no Amazonas recebia propinas para vender decisões. As facções obrigam os presos a pagarem taxas de proteção. Em um esquema controlado por Geddel Vieira Lima e Eduardo Cunha, na Caixa Econômica Federal, milhões foram pagos em propinas para eles e outras pessoas pelas empresas de Constantino de Oliveira Júnior (dono da Gol), da JBS (Friboi), Odebrecht etc. O velho Estado não consegue reagir a tudo isso.

O mantra difundido pela bandidagem político-empresarial de que as instituições estão funcionando bem é pantanoso. É preciso perguntar duas coisas: de quais instituições estamos falando? Estão funcionando bem para quem? As velhas instituições, o Parlamento, por exemplo, estão funcionando muito bem para os donos delinquentes do poder, que vêm conseguindo leis em seu benefício. São instituições viciadas. A nova instituição da Lava Jato, para eles, não está funcionando bem porque os acua e os leva ao cárcere.

A democracia foi "comprada". Somente a Odebrecht conseguiu pelo menos 15 leis de isenções fiscais e benefícios em contratações públicas. Votamos a cada quatro anos, mas em eleições viciadas pelo poder econômico vinculado com o poder político. Seus interesses estão distantes dos preceitos éticos. Os marqueteiros se transformaram em lavadores de dinheiro surrupiado do erário. Para o velho sistema essas instituições estão funcionando bem, de acordo com os seus interesses.

O monopólio da violência descrito por Max Weber fugiu do controle do Estado. A disputa pelo poder, seja no mundo das facções, seja no mundo político-empresarial corrupto, transformou-se em guerra. As prisões voltaram ao estado de natureza de Hobbes, onde vale a lei selvagem do mais forte, a guerra de todos contra todos. As licitações, as eleições e todos os benefícios e vantagens proporcionados pelo poder público, desde sempre estão no domínio da bandidagem político-empresarial, que está em guerra contra a Lava Jato. Aniquilá-la é o grande sonho, tal como anunciado por Romero Jucá, José Sarney e Renan Calheiros, no áudio de Sérgio Machado.

A roubalheira dos poderosos não teria alcançado nível internacional sem o apoio das velhas instituições jurídicas e sociais, como é o caso de setores da grande mídia e do próprio Judiciário. Para combater esse sistema tradicional de espoliação da população brasileira, alguns jovens agentes públicos estão fazendo com que setores de várias instituições funcionem eficazmente. Entretanto, a parte não pode ser confundida com o todo.

Como apontou José Eduardo Faria: "Ao contrário das mais antigas, que viveram em um país fechado, as novas [gerações de policiais, de promotores e procuradores e de juízes] são cosmopolitas. Fizeram intercâmbio e pós-graduação no exterior, o que refinou sua visão do Direito, permitindo-lhes ultrapassar as limitações do formalismo normativista e conscientizar-se de que a mediação dos tribunais nas discussões sobre políticas públicas envolve um jogo cujo centro é a disputa pelo sentido das normas e dos princípios. Graças a essa formação, identificaram a crescente hegemonia do Direito anglo-saxônico em um mundo globalizado, em cujo âmbito o fundamento das decisões judiciais tende a ter mais peso que o texto das leis. Compreenderam que, nesse novo arcabouço jurídico, os direitos têm mais a forma de princípios que de regras, motivo por que sua interpretação exige ponderação, e não subsunção[66]".

Nas hipóteses de excesso, compete às gerações anteriores fazer o devido controle. Mas, na Lava Jato, apenas 4% das decisões da nova geração estão sendo reformadas pelas antigas[67]. Está sendo fundamental sua mensagem de que as leis devem ser respeitadas por todos e que a democracia não pode ser apenas formal.

A pergunta que não se cala: onde estão as novas lideranças? Elas vão surgir. Ninguém imaginava, por exemplo, o aparecimento de um grupo de jovens policiais, promotores e juízes que pudessem revolucionar a justiça. E eles surgiram.

4.5 Dos becos da Rocinha aos bancos suíços

Os massacres ocorridos nos presídios do Amazonas, de Roraima e de Natal, nos primeiros dias de 2017, contabilizando cerca de 150 mortos, possibilitaram à grande mídia, muitas vezes cleptoconivente com a roubalheira do sistema político-partidário-empresarial corrupto, manipular as cabeças dos brasileiros, por meio da desinformação, fazendo-os crer que crime organizado e bandidos somente existem dentro dos presídios e nas facções em guerra em todo país. Esse tipo de manipulação é um despropósito. Há crime organizado e bandidos tanto nas facções privadas como no sistema político-partidário-empresarial corrompido até a medula, em virtude do conúbio promíscuo entre a economia e a política. Não há bandidos judicialmente condenados exclusivamente nos presídios, senão também nos palácios, nos ministérios, nos gabinetes e diretorias da administração pública, assim como nas direções de empresas privadas e de bancos.

Somente da "máquina de propinas", como batizou o *Financial Times*, chamada Odebrecht, saíram 77 delações. Esses executivos não só confessaram seus delitos como também delataram centenas de políticos e dezenas de partidos beneficiários das suas generosas "doações" eleitorais, ora declaradas "oficialmente", ora depositadas na Suíça, em contas de caixa dois. Como foi o caso, por exemplo, da doação de R$ 23 milhões para José Serra e seu operador financeiro, Ronaldo Cesar Coelho. Caixa dois, corrupção, lavagem de dinheiro, tudo é bandidagem instituída pelo sistema que tem que ser dinamitado.

O crime organizado e a bandidagem são transversais e universais. Vão dos becos das favelas até os bancos do paraíso fiscal chamado Suíça, onde muita propina é depositada em contas de brasileiros.

Vejamos um exemplo da escalada do crime organizado:

1. Um bandido comete um assalto em uma rua. Vamos supor que ele tenha sido preso. Nesse caso ele vai para a cadeia que é operacionalmente comandada por outro bandido, do Primeiro Comando da Capital, por exemplo.

2. O diretor do presídio, assim como alguns agentes de segurança (não todos, evidentemente), muitas vezes, também é um bandido que facilita tudo, como armas, drogas, celulares.

3. Temos até aqui um bandido preso que é comandado por outro, em cumplicidade, muitas vezes, com a direção e agentes bandidos.

4. Vamos aprofundar um pouco mais essa ideia. Da licitação dessa cadeia, assim como da licitação dos seus consumos diários, participam frequentemente empresas bandidas.

5. Quem faz o pagamento da obra ou dos serviços públicos, de outro lado, também pode ser um bandido.

6. Em alguns lugares, há um bandido que explora a cadeia, que é comandada por outros bandidos. Com certa frequência, sai das licitações ou da exploração das cadeias um conluio de ajuda financeira para a campanha eleitoral de algum político.

7. Quando o político recebe ajuda financeira de origem ilícita ele também se transforma em um bandido.

8. Quando esse político recebe "doação" eleitoral em forma de caixa dois em bancos suíços ele ratifica sua condição de bandido. Se a doação foi feita em troca de algum benefício público, há corrupção.

9. Os presídios e centros de detenção, assim como as licitações públicas, incluindo as licitações para os presídios, que deveriam estar sob o estrito controle do Estado, transformaram-se dessa forma em verdadeiros feudos de bandidos.

10. Os massacres nos presídios, assim como a Operação Lava Jato, são prova disso.

11. As autoridades carcerárias e administrativas, que deveriam manter a ordem, a disciplina e a probidade, estão subordinadas aos bandidos, sejam os violentos ou os engravatados, que tomaram conta do país. O rolo compressor do crime organizado passa por cima delas e muitas vezes as leva consigo.

Como se vê, a complexíssima questão penitenciária brasileira retrata uma cadeia interminável de bandidos, que estão saindo pelos ladrões. Os órgãos de controle do Estado, como polícia, Ministério Público, juízes, auditores, esboçam reações — a Lava Jato é um exemplo. Mas ainda estão longe de retomarem o domínio do Estado, seja nos presídios, seja nas licitações, nos financiamentos, empréstimos ou contratos públicos.

As autoridades obedecem e a bandidagem sangrenta ou de colarinho branco manda e desmanda, conforme sua conveniência. A Lava Jato, dentro da lei, é o princípio da faxina geral no país, e vai retirar das próximas eleições uma parte considerável da bandidagem político-empresarial. A que não for expurgada por ela deve ser eliminada pelo voto faxina da cidadania vigilante.

O voto faxina da cidadania vigilante traz embutido o fim do foro privilegiado, pois o político não reeleito perde o privilégio. Somente com lideranças competentes e honestas a esperança do brasileiro em um país que pode ter enorme prosperidade será recuperada. Se o Supremo Tribunal Federal, nos casos de foro privilegiado, não cumprir o seu papel de faxina e, em vez disso, se alinhar com o sistema corrupto, nós teremos que fazer a faxina da cidadania vigilante nas urnas. Por meio de pressão, temos que pensar em uma faxina no próprio STF, cujos integrantes também estão sujeitos ao "impeachment".

IMPÉRIO DA LEI, OU *ENFORCEMENT*

5

5.1 Ruptura e a grande transformação

Foram o julgamento do Mensalão e a Operação Lava Jato que pouco a pouco conseguiram alterar a enraizada percepção popular de completa impunidade das castas dirigentes do país, castas políticas, econômicas e financeiras. Sob a luz do meio-dia, as duas operações mostraram a bandalheira das relações espúrias entre empresários desonestos próximos ao poder e políticos corruptos, mandando vários deles para a cadeia. Esses donos delinquentes do poder, sempre inúteis e estéreis em termos de progresso do país, revelam periculosidade acentuada para o crescimento econômico saudável assim como para a coesão social. Todos esses delinquentes são desonrados e aviltam a população com suas estrepolias comuns, sempre nocivas para a sociedade. São uma espécie de *brutumbestiales*, conforme dizia Friedrich Nietzsche.

Com a saída do petismo corrupto do governo muitos chegaram a supor que os sucessores, Temer, Aécio & cia., poderiam melhorar a qualidade ética da governabilidade. A grande mídia se encarregou cleptocratamente de vender essa ilusão. Nada mais enganoso. Continuamos regidos pelo *government by corruption*. As faltas são comuns e transversais: atravessam todo o sistema político-empresarial corrupto. Eles se imitam nas bandalheiras e nos excessos. Os donos cleptoplutocratas do poder são incapazes de promover o bem, porque, mesmo quando o fazem, isso acontece sob a nódoa de uma autoridade sem força moral. Todo esse sistema tem que ser desmoronado.

Antes da Lava Jato a riqueza bastava ao empresário para ele desfrutar de “boa reputação”. Isso ocorreu, por exemplo, durante todo o tempo da escravidão. Agora a sociedade, intolerante à corrupção, cobra uma atitude ética deles. Os tempos são outros. Ganhou visibilidade o fenômeno que a mídia clássica conviventemente sempre escondeu: a corrupção é bilateral. Não existe agente público corrupto sem um corruptor geralmente do mundo do mercado ou das finanças. Ambos são abomináveis e responsáveis pelo atraso do Brasil, pelo lado arcaico do país.

O Estado tem problemas éticos e o mercado também. Todos os intelectuais “comprados” que centralizavam suas doutrinas de corrupção exclusivamente no Estado estão desacreditados. Esses mercenários negavam seu caráter bilateral. Entre a Odebrecht e cia. de um lado (mercado corruptor) e Lula-Dilma e Temer-Aécio de outro, não é possível ver distinção alguma do ponto de vista da falta de ética. Todos esses bandoleiros da República devem ser devidamente responsabilizados pelos seus atos nefastos. Nosso movimento #QueroUmBrasilÉtico sustenta o “Fora Temer, Fora Lula, Fora Dilma, Fora Aécio, Fora todos os governantes corruptos”.

■ O Estado tem problemas éticos e o mercado também. Todos os intelectuais "comprados" que centralizavam suas doutrinas de corrupção exclusivamente no Estado estão desacreditados.

A Lava Jato revelou aos quatro ventos a promiscuidade do chamado capitalismo de compadrio, ou de laços ou de cartéis, assim como a "compra" e o sequestro da democracia mediante financiamentos eleitorais corruptos. Agentes indecorosos do mercado e das finanças manipulam as regras econômicas por meio do Parlamento, financiado por eles, assim como as eleições. "Compram" tudo e todos, fazendo do dinheiro a mola propulsora exclusiva dos seus negócios. Para muitos o dinheiro é a salvação, para outros, a perdição.

Além de desvelar uma teia de relações promíscuas entre o público e o privado, com graves interferências no processo eleitoral, a Operação Lava Jato mostrou ao país a possibilidade de uma atuação coordenada, rápida e eficiente entre Polícia Federal e Ministério Público. Jovens dessas carreiras, unidos a outros profissionais como auditores fiscais e órgãos de fiscalização, promoveram uma ruptura histórica, uma grande transformação, que é o respeito ao império da lei, inclusive contra os poderosos. Houve uma ruptura institucional. Uma nova instituição, sob novos princípios, nasceu.

De forma muito diferente ao que a população havia visto em outras investigações de grande apelo nacional — Anões do Orçamento, Capemi, Coroa-Brastel, Banco Econômico, Banestado, Escândalo dos Precatórios, só para dar alguns exemplos —, o trabalho investigativo e processual está agora assentado em sólida argumentação jurídica, valendo observar que poucas são as decisões reformadas (algo em torno de 4%). Mesmo assim, existem sérias críticas em relação aos excessos e abusos. Compete a todos nós estarmos atentos porque queremos preservar a nova instituição sob os parâmetros do Estado de Direito. Jamais é concebível a ideia de que se possa apurar crimes cometendo outros crimes.

Hoje a Lava Jato mostra números impressionantes. As propinas pagas giram em torno de R$ 6,4 bilhões. A recuperação do dinheiro desviado já chega a cerca de R$ 10 bilhões. Isso é fruto, sobretudo, dos acordos de colaboração e delações premiadas. Até dezembro de 2016, já tínhamos 24 sentenças condenatórias, contra mais de 120 pessoas, com 1.300 anos de prisão. Mesmo os mais céticos e desconfiados percebem os méritos da Lava Jato, que ainda continua sendo criticada por não ter chegado em todos os partidos e políticos de várias cores ideológicas. Falta cumprir o princípio *erga omnes* (contra todos), que é ponto relevantíssimo para completar a credibilidade da grande transformação gerada pela operação. A partir das delações da Odebrecht, que atingiram praticamente todos os partidos, já não existe justificativa para não se cumprir o *erga omnes*.

Se existe algo que já deu muito certo no Brasil, por força de novas lideranças — em todos os níveis de poder — com novas mentalidades, foi a força-tarefa da Lava Jato. Mas a população quer mais. Quer que a operação vá mais longe, contra todos, e que não fuja da legalidade. Reitere-se: não se investiga um crime cometendo outro crime. A todos os cidadãos vigilantes compete resistir e manter intactas as condições de trabalho de toda a Lava Jato. Observando o Estado de Direito, a operação tem que gerar mais frutos, no sentido da limpeza ética do país. As diligências não podem ser abafadas ou restringidas. As denúncias não podem ser apressadas.

Quanto mais consistência probatória, mais chance de êxito. Quanto mais lisura procedimental, mais legitimidade. Quanto mais imparcialidade, maior a reputação nacional e internacional. Tanto o Brasil como todos os nossos vizinhos vitimados pelo mesmo vírus da corrupção esperam o nascimento de um novo padrão de governabilidade e de sociabilidade. Estamos todos exaustos do *government by corruption*.

Nós temos que arrancar da experiência da Lava Jato um novo modelo de liderança, que possa levar o Brasil adiante, que possa conciliar o mundo dos negócios e do desempenho público com a ética. Precisamos forjar um novo jeito de fazer negócios, jeito limpo, honesto, dotado de princípios e valores que sejam transmitidos para as atuais e futuras gerações. Para isso, temos que implodir o sistema antigo viciado, maculado. Já é hora de os brasileiros serem poupados do ridículo de ouvir um velho advogado, como José Yunes, amigo e ex-assessor especial do Temer, afirmar que serviu de "mula" ao Ministro Eliseu Padilha, da Casa Civil, tendo passado pelas suas mãos "um envelope", com dinheiro dentro, obviamente, levado por Lúcio Funaro, o doleiro que está preso e que foi operador financeiro de Eduardo Cunha. O velho crime organizado político-empresarial não tem ingênuos.

Todo esse grupo liderado por Michel Temer e Aécio Neves, identicamente ao precedente governo petista, revela uma devassidão moral preocupante e indescritível. E tudo isso acontece nas entranhas mais íntimas do governo Temer, que não possui a mínima condição moral de governar a nação. Yunes disse que Temer sabia do "envelope" desde 2014. Ou seja, o presidente sabia de tudo. Aliás, ele confirmou que sabia mesmo dos fatos, só não se recordava da data em que ocorreram. Esse detalhe não importa tanto, porque o mais grave está no fato de ele ter formado seu governo com gente que faz circular envelopes com dinheiro de propinas por todo o país.

Uma coisa é certa: como disse Vera Magalhães, quem for marcado "com a cruz escarlate da Lava Jato será carne queimada. Morto ou 'só' mutilado, com pena elevada ou prestando serviços à comunidade, o destino político [e empresarial, do outro lado] estará traçado"[68].

5.2 A Lava Jato é um ponto fora da curva na questão do império da lei

Corrupção e leis para combatê-la sempre existiram. Entre 318 e 398 d.C., os imperadores romanos editaram uma dúzia de leis nessa área. Constantino (331 d.C.) proclamou: "As mãos dos funcionários devem parar imediatamente com a rapinagem. Devem parar. Se após o devido aviso não pararem, serão cortadas pela espada"(CAVALCANTI, 1991). Quando assumem seus cargos, os governantes logo vão falando em atacar a corrupção. Até mesmo Eunício de Oliveira, citado na delação da Odebrecht e membro do sexteto voluptuoso do Senado — juntamente com Renan Calheiros, José Sarney, Romero Jucá, Jader Barbalho e Edison Lobão —, não esqueceu o assunto.

Mas nem a vassoura e os bilhetinhos de Jânio, nem o terror propagado pelos militares no golpe de 64, nem a caça aos marajás de Fernando Collor no final dos anos 1980, nem as incontáveis leis aprovadas nas últimas décadas; nada transformou a percepção da nossa realidade, deplorável, de impunidade, antes do Julgamento do Mensalão e da Lava Jato. A palavra-chave dessa transformação é *enforcement*, a que melhor expressa a grande mudança em curso no Brasil desencadeada pela atuação da Lava Jato-Curitiba e outras operações congêneres.

Enforcement significa agir de forma organizada para fazer com que todos sigam a lei. Sempre que me perguntam qual é o meu partido eu respondo: é o *erga omnes*.

Nosso problema no Brasil não é a ausência de leis. Ao contrário, aprovamos leis com muita facilidade, até mesmo excessivamente. Nosso entrave sempre foi o cumprimento delas, sua eficácia.

Sérgio Moro e a força-tarefa da Lava Jato, a chamada "República de Curitiba", não necessitaram de novas leis, a partir de 2014, para deflagrar a maior operação do mundo contra a roubalheira dos poderosos. A lei da delação premiada, que era indispensável, aconteceu em 2013, em um cochilo do sistema corrupto, que deve estar arrependido até agora de ter editado essa lei.

Contudo, praticamente nada teriam alcançado sem o maciço apoio popular, que está encurralando o sistema político-empresarial corrupto que governa o Brasil. Mudou profundamente a disposição de grande parcela da população brasileira para ver aqui implantado o *enforcement* contra todos. Por meio do império da lei vamos implodindo o velho sistema. A tolerância do brasileiro, assim como de outros povos, na atualidade, está diminuindo a cada dia. Ao mesmo tempo reivindica-se mais transparência. O espaço do sistema político-empresarial corrupto está ficando pequeno. Um novo jeito de fazer negócios e política tem que ser extraído da experiência da Lava Jato, que está dinamitando o tenebroso sistema de enriquecimento ilícito das elites dirigentes.

De acordo com o procurador Deltan Dallagnol, de 2014 até o final de 2016, foram cumpridos 103 mandados de prisão temporária, 79 de prisões preventivas, 730 de busca e apreensão, 197 de condução coercitiva e seis prisões em flagrante. Já foram dezenas de condenações, com mais de 1.300 anos de prisão. As propinas comprovadas já somam R$ 6,4 bilhões. Prejuízos já constatados: mais de R$ 40 bilhões. Em novembro de 2016, a Petrobras recebeu de volta mais de R$ 204 milhões, o maior valor já devolvido pela Justiça criminal brasileira a uma vítima. Desde o início da operação, aproximadamente R$ 500 milhões já foram devolvidos.

Apesar dos tropeços da Operação Lava Jato em alguns momentos ou em alguns aspectos, apesar da quantidade ainda ínfima de barões-ladrões que estão sendo responsabilizados pelos seus ilícitos, seus benefícios para a sociedade e para a mudança da cultura da impunidade dos poderosos são incomensuráveis. É preciso criar uma nova cultura no país, que se faz pela educação e pela experiência concreta.

Tudo isso é resultado do *enforcement*, que gerou um inusitado empoderamento de um grupo de jovens delegados, promotores, procuradores, juízes, auditores. Igualmente ao que ocorreu no Mensalão, eles estão fazendo a lei valer para as elites dominantes, dissuadindo ou punindo pessoas que sempre violaram impunemente as normas que governam a sociedade.

É claro que a melhor política é a prevenção. Mas nenhum país do mundo abre mão da repressão. E quanto mais efetiva a punição, mais as pessoas mudam de comportamento por força da submissão. Nosso problema nunca foi a edição de leis penais novas frequentemente mais duras — no campo criminal mais de dois terços das leis aprovadas de 1940 a 2016 são dessa natureza. O que sempre nos faltou no campo criminal foi a certeza do castigo, sobretudo para as elites dirigentes e delinquentes do país, que historicamente se julgam imunes à eficácia das leis penais e das leis em geral.

As elites dirigentes e delinquentes sempre acreditaram no "jeitinho", na força do dinheiro, na hierarquia da posição social, na complacência da Justiça, ou seja, na impunidade, e não no império da lei. No Supremo Tribunal Federal, um terço dos processos de foro privilegiado prescreve; não há condenação em 96,5% dos casos[69]. Sempre se acreditou nessa impunidade. Os delinquentes poderosos com foro privilegiado continuam desfrutando dessa vergonhosa impunidade.

O empresário mais rico do Brasil em 2012, e 7º mais rico do mundo, segundo a revista *Forbes*, Eike Batista, foi parar na prisão, em Bangu 9, e falou que "as coisas precisam ser passadas a limpo". O Brasil todo espera suas delações, inclusive sobre suas relações com o BNDES, com a Caixa Econômica, com o ex-governador Sérgio Cabral. Sua riqueza e

■ É claro que a melhor política é a prevenção. Mas nenhum país do mundo abre mão da repressão. E quanto mais efetiva a punição, mais as pessoas mudam de comportamento.

facilidades de locomoção, o passaporte alemão e seus contatos lhes permitiriam tranquilamente fugir do Brasil.

Assim o fez, por exemplo, Ademar de Barros, ex-governador do estado de São Paulo, aquele do "rouba, mas faz", quando sua prisão foi decretada. Ele pegou seu avião e foi para o Paraguai e, depois, para Santa Cruz de la Sierra, na Bolívia, de onde conseguiu anular a sentença no Supremo Tribunal Federal e, posteriormente, a absolvição do Tribunal de Justiça de São Paulo — com os desembargadores da época quase pedindo desculpas por tê-lo chamado de *improbus administratur* (CAVALCANTI, 1991).

Com muito menos possibilidades, o petista Henrique Pizzolato, condenado pelo Mensalão, conseguiu fugir para a Itália e só depois de anos foi extraditado ao Brasil, onde cumpre pena no presídio da Papuda, em Brasília.

A Lava Jato da primeira instância, de Curitiba, como se vê, está no caminho certo da transformação do Brasil, por meio de novas lideranças — em todos os níveis da administração pública — que estão pensando no país, não nos seus bolsos. O império da lei aqui está ganhando uma nova dimensão, como disse Miriam Leitão[70]. O ex-presidente da maior empreiteira nacional, Marcelo Odebrecht, já está preso e, por força do seu acordo de delação, terá que ficar dez anos sob a guarda ou vigilância da justiça, sem administrar sua companhia. Além disso, a empresa teve que ressarcir os cofres públicos em R$ 3,5 bilhões.

A Odebrecht divulgou na imprensa a intenção de se reestruturar sobre novas bases e, assim, mobilizou 77 executivos para delatar suas façanhas indecentes e criminosas que ajudaram a alavancar não só a riqueza do grupo, senão também a de muitos políticos e partidos, como PT, PMDB, PSDB. De renitente e até agressiva, a empresa passou a ser colaboradora da Justiça, mais especificamente depois que foi descoberto seu departamento de propinas, em março de 2016, por meio da funcionária Maria Lúcia Tavares[71]. No acordo de leniência — de perdão e obrigações, feito com a força-tarefa do Brasil, assim como com os EUA e Suíça[72] — a Odebrecht se compromete a relatar e fornecer todas as provas disponíveis sobre suas contas bancárias, doações eleitorais e divisão de propinas em nove eleições (de 2000 a 2016), sendo cinco municipais e quatro nacionais e estaduais.

A cooperação internacional — até dezembro de 2016, a Lava Jato fez 123 pedidos a 34 países —, as investigações do Ministério Público da Suíça e as do Departamento de Justiça dos EUA estão facilitando a localização de bens e valores em várias partes do mundo, bem como o ressarcimento dos prejuízos gerados pela corrupção. Já foram repatriados R$ 3,6 bilhões, contra apenas 500 milhões na operação Banestado[73].

Está ficando cada vez mais difícil se esconder e esconder também o dinheiro surrupiado das nações desprotegidas, como o Brasil. Contas bancárias de Eduardo Cunha já foram encontradas na Suíça. De familiares de Edison Lobão também. Outras oitocentas estão por serem liberadas pelas autoridades jurídicas. A roubalheira dos delinquentes poderosos sempre desfrutou de uma clássica impunidade quase absoluta porque a Justiça não tinha meios, recursos e, sobretudo, disposição para produzir as investigações e as provas necessárias para uma condenação. Há, por exemplo, investigações que tramitam há 18 anos no Supremo Tribunal Federal[74].

Agora, os donos corruptos do poder estão confessando e delatando outros membros da bandidagem poderosa porque aumentou sensivelmente a força do império da lei que, na esfera do crime organizado dos poderosos, colocou fim à *omertà*, que é a lei do silêncio da máfia. Foram assinados 148 acordos de delação até janeiro de 2017[75]. Muitos não estão encontrando outra saída para conquistar alguns benefícios penais que não seja a delação premiada, como é o caso de Eduardo Cunha e Sérgio Cabral, por exemplo. A quantidade de provas, nacionais e internacionais, se avoluma a cada dia.

A bandidagem político-empresarial corrupta que está em guerra contra a Lava Jato percebeu que a operação já se transformou na maior do tipo policial-judicial em andamento do mundo, tendo sido premiada pela Transparência Internacional[76]. Em dezembro de 2016, a Lava Jato contava com um arsenal probatório inimaginável: 1,2 milhão de gigabytes estão sendo processados. Há, ademais, uma batelada de delações e de *recalls* de delações importantes que estão para vir a público. Mais de 80 pedidos estão na fila.

Vários países, a começar pelos EUA — departamento de Justiça e SEC — e Suíça — Ministério Público, além de Panamá, Peru, Equador, Argentina, estão investigando as empresas e os políticos brasileiros envolvidos em corrupção. Estão escrutinando, sobretudo, suas contas e movimentações bancárias. Os juízes da Suíça liberaram para uso no Brasil os extratos das contas da Odebrecht[77].

De acordo com Miriam Leitão, a operação Eficiência, de janeiro de 2017, que decretou a prisão de Eike Batista, "contou com a delação de dois doleiros de Sérgio Cabral. Eles falaram sobre o repasse de US$ 16,5 milhões feito pelo empresário ao ex-governador do Rio. Os irmãos Renato e Marcelo Chebar passaram 13 anos ajudando o político a esconder e a lavar cerca de US$ 100 milhões em recursos ilícitos, e decidiram agora contar o que conhecem. Eles sempre souberam que o que faziam era errado. A novidade é que eles se sentem encurralados"[78].

As prisões do ex-governador do Rio de Janeiro Sérgio Cabral e do empresário Eike Batista foram frutos de operações "filhotes" da Lava Jato, que tendem a se espalhar por todo país, sobretudo depois das delações e do acordo de leniência da Odebrecht, que veio a público em 20 de dezembro de 2016.

O combate à roubalheira dos poderosos já não está limitado à "República de Curitiba". Com as delações da Odebrecht, vemos a universalização da Lava Jato.

O combate à roubalheira dos poderosos barões-ladrões já não está limitado à "República de Curitiba". Com as delações da Odebrecht, considerando que detalharam propinas pagas em todas as esferas (municipal, estadual e federal), vemos a universalização da Lava Jato. Outro detalhe: novos alvos serão atingidos, como aponta o procurador Deltan Dallagnol: marketing da Petrobras, instituições financeiras, partidos políticos.

São significativos os avanços na cultura brasileira: em primeiro lugar, contra a tolerância crônica com a corrupção. Em segundo lugar, na imposição do *enforcement* contra os criminosos poderosos. Mesmo assim, a quase totalidade dos políticos que desfrutam de foro privilegiado nos tribunais procura ignorar essa nova realidade. São citados em delações, suas contas bancárias são divulgadas e tudo isso não tem sido suficiente para mudarem de postura. A ficha está demorando a cair. O sistema, no entanto, está sendo implodido diariamente. A cada dia uma bomba é acionada. O edifício está desmoronando.

As instituições de controle — polícia, fiscais, promotores, procuradores, juízes, auditores —, têm, pela lei, poder para fazer com que as normas sejam cumpridas. O exemplo da Lava Jato tem que ser difundido em todo país. Fazer a aplicação da lei *(enforcement)* contra todos *(erga omnes)* traduz empoderamento institucional, que é absolutamente necessário de acordo com a velha teoria dos freios e contrapesos *(checks and balances)*: todos os poderes exercem controle sobre os demais. A Polícia Federal e o Ministério Público Federal já estão cumprindo bem esse papel. Restam agora as polícias civis e os Ministérios Públicos estaduais. Precisam ir mais longe, respeitando sempre, obviamente, o Estado de Direito.

Há cargos e pessoas importantes na República, há caciques e coronéis políticos, há empresários poderosos, mas acima de todos está a lei e seu império. Esse é o primeiro legado que o espírito da Lava Jato deixará registrado na história. Os donos cleptoplutocratas do poder não podem ficar impunes.

O primeiro relator da Lava Jato no Supremo Tribunal Federal, Teori Zavascki, morreu em um trágico acidente aéreo em 19 de janeiro de 2017, mas isso em nada impediu que a presidente da Corte Suprema homologasse, prontamente, em 30 de janeiro, todas as 77 delações da Odebrecht. O novo relator, o ministro Edson Fachin, foi sorteado em 2 de fevereiro de 2017. Destoante, nesse contexto, tem sido o Supremo Tribunal Federal, como centro do foro privilegiado das castas políticas.

Se não existia no Brasil um exemplo concreto para exprimir o conteúdo da palavra inglesa *enforcement*, já não falta mais. A Operação Lava Jato, que, para Miriam Leitão, simboliza "um ponto de virada na sociedade brasileira"[79], está encurralando todo o sistema político-empresarial corrupto. No entanto, é necessário ir mais fundo: o império da lei não pode valer apenas para o PT, o PP e o PMDB: deve ser aplicado a todos.

Ainda faltam as responsabilidades dos bancos que lavam dinheiro, dos partidos políticos que recebem propinas para suas campanhas, de juízes e membros do Ministério Público envolvidos com os esquemas de corrupção. Estamos atravessando mais uma vez um conjunto doloroso de crises. Mas, sem enfrentar com firmeza o gravíssimo problema da corrupção sistêmica, sobretudo das elites oligárquicas dirigentes do país, não vamos nunca fazer com que as instituições se respeitem e sejam respeitadas, restabelecendo-se a confiança necessária para o desenvolvimento sustentado das relações sociais, econômicas e políticas. Precisamos implodir o velho sistema e encontrar novas lideranças — nacionais, estaduais e municipais — comprometidas com o efetivo combate à corrupção, bem como às desigualdades e injustiças.

LAVA JATO E A DESTRUIÇÃO CRIATIVA

6

6.1 A inovação destrói o obsoleto

A história do capitalismo tem, dentre outros, seis doutrinadores gigantes: Adam Smith (1723-1790), David Ricardo (1772-1823), Karl Marx (1818-1883), Max Weber (1864-1920), John Keynes (1883-1946) e Joseph Schumpeter (1883-1953). Este último foi o máximo teórico da inovação, que é o maior motor do capitalismo, pois quem fica parado e não inova tende a se estagnar ou perecer. Para o "profeta da inovação", "o processo capitalista, não por coincidência, [por causa da inovação constante] eleva progressivamente o padrão de vida das massas" (GIAMBIAGI, 2015). Uma quantidade de pobres, desempregados, precariados e espoliados nunca desaparecerá, mas as condições de vida hoje, em geral, são melhores que nos séculos passados. Quem tem o mínimo de qualidade de vida nos dias atuais tem muito mais conforto que um rei do século XV.

■ **Onde há competição verdadeira, todos os dias surgem inovações que vão destruindo tudo que fica ultrapassado.**

Por força da contínua inovação, a instabilidade constitui a própria essência do capitalismo competitivo. Nos sistemas capitalistas selvagens, cartelizados, de compadrio, de laços (LAZZARINI, 2011), alguns monopólios ou oligopólios "se protegem", ou são protegidos da inovação. Mas também pouco inovam, e é por isso que acabam sendo engolidos pela concorrência, sobretudo globalizada, quando esta consegue superar as barreiras do protecionismo.

Capitalismo estacionário, sem novidades, sem inovações e sem crescimento, é uma anomalia. De 1985 para cá, período da redemocratização formal, o Brasil cresceu pouco porque inovou pouco. O crescimento médio do Produto Interno Bruto per capita foi de 1,4% ao ano entre 1985 e 2012 (MENDES, 2014). Quem inova pouco tem baixa instabilidade, mas a riqueza fica nas mãos de apenas alguns.

Economia sem crescimento ou capitalismo estacionário — Adam Smith citava — costuma ser fruto, muitas vezes, de longos anos de extrativismo, assim como de uma governabilidade centrada nos interesses da cleptocracia, onde o Estado é dominado e governado por ladrões, e da plutodelinquência, quando endinheirados bem posicionados dentro do Estado influenciam as decisões dos governos ladrões. Nas cleptoplutocracias, as empresas e oligarquias que mais gritam contra os monopólios são precisamente as que mais os querem, só para elas. Daí a busca incessante de acesso ao Estado e ao poder, por meio do uso do dinheiro e da corrupção. Os mais bem posicionados dentro do Estado possuem vantagens no mercado.

Onde há competição verdadeira, todos os dias surgem inovações criadoras que vão destruindo tudo que fica ultrapassado. Segundo Joseph Schumpeter, toda inovação criadora destrói o obsoleto. Essa é a regra do capitalismo competitivo, em todas as partes do mundo.

O PC matou as máquinas de escrever; os iPads estão matando os velhos computadores; os celulares tendem a superar os iPads. "O que ontem foi o ideal contra o *status quo*, amanhã será o *status quo*, por sua vez, desafiado por um novo ideal" (J. Ingenieros) (INGENIEROS, 2012).

6.2 O segredo do sucesso da Operação Lava Jato

Do ponto de vista da criminologia — ciência que estuda o crime, a vítima, o delinquente e o sistema de aplicação da lei penal —, a Lava Jato constitui, não sem custos sérios ao Estado de Direito, a maior inovação de todos os tempos na Justiça brasileira. É uma instituição que inovou completamente a forma de se aplicar a lei. A Lava Jato está para a desfigurada Justiça criminal brasileira, subalterna dos poderosos por quinhentos anos, conivente ou conveniente para a cleptoplutocracia, como o Steve Jobs está para a revolução tecnológica e informática. A operação é o Steve Jobs da maior revolução desarmada do Brasil em termos de controle e punição dos atos delinquentes das oligarquias.

A cleptoplutocracia acuada e com boa parte já encarcerada diz que tudo está sendo feito com gravíssimos prejuízos ao Estado de Direito. Em parte, isso é verdade, tanto que uma vez ou outra os tribunais vêm corrigindo os excessos da Lava Jato. Algumas prisões preventivas foram corrigidas pelo Supremo Tribunal Federal, divulgações ilegais de interceptações foram censuradas por essa Corte. O próprio Supremo Tribunal Federal passou a exigir, contra o texto expresso da Constituição, a execução imediata da pena depois do segundo grau de jurisdição. Isso deveria ser feito — e sou favorável —, mas melhor teria sido a aprovação de uma Emenda Constitucional.

A Operação Lava Jato, de qualquer modo, revolucionou e entrou para a história, porque:

(1) está introduzindo no Brasil, de forma sistemática, uma nova e inusitada forma de se fabricar o processo criminal. Trata-se de uma nova forma de se executar o velho serviço público da prestação jurisdicional. A criminalidade organizada ganhou impulso incomensurável nas últimas décadas por ter se beneficiado (a) do encurtamento do espaço, da globalização, e (b) da aceleração do tempo pela revolução tecnológica. Disso também se apropriou a Lava Jato, que tem alcançado provas importantes em razão da cooperação internacional e do bom uso das modernas tecnologias, assim como de novos métodos investigativos, como delação premiada, por exemplo;

(2) os novos métodos de produção de provas, de colaboração e delação premiadas, deram ao processo mais velocidade assim como maior efetividade. Eduardo Cunha foi julgado e condenado em seis meses. Até dezembro de 2016 a Lava Jato já contava com dezenas de condenações e mais de 1.300 anos de prisão;

(3) está atingindo a criminalidade organizada das oligarquias, cujas bandas podres são protagonizadas pelos barões-ladrões, assim como suas riquezas. Novos atores, para além dos descamisados e desdentados, passaram a fazer parte do cenário da Justiça criminal. Nunca antes foi tão

efetiva a recuperação do dinheiro público surrupiado, que chegou a cerca de R$ 10 bilhões em janeiro de 2017;

(4) está descobrindo novas fontes probatórias, que são a matéria-prima da indústria da Justiça criminal; e

(5) está promovendo uma nova estrutura organizacional nessa indústria. Justiça criminal negociada e rápida, bem concatenada, com reparação dos danos gerados ao erário.

Tudo isso, no entanto, só veio acontecer depois de mais de quinhentos anos de verdadeira impunidade das bandas podres das oligarquias, o que constituía um estímulo imenso à prática de crimes. Antes do Julgamento do Mensalão raras eram as condenações. A Lava Jato, assim, é uma ruptura, é uma quebra de paradigma. Da Justiça criminal conflitiva — sem negociação sobre provas e penas — se passa de forma sistemática para a Justiça criminal negociada, sendo aqui o *plea bargaining* norte-americano (possibilidade de negociação entre defesa e Ministério Público sobre provas, crimes e penas) a grande fonte de inspiração.

No Mensalão do PT (2012-2013) não houve negociação entre acusadores e réus. Não houve delação formal. A delação principal, a do Roberto Jefferson, foi informal. Toda mudança substancial começou em março de 2014, após o advento da Lei 12.850/13 e o nascimento da Lava Jato. A negociação criminal entre acusadores e réus é inovação disruptiva, que destrói tudo que fica para trás.

O celular está matando o telefone fixo; os *smartphones* estão aniquilando os celulares e os computadores. O padrão *blockbuster* matou as antigas locadoras de vídeos; a Netflix está acabando com as grandes locadoras. A inovação é destrutiva. A isso Schumpeter deu o nome de "destruição criativa".

Justiça criminal impotente, que diz amém a todos os abusos e caprichos das poderosas classes oligárquicas, é coisa de cleptoplutocracia em suas fases mais primitivas. A Justiça criminal brasileira está inovando depois de mais de 500 anos de arcaísmo, sendo-lhe inerente a geração de instabilidade política. Afinal, os políticos fazem parte das oligarquias. Não existe inovação sem instabilidade.

Capitalismo competitivo estabilizado é uma contradição, como dizia Schumpeter. Sistema político estabilizado diante das inovações da Lava Jato que tem como alvo precisamente a criminalidade organizada das oligarquias dominantes é uma impossibilidade, sobretudo em razão da metodologia inovadora e muito criticada da operação, que foi descrita por Sérgio Moro em longo artigo há alguns anos. E quanto mais vulnerável o governo, mais instabilidade se vê.

O déficit crítico do capitalismo competitivo inovador é a excessiva concentração da riqueza mundial: o 1% mais rico possui riqueza equivalente a 99%; 62 ricos têm riqueza equivalente a 3,5 bilhões de pessoas (STIGLITZ, 2015). O déficit crítico da Lava Jato reside no risco de sua desaderência ao Estado de Direito, algo que ainda vai ser submetido ao escrutínio do Supremo Tribunal Federal. Mais: ela ainda precisa comprovar a validade suprema do princípio *erga omnes* (contra todos).

Os novos métodos de produção do processo penal alteraram o "preço" das penas: dá prêmios aos delatores e sanções merecidas para os criminosos de colarinho branco que ficavam impunes. Quanto mais compensadoras as ofertas, mais ganhos em termos de pro-

■ Justiça criminal impotente, que diz amém a todos os abusos e caprichos das oligarquias, é coisa de cleptoplutocracia em suas fases mais primitivas. A Justiça criminal brasileira está inovando, sendo-lhe inerente a geração de instabilidade política. Não existe inovação sem instabilidade.

dução de provas e de condenações são alcançados no final. As correntes que hoje criticam as "penas baixas" — brandas, camaradas — dos delatores, no fundo, não estão buscando justiça, e sim, o fim das delações e o retorno ao *status quo* da impunidade clássica.

Por força da teoria dos jogos, a perspectiva é de que venhamos a dobrar o número de delatores. Em janeiro de 2017 eles eram 148. Mas serão muito mais, porque os que não delatarem sabem que arcarão com as responsabilidades mais duras. O que o fordismo do princípio do século XX representou para o capitalismo, as delações estão fazendo para o desempenho da Justiça criminal brasileira no começo do século XXI.

Estamos vendo o fim da *omertà*, do silêncio que impera nos grupos mafiosos. O clube da cleptoplutocracia contesta as delações, mas elas são constitucionais, se seguirem o devido processo legal. Há duas importantes decisões recentes nesse sentido: Corte Constitucional alemã (19/03/2013) e Tribunal Europeu de Direitos Humanos (29/04/2014). Em 27 de agosto de 2015, o Supremo Tribunal Federal implicitamente também admitiu isso, quando julgou a validade em tese das delações de Alberto Youssef.

A clientela da Justiça criminal subiu de tom, de cor e de *status*. As oligarquias — banqueiros, empreiteiros, políticos, altos funcionários, fortes corporações —, que cometem crimes de imensa repercussão social, ou *social harm*, pela primeira vez, estão conhecendo de forma coletiva o famigerado "banco dos réus". Alguns deles estão tendo experiência inclusive com as indecentes prisões brasileiras, e tudo poderia ser indescritivelmente pior, se fossem para os presídios comuns.

A matéria-prima da Justiça criminal são as provas, que devem ser obtidas de forma lícita e por imposição moral e constitucional. Por força das delações premiadas, as obtenções de provas foram facilitadas. O custo da produção de um processo criminal foi barateado. Tudo se agilizou. A cooperação internacional tornou-se célere — o que não é garantia de lisura em 100% dos casos, mas está funcionando. Contração do espaço por causa da globalização e aceleração do tempo em virtude da revolução tecnológica: é nessa onda que está surfando a Operação Lava Jato.

O xisto nos Estados Unidos está para o desmoronamento dos preços do petróleo e do barateamento da energia como a nova forma de obtenção de provas está para a performance da Justiça criminal brasileira frente às poderosas oligarquias. A descoberta de novas matérias-primas altera completamente o resultado final da Justiça. Mas é fundamental uma advertência: se essas provas não forem colhidas rigorosamente de acordo com o Estado de Direito, tudo vai por água abaixo, como já foram as operações Castelo de Areia e Satiagraha. A nova Justiça criminal negociada, ou nova organização da indústria do processo criminal, rompeu o monopólio da impunidade dos crimes cometidos pelas bandas podres das oligarquias, ou seja, pelos barões-ladrões. A inovação criativa destrói tudo aquilo que fica ultrapassado.

O custo da criminalidade do colarinho branco aumentou, com exceção, veremos, daqueles que desfrutam de foro privilegiado no Supremo Tribunal Federal. O barão-ladrão agora pode ir para a cadeia. O véu da impunidade foi removido. Isso constitui estímulo para não delinquir. A corrupção tende a diminuir se a repressão for conjugada com outras medidas concomitantes, como postula Bo Rothstein, o sociólogo sueco (ROTHSTEIN, 2007).

■ **A matéria-prima da Justiça criminal são as provas, que devem ser obtidas de forma lícita e por imposição moral e constitucional. Por força das delações premiadas, as provas foram facilitadas. O custo da produção de um processo criminal foi barateado. Tudo se agilizou.**

É nítida, ademais, a nova reacomodação das forças institucionais: as oligarquias dominantes — política, administrativa, militar, midiática, econômica, financeira, corporativa — estão sendo submetidas ao controle do Poder Jurídico. A inovação nesse caso alterou inclusive a posição e o status das instituições. Mas isso jamais seria possível sem o apoio popular e internacional a essa inovação destruidora da liberdade, de acordo com a culpabilidade de cada um, assim como das riquezas dos barões-ladrões. A invisibilidade da cleptoplutocracia, que sempre contou com o apoio da mídia comprometida e, muitas vezes, da própria justiça, está se desmoronando. A cleptoplutocracia se tornou muito mais visível — a indiferença foi substituída pelo ódio.

Está mais do que evidenciada, por ora, a ruptura com a tradição da impunidade dos barões-ladrões. A inovação é da essência não só do capitalismo, senão também de todos os campos da existência humana. Para desgraça dos barões cleptoplutocratas, a velha Justiça criminal paquidérmica e letárgica está sendo substituída por outra dinâmica e ágil. A exceção é o Supremo Tribunal Federal, como veremos mais adiante.

Mas, para ser legítima, não basta apenas apresentar bons resultados, como boas receitas nos seus balanços, senão também estrita adequação às regras do jogo do Estado de Direito. Não basta apenas a lógica dos ganhos, até mesmo ilimitados, em vigor na cleptoplutocracia e no mundo do capitalismo não distributivo. Por envolver bens jurídicos muito relevantes, como a liberdade, no campo criminal é sempre fundamental perguntar como os ganhos foram obtidos.

Locomotiva fora dos trilhos é desastre na certa. O velho protecionismo aos extrativistas e aos barões-ladrões mata o progresso do país. No lugar da roubalheira e da pilhagem deve entrar a competitividade. No lugar do Estado empresário deve ingressar o Estado liberado do patrimonialismo, para que cumpra suas funções essenciais com qualidade: educação, saúde, segurança, justiça e supervisão rigorosa do capitalismo privado competitivo. Sem essa rigorosa fiscalização das regras do jogo, os grandes matam os pequenos, os talentosos morrem antes de empreender, os extrativistas e parasitas continuarão sugando sem trabalhar e os barões-ladrões seguirão com seus monopólios, oligopólios, pilhagens e roubalheiras generalizados, em detrimento do restante da sociedade.

Se queremos um Brasil diferente, não há como não detonar o velho sistema político-empresarial promíscuo, inaugurando novas bases econômicas e jurídicas fundadas na ética e na competitividade. Os velhos caciques da política brasileira não são capazes dessa tarefa. Seus vícios impedem a inovação e tudo que o Brasil necessita nessse momento é de inovação criativa, de uma política nacional de combate à corrupção, de destruição das velhas mentalidades desigualitárias e injustas.

SUPREMO TRIBUNAL FEDERAL E O (DES)IMPÉRIO DA LEI

7

7.1 Privilégios para as castas intocáveis

Temos que distinguir com toda clareza a Lava Jato em primeiro e segundo graus, que corre por Curitiba, Brasília e Rio de Janeiro, da Lava Jato no Supremo Tribunal Federal, que julga os casos de foro privilegiado dos deputados, senadores e ministros.

A primeira é célere, com o propósito de implodir o sistema político-empresarial corrupto. A segunda, composta da polícia federal que trabalha sob o comando do Supremo Tribunal Federal, da Procuradoria-Geral da República e do próprio STF, é a letargia de sempre, é o velho elefante se movimentando lentamente.

Na Lava Jato do Supremo Tribunal Federal os primeiros inquéritos foram abertos em 6 de março de 2015, contra 45 pessoas. Dessas, cinco tiveram andamento concreto: Luiz Argôlo, Eduardo Cunha e Pedro Correa, dentre outros. Em relação às demais, nada de real até então. Até março de 2017, 37 inquéritos foram abertos e vinte denúncias foram oferecidas. Desde o início da operação em primeiro e segundo graus, o Supremo Tribunal Federal apenas aceitou cinco denúncias e nenhuma delas estava pronta para julgamento até a publicação deste livro. Uma foi rejeitada. Duas foram redistribuídas para o primeiro grau, caso de Eduardo Cunha. Logo, três estão em andamento, mas sequer a instrução probatória foi superada. Só isso e nada mais. A Lava Jato de primeiro e segundo graus já finalizou 25 processos, com 123 pessoas condenadas a mais de 1.300 anos de prisão; 36 pessoas foram absolvidas.

Na Lava Jato de primeiro e segundo graus a prioridade é implantar o império da lei contra os poderosos, com a maior rapidez possível. No Supremo Tribunal Federal essa ficha ainda não caiu. O STF continua sendo o de sempre, onde são processadas as castas políticas intocáveis. A diferença entre as duas Lava Jatos ficou visível.

A morosidade do Supremo Tribunal Federal é antiga, mas não tínhamos parâmetros comparativos. Mais do que comparação, na verdade, o que salta aos olhos é o tratamento privilegiado que as castas intocáveis recebem. Praticaram seus delitos juntamente com os réus que estão em primeiro grau. Cometeram os mesmos crimes, mas são tratados de forma distinta. Essa injustiça ficou pública e notória.

Quanto mais cresce o desempenho da primeira e da segunda instâncias, mais decepcionante se apresenta o resultado do Supremo Tribunal Federal. Na prática, o tratamento benéfico dado às castas intocáveis se tornou uma vergonha. A reputação do Supremo se afunda a cada dia. A sensação de que é conivente com a criminalidade dos poderosos privilegiados já entrou na consciência coletiva, sobretudo depois da derrapagem em 7 de dezembro de 2016, quando sete ministros confirmaram o réu Renan Calheiros na presidência do Senado.

Tudo se agrava quando se sabe que seus ministros são indicados politicamente, como no caso de Alexandre de Moraes. Isso significa que eles entram na Corte com uma tarja de "suspeito" na testa. Se depois essa desconfiança coletiva se confirma ou não depende de cada caso, e do caráter de cada juiz. Há clássicos exemplos de autonomia, como os de Ayres Britto e Joaquim Barbosa, que foram indicados por Lula, mas atuaram com absoluta independência no caso Mensalão.

7.2 Tribunal ambivalente

O Supremo Tribunal Federal caracteriza-se historicamente pela ambivalência. Tanto profere decisões em sintonia com a sociedade, como vira as costas para suas reivindicações constitucionalmente legítimas, quando entram em jogo os interesses supostamente mais relevantes das elites dirigentes. O povo não confia no Supremo Tribunal Federal, como não confia na justiça em geral nem nos políticos. Em momentos de conflitos agudos entre os donos do poder e a sociedade, frequentemente ganham os primeiros, mesmo quando ostensivamente delinquentes. O Mensalão foi um ponto fora da curva.

O saudoso Márcio Thomaz Bastos, ex-ministro da Justiça, garantia para os réus que todo o Mensalão seria reduzido ao crime de caixa dois, já prescrito, na época, mas isso não aconteceu. Ao decidir que a execução da pena deve acontecer logo após a condenação em dois graus de jurisdição, o apoio popular foi imediato.

Inusitadamente, afastou Eduardo Cunha da presidência da Câmara dos Deputados em 5 de maio de 2016 e ratificou a prisão em flagrante do senador Delcídio do Amaral, em 25 de novembro de 2016. Tudo isso enquanto o saudoso ministro Teori era o relator da Lava Jato. O mesmo tribunal, por outro lado, aceitou participar do conchavão que manteve o réu Renan Calheiros na presidência do Senado. O dia 7 de dezembro de 2016 se tornou o Dia de Vergonha Suprema. Vários pedidos de vista, em casos relevantíssimos, emitem sinais de fraqueza e conivência do Tribunal com o sistema corrupto de poder. E há pedidos de vista que demoram mais de um ano, como foi o caso do pedido de vista de Gilmar Mendes na questão do fim do financiamento empresarial de campanhas.

Celso de Mello confirmou a blindagem de Moreira Franco: Temer deu-lhe um ministério para garantir-lhe foro privilegiado no STF, ao mesmo tempo em que era blindado Sarney em 22 de fevereiro de 2017, dando-lhe o foro privilegiado que ele não tinha e não permitindo sequer o compartilhamento de informações importantes com o primeiro grau.

Quando o Supremo Tribunal Federal prioriza os interesses das elites dirigentes arbitrárias, cleptocratas ou plutodelinquentes, a consequência é o abandono da cidadania. Estamos cansados desses momentos tristes.

7.3 Historicamente, o Supremo Tribunal Federal já falhou muito com a cidadania

Lembre-se de que, historicamente, a conivência do STF com as elites dirigentes de plantão já ocorreu inúmeras vezes. Marco Antonio Villa nos conta[81]:

"Na República Velha, silenciou frente às arbitrariedades do florianismo; na Revolução Federalista, os que procuraram o Supremo Tribunal Federal receberam como resposta o silêncio; os operários deportados no início do século XX não encontraram qualquer proteção no Supremo;

O golpe de 1930 cassou ministros e o Supremo Tribunal Federal não reagiu; toda barbárie do Estado Novo — presos sem processos, torturas, assassinatos, censuras — não mereceu sua atenção; nem com a Constituição de 1946 nas mãos alterou-se seu servilismo ao poder; quando acionado, como na tentativa de golpe de 1955, omitiu-se;

Foi subserviente ao regime militar de 1964-1985, apesar da cassação de três ministros (Victor Nunes Leal, Evandro Lins e Silva e Hermes Lima); aceitou resignadamente o aumento dos seus membros para que o regime tivesse o controle absoluto do tribunal; as barbáries contra os direitos humanos não foram analisadas pela Corte; engoliu como pílula dourada a EC 1/69 (que contemplava uma nova constituição);

De 1988 para cá, apesar do seu ativismo, nunca mexeu na estrutura cleptoplutocrata do poder; muitos ministros são nomeados por força exclusiva da política".

O alinhamento do Supremo Tribunal Federal com os interesses do sistema político-empresarial corrupto é motivo de muita preocupação. Particularmente emblemática foi a decisão que deu foro privilegiado a José Sarney. Nisso devemos ver um inequívoco sinal amarelo para a Lava Jato. O sistema quer acabar com a operação e o Supremo pode desempenhar esse despudorado e desonroso papel. Nós, ao contrário, queremos detonar o velho sistema com seus partidos parasitários, que exploram a sociedade brasileira há vários séculos, canalizando o dinheiro público para seus bolsos.

Se essa decisão do Supremo de blindar José Sarney for aplicada de forma ampla, a Lava Jato estará com seus dias contados. Praticamente todos os investigados e processados em primeiro grau têm vínculo fático e probatório com algum membro das castas políticas intocáveis. Dilma não sairia do guarda-chuva do Supremo Tribunal Federal e até Lula poderia retornar para ele. O Supremo está ampliando o foro privilegiado, quando a população quer exatamente o contrário, sua incisiva restrição e eliminação.

A sensação que se tem é de que cada ministro do Supremo Tribunal Federal se transformou em um Tribunal à parte, e alguns se colocam acima de tudo e de todos, falando ao público o que bem entendem, inclusive sobre casos em andamento, sem nenhuma preocupação com a instituição. Ninguém quer saber de controle e isso é mortal para qualquer instituição do regime democrático. O Supremo, aos olhos da população, continua sendo não confiável. Haja vista as notas da Corte, sempre inferiores a 5, nos vários levantamentos feitos pela Fundação Getúlio Vargas.

7.4 Os números comprovam a lentidão

As decisões do Supremo Tribunal Federal ainda oscilam entre a democracia, respeito à vontade constitucionalmente legítima do *demos*, e a conivência com a clepto-plutocracia. Somando isso à sua lentidão nos casos de foro privilegiado, o próprio Supremo está afundando sua reputação. A estrutura para processar as centenas de casos de foro privilegiado é absolutamente insuficiente. Aliás, o Supremo não é órgão de primeiro grau, não é juízo de primeiro grau, onde os processos começam normalmente. Todo mundo reconhece isso, mas o Supremo não está agindo com firmeza para mudar a situação. Sua negligência pode enterrar definitivamente sua credibilidade. Nossa luta pela implosão do sistema corrupto terá que passar também pela implosão do funcionamento do Supremo Tribunal Federal.

Em novembro de 2016, estavam em andamento no Supremo Tribunal Federal, ou sob sua direção, 362 inquéritos contra pessoas que gozam do foro privilegiado, foro por prerrogativa de função. Desses, 23 inquéritos

■ **O foro privilegiado no Supremo Tribunal Federal está falido. Teoricamente, segundo o ministro Celso de Mello, o foro não significa privilégio. Apenas teoricamente. Na prática, cuida-se de um foro da impunidade privilegiada.**

estavam tramitando há mais de seis anos. Sete deles, há mais de dez anos[82], considerando-se a data do início da investigação. Há situações piores. Existe um inquérito contra Renan Calheiros de 2007, outro contra Romero Jucá de 2002 e um terceiro contra Jader Barbalho que discute fraudes que teriam sido cometidas entre 1997 e 2000. No caso de Jucá, somente em 2016, 14 anos depois, o Supremo autorizou a quebra do sigilo bancário do senador.

Se o Supremo Tribunal Federal já estava abarrotado no final de 2016, imaginem agora com as megadelações premiadas da Odebrecht, que estão atingindo os partidos e políticos de todas as colorações. Em novembro de 2016, tramitavam na Corte 84 ações penais, investigação já encerrada. Lá permanecem em média cinco anos[83]. Um terço do total de casos prescreve no Supremo[84]. Já foram beneficiados com prescrição José Sarney, Jader Barbalho, Fernando Collor, Paulo Maluf e dezenas de outros poderosos que fazem parte da cleptoplutocracia brasileira.

O foro privilegiado no Supremo Tribunal Federal está falido. Teoricamente, segundo o ministro Celso de Mello, o foro não significa privilégio. Apenas teoricamente. Na prática, cuida-se de um foro da impunidade privilegiada. O mais grave: essa falência faz parte do sistema político-empresarial corrupto brasileiro, em que as instituições acobertam, conscientemente ou não, as roubalheiras das elites governantes e dominantes, assegurando-lhes a impunidade.

Os ministros reclamam da quantidade exorbitante de processos. Trabalham muito, isso é verdade, mas vivem cuidando do urgente, sem perceber o importante, que seria lutar pelo fim do foro privilegiado nos tribunais e criar uma nova imagem positiva perante a população. A lentidão do Supremo Tribunal Federal está contribuindo para a construção de indicadores desonrosos. O Brasil é o quarto país mais corrupto do mundo, conforme o Fundo Econômico Mundial; e 79º no ranking da Transparência Internacional. Isso, para o mundo dos negócios, é um desastre. Boa parcela de culpa dessa calamidade deve ser atribuída ao foro privilegiado e ao próprio funcionamento do Supremo.

Cada órgão ligado ao Supremo Tribunal Federal, Procuradoria-Geral de Justiça, Polícia Federal, auditores fiscais, como bem sublinhou Teori Zavascki em dezembro de 2016, tem sua parcela de responsabilidade. Mas a conta final da letargia abominável é atribuída ao Supremo, que é conhecido como o sepulcro ou cemitério dos processos criminais relacionados aos donos corruptos do poder.

Desde seu início, a Lava Jato em primeiro grau condenou mais de 120 pessoas, enquanto o Supremo Tribunal Federal não contava (até o começo de 2017) com nenhuma sentença de mérito nessa área. Sequer há processo pronto para julgamento. Vinte denúncias estão em curso na Corte, mas apenas cinco foram recebidas. Na primeira instância, 259 réus já foram acusados. Sabe-se que celeridade nem sempre é sinônimo de justiça. De qualquer modo, tampouco é admissível o ritmo tartaruga imposto aos processos das castas políticas intocáveis.

Quanto tempo o Supremo Tribunal Federal demora para receber uma denúncia? 662 dias, na média da última década. Antes disso, quem tem foro "privilegiado" não vira réu. Quanto tempo o Supremo gasta para julgar esse processo? Em média, 945 dias. Esses e outros números estarrecedores foram levantados pela Fundação Getúlio Vargas, a pedido da jornalista Carolina Oms, do *Valor Econômico*. Uma das justiças mais caras do mundo não poderia apresentar esses resultados desastrados.

Princípio elementar da administração pública ou privada diz o seguinte: quando o *output* do sistema (a saída) tem menos capacidade que o *input* (a entrada), o congestionamento e o colapso são inevitáveis. Isso já está mais do que comprovado no Supremo Tribunal Federal e não se vê uma iniciativa institucional para resolver o problema. A saída, claro, é o fim do foro privilegiado nos tribunais. Isoladamente, o ministro Luis Roberto Barroso tem sido criativo, também nesse ponto, mas ainda está falando para o deserto.

O foro privilegiado converteu-se, na prática, em um diabólico instrumento de impunidade[85]. O famoso "tempo da justiça" não condiz com as expectativas da nação. Antes de solucionar os conflitos, o Supremo Tribunal Federal tem o dever impostergável de administrar a forma de solucioná-los. Não é com a morosidade que se garante uma melhor justiça. Como destacou o senador Álvaro Dias sobre foro privilegiado: o povo tem que pressionar, ou nunca vai acabar.

7.5 Pelo fim do foro privilegiado

Em uma comparação com vinte países, o abominável foro privilegiado em benefício das autoridades brasileiras não tem paralelo no mundo[86]. De acordo com a Associação dos Juízes Federais, são 45,3 mil as autoridades com esse deplorável privilégio. Não existe isso em nenhum outro lugar do mundo.

Políticos sem foro privilegiado, empresários, marqueteiros, tesoureiros já estão sendo processados e condenados em primeira instância pelas suas falcatruas contra o dinheiro público. Em relação às castas dos políticos intocáveis, a situação é de calamidade e estupefação. O sistema de foro privilegiado no STF, como diz o ministro Luís Roberto Barroso, "foi feito para não funcionar".

A Lava Jato em primeiro grau está atendendo, em grande parte, a expectativa da população. No STF, ao contrário, tudo é lento. A impunidade da casta dos políticos corruptos é total. A população está extremamente descontente com essa situação de impunidade. É preciso achar uma solução para o problema, porque o Supremo não tem estrutura para processar tanta gente, sobretudo depois das delações da Odebrecht.

■ A população está extremamente descontente com essa situação de impunidade. É preciso achar uma solução para o problema, porque o Supremo Tribunal Federal não tem estrutura para processar tanta gente, sobretudo depois das delações da Odebrecht.

O foro "privilegiado" tem que ser eliminado o mais rápido possível. Na prática, ele se converteu em uma desmoralização para o Supremo Tribunal Federal e para a justiça. A implosão do foro privilegiado faz parte da implosão do próprio sistema político-empresarial corrupto. A solução do problema está na proposta de emenda constitucional, de autoria do senador Álvaro Dias (PV-PR), que tramita no Senado. Está pronta para votação no Plenário. O problema é que vários setores do Parlamento não têm interesse nesse assunto. Querem continuar desfrutando da impunidade gerada pelo foro especial. Esse privilégio não vai acabar, se a população não pressionar.

Com base nos princípios republicanos e da igualdade, o ministro Luís Roberto Barroso já fez duas propostas. A primeira sugere a criação de uma Vara Especial em Brasília para todos os casos de foro privilegiado do Supremo Tribunal Federal. É uma proposta bastante razoável, que dá indepedência aos seus juízes, e funcionaria como primeiro grau. A segunda proposta veicula a ideia de interpretar restritivamente a norma constitucional que cuida do foro "privilegiado", que só valeria para crimes cometidos durante o exercício da função. É um meio-termo, mas é algo extremamente polêmico. Processos relacionados a outros crimes, fora da função ou antes dela, correriam normalmente pela primeira instância. Assim que for pautado, o assunto vai ser discutido no Plenário da Corte Suprema.

O que significa isso? Com essa ideia de Barroso, o foro privilegiado, que hoje é largamente abrangente, começaria a sofrer alterações e restrições. O intuito principal é acabar e abolir qualquer tipo de foro privilegiado. Ressalvados casos excepcionalíssimos, como o dos presidentes de poderes.

Enquanto o Congresso nada delibera sobre o assunto, o foro seria reduzido imediata e drasticamente, via interpretação constitucional. A decisão, de qualquer modo, tem que ser *erga omnes* (vinculação de todos) para ter legitimidade. A mesma regra tem que valer para todos, como disse Gilmar Mendes.

A interpretação proposta atende aos interesses da Lava Jato e da população, e vai na contramão do que pretende a contraoperação da Mela Jato. Mas será fonte de muita tensão entre o Judiciário e o Legislativo. O STF será acusado, novamente, de ativismo judicial. O foro só valeria para os crimes cometidos na função. "Essa interpretação se alinha com o caráter excepcional do foro privilegiado e melhor concilia o instituto com os princípios da igualdade e da república. Além disso, é solução atenta às capacidades institucionais dos diferentes graus de jurisdição para a realização da instrução processual, com maior aptidão para tornar o sistema de Justiça criminal mais funcional e efetivo", escreve o ministro Luís Roberto Barroso[87].

O sistema atual é feito para não funcionar. O foro privilegiado se tornou "uma perversão", nada republicana. A prerrogativa de foro seria cabível apenas para os delitos cometidos no exercício da função. Outros crimes tramitariam na primeira instância, normalmente. O correto é acabar com o foro privilegiado nos tribunais, salvo em relação a presidentes de um poder. Enquanto não sai a emenda constitucional, a proposta do ministro Luís Roberto Barroso é um paliativo que vai desafogar o Supremo Tribunal Federal.

■ Algo tem que ser feito urgentemente. A população, já bastante intolerante com a corrupção e sua impunidade, clama por uma solução rápida para o problema.

O Supremo, na prática, virou um portal da impunidade, intolerável aos olhos do cidadão vigilante. O foro privilegiado converteu-se em um foro de impunidade privilegiada. Em quinhentos casos, a primeira condenação do Supremo Tribunal Federal depois de 1988 só se deu em 2010[88]. A demora gerou muitas prescrições. A precariedade das investigações também ajudou. Até 2016, o Supremo Tribunal Federal condenou 16 parlamentares, sendo que metade dessas condenações prescreveu.

O sistema do foro privilegiado composto por polícia, Ministério Público e Supremo Tribunal Federal é lento. Foi feito para acobertar as falcatruas e roubalheiras das elites dirigentes do país. A impunidade gerada pelo foro privilegiado é odiosa e provoca indescritível indignação na sociedade. As investigações determinadas pelo Supremo Tribunal Federal demoram em média dois anos, de acordo com a Fundação Getúlio Vargas. O recebimento de uma denúncia demora mais dois anos (ver despacho do Ministro Roberto Barroso, de 10/02/2017, na Ação Penal 937-RJ e o Estudo da FGV "O Foro Privilegiado e o Supremo").

A impunidade é quase absoluta porque as condenações são raríssimas: entre 1% e 3%[89]. As mudanças de cargos vão alterando a competência, até tudo prescrever. O réu consegue manipular a competência, com a renúncia ao cargo.

A população, já bastante intolerante com a corrupção e sua impunidade, clama por uma solução rápida para o problema. As instituições envolvidas, Supremo Tribunal Federal, Congresso , deveriam prontamente achar uma saída, porque é isso que a cidadania vigilante exige.

7.6 Alternativa emergencial e dois nós que devem ser desatados

Se um suspeito ou réu tem foro privilegiado e outro, acusado do mesmo crime, não o tem, ambos ficam no Supremo Tribunal Federal ou há separação da investigação ou do processo? Esse é um nó que o Supremo deve desatar urgentemente. Em dezenas de situações de conexão o Supremo separou investigação e processo. Réu com foro fica no Supremo Tribunal Federal e o outro vai para o primeiro grau. Quando chegou no caso José Sarney, por exemplo, o Supremo não só não separou a investigação como sequer permitiu compartilhar as informações com o primeiro grau. Blindagem absoluta e total do cacique.

Tudo isso salta aos olhos da sociedade como um privilégio, como uma regalia dos donos delinquentes do poder. A situação se complica mais ainda quando sabemos o que José Sarney pensa dos juízes, chamados por Renan Calheiros de "juizecos". No áudio de Sérgio Machado, Sarney afirmou que "os juízes são cúmplices do sistema".

O Supremo Tribunal Federal deve fixar um critério objetivo que não dê margem para dúvidas nem decisões arbitrárias ou coniventes. Esse nó tem que ser desatado com urgência.

O segundo nó diz respeito a réus que têm o foro e, no curso do processo, o perdem, inclusive em virtude da renúncia estratégica ao cargo. É um disparate o réu, com sua renúncia à condição de parlamentar, poder mudar critérios de competência. Cabe ao STF também aqui fixar uma regra objetiva clara.

Como alternativa emergencial para diminuir a impunidade gerada pelo foro privilegiado, existe a sugestão de Miguel Reale Júnior[90]: "Consoante o voto apresentado no Instituto dos Advogados de São Paulo pelo conselheiro Luiz Antônio Sampaio Gouveia, cabe ao Supremo Tribunal valer-se do permitido pelo artigo 21A do Regimento Interno, segundo o qual 'compete ao relator (no Supremo Tribunal Federal) convocar juízes ou desembargadores para a realização do interrogatório e de outros atos da instrução dos inquéritos criminais e ações penais originárias, na sede do tribunal ou no local onde se deva produzir o ato, bem como definir os limites de sua atuação'".

■ **Quando chegou no caso Sarney, o Supremo Tribunal Federal não só não separou a investigação como sequer permitiu compartilhar as informações com o primeiro grau. Blindagem absoluta e total do cacique.**

Em suma, a criação de força-tarefa dentro do Supremo Tribunal Federal para dar conta do volume de trabalho, e não deixar a imagem do Supremo cair na lama do descrédito absoluto. Mas, uma coisa é acelerar os processos, outra distinta é fiscalizar o andamento das investigações. Outra força-tarefa deve existir para atuar junto com a Procuradoria-Geral da República e a Polícia Federal. É uma vergonha que as investigações nos casos de foro privilegiado demorem dois, três ou mais anos.

7.7 Se Sérgio Cabral fosse senador ou deputado

Se Sérgio Cabral, ex-governador do Rio de Janeiro e acusado de 843 crimes de corrupção e lavagem de dinheiro e de ter feito mais de 1.500 voos particulares com helicópteros do Estado, tivesse sido candidato em 2014 e hoje fosse senador ou deputado, jamais estaria preso e, provavelmente, sequer estaria sendo processado. Estaria desfrutando de todos os seus milhões de dólares, euros, joias, luxo e conforto em Londres, Paris, Roma ou em qualquer um dos quase 100 paraísos fiscais espalhados pelo mundo, como sugere Leandro Colon[91]. Diga-se a mesma coisa em relação a Eduardo Cunha, se ainda fosse deputado.

Por força do foro privilegiado que beneficia senadores e deputados, há centenas de "cabrais" e de "cunhas"- dentro do Congresso Nacional. Existem exceções honrosas, claro. Sob a supervisão do Supremo Tribunal Federal, dezenas de inquéritos estão em andamento há anos contra a velha bandidagem político-empresarial. Os inquéritos andam, no entanto, a passos de tartaruga.

Muitos cidadãos entram na política por um ideal. Depois se dobram à corrupção e o mandato político vira uma necessidade, um tipo de *habeas corpus* para a preservação do foro privilegiado. Assim são desenvolvidas muitas carreiras políticas. O gozo supremo dessa bandidagem político-empresarial não reside só no ato de roubar o dinheiro público, senão também em ser distinguido dos demais mortais com o foro do Supremo Tribunal Federal, que constitui um dos eixos centrais da cleptoplutocracia brasileira. Roubar, desfrutar do roubado e não ser castigado: o sistema político-empresarial corrupto lhes proporciona esse triplo gozo.

■ Muitos cidadãos entram na política por um ideal. Depois se dobram à corrupção e o mandato político vira uma necessidade para a preservação do foro privilegiado. Assim são desenvolvidas muitas carreiras políticas.

Se Sérgio Cabral fosse senador ou deputado não teria sido preso preventivamente porque, contra parlamentar, só cabe prisão em flagrante em crime inafiançável, como ocorreu com Delcídio do Amaral. Sem flagrante, o parlamentar desfruta da riqueza roubada da nação longe das grades de Bangu, da Papuda ou de Curitiba. Sem foro privilegiado, Cabral e seus cúmplices acabaram presos preventivamente na operação Calicute, que gerou um filhote chamado operação Eficiência, que está mostrando a promiscuidade entre Sérgio Cabral e Eike Batista, além de seus asseclas.

São milhões de dólares roubados do patrimônio público. Nenhum cientista econômico conseguiria entender a situação de falência do

■ As prisões fundamentadas dos delinquentes perversos fazem parte da implosão do sistema corrupto. Cada prisão significa uma dinamite a mais nos seus pilares.

estado do Rio de Janeiro sem desvendar as vísceras da criminalidade organizada da bandidagem político-empresarial.

A prisão dentro da lei dessa bandidagem oligárquica mostra o império da justiça, a sua força contra todos — *erga omnes* é nosso partido — e esta é a única coisa que mete medo nas elites governantes e dominantes. As prisões fundamentadas dos delinquentes perversos fazem parte da implosão do sistema corrupto. Cada prisão, decretada conforme o Estado de Direito, significa uma dinamite a mais nos seus pilares. Sem a prisão de Sérgio Cabral não teria havido as delações dos seus operadores financeiros, que revelaram muita coisa importante da sua vida marginal, nababesca e delinquente.

O jornal O Globo (27/1/17) divulgou:

"A força-tarefa da Lava-Jato no Rio encontrou € 1,8 milhão em diamantes que pertenceriam ao ex-governador do Rio, Sérgio Cabral, e que serão repatriados. Por meio de provas trazidas por dois delatores, que já tiveram o acordo homologado pela Justiça Federal do Rio de Janeiro, os procuradores afirmam ter descoberto que Cabral, seu ex-secretário Wilson Carlos e Carlos Emanuel Miranda, apontado como um dos operadores do ex-governador, ocultaram em contas no exterior mais de US$ 100 milhões (mais de R$ 340 milhões). Desse total, cerca de US$ 80 milhões eram de Cabral.

"Eike Batista teria pago propina de US$ 16,5 milhões ao peemedebista Cabral, que foi objeto de lavagem de dinheiro na compra fictícia de uma mina de ouro. O Ministério Público Federal já conseguiu repatriar cerca de R$ 270 milhões por meio de colaboradores que assinaram delação premiada. 'A gente pode dizer que esses US$ 100 milhões são apenas uma parte do dinheiro do esquema do Cabral', afirmou ao GLOBO o procurador Sergio Luiz Pinel. 'Para o Ministério Público Federal, a organização comandada pelo ex-governador ainda tem muito dinheiro à sua disposição em local ainda desconhecido', completou."[92]

José Casado escreveu[93]: "Cabral emergiu das urnas como deputado, nos anos 1990. Terminou o terceiro mandato com pelo menos US$ 2 milhões (ou R$ 6,8 milhões) em contas secretas no exterior, conforme descritos nos inquéritos e processos em andamento na Justiça Federal. Por cada ano na Alerj, recebeu em média US$ 166 mil de origem suspeita. Elegeu-se senador com 4,2 milhões de votos. No período em Brasília (2003 a 2006), seu patrimônio oculto fora do país subiu para US$ 7 milhões (R$ 23,8 milhões). Como senador passou a receber US$ 1,2 milhão por ano — aumento de 653% em relação ao tempo de deputado. Disputou e ganhou o governo estadual. Eleito, permaneceu entre 1° de janeiro de 2007 a 3 de abril de 2014. Multiplicara sua riqueza 21 vezes no espaço de 84 meses. O movimento nas contas encobertas em bancos estrangeiros saltou de US$ 7 milhões para US$ 152 milhões (R$ 517 milhões). Como governador, coletou US$ 18,1 milhões, em média, a cada ano no palácio — 138% acima do patamar que alcançara quando era senador, e 10.803% mais que a arrecadação na Assembleia. Voltou à realidade em Bangu 8."

A eliminação do chamado foro "privilegiado" constitui uma das microrrevoluções jurídicas urgentes de que o Brasil necessita. Esse privilégio é aristocrático, viola a igualdade e favorece a prescrição dos crimes e a impunidade. O foro "privilegiado" é típico das cleptoplutocracias antirrepublicanas, onde reina a bandidagem político-empresarial.

■ O foro "privilegiado" é típico das cleptoplutocracias antirrepublicanas, onde reina a bandidagem político-empresarial.

O foro especial, ao menos no Supremo Tribunal Federal, tem favorecido a impunidade de deputados e senadores. Dos quinhentos processos e investigações que foram abertos de 1988 a 2015, apenas 16 resultaram em condenação (a primeira só se deu em 2010). Mais de cem casos prescreveram. Dos 16 condenados, cinco se beneficiaram com a prescrição. Em oito houve execução efetiva e três ainda estão com recursos pendentes[94].

A emblemática frase do jornalista Lincoln Steffens, "Eu vi o futuro e ele não funciona", referia-se ao equívoco da revolução russa de 1917 e que naufragou em 1989, pode ser válida, invertidamente, para o Brasil, se tivermos a coragem de promover as necessárias mudanças. A bomba-relógio da implosão do sistema antigo está nas nossas mãos. Eu vi o futuro e ele funciona é o que podemos falar hoje da Lava Jato — fazendo-se, claro, os devidos ajustes legais. Ninguém está acima da lei e da Constituição, nem mesmo a Lava Jato.

REAÇÃO DO SISTEMA CORRUPTO

8

8.1 A luta pela sobrevivência da poderosa organização criminosa

A Operação Lava Jato veio para combater a mais poderosa organização criminosa do país, comandada pelo sistema político-empresarial corrupto que abarca grandes empresários assim como integrantes de praticamente todos os velhos partidos. Cada ato de submissão ao império da lei significa uma dinamite implodindo o nefasto sistema. É evidente que a implosão de um sistema não acontece da noite para o dia. É óbvio que os barões-ladrões que exploram a sociedade e ganham riquezas e privilégios fazem de tudo, sem escrúpulos, para sobreviver.

Em maio de 2016, tornou-se público um dos áudios gravados por Sérgio Machado, ex-presidente da Transpetro. Não se sabe a data da gravação. Depreende-se que foi antes do impeachment de Dilma na Câmara dos Deputados, que ocorreu em 17 de abril de 2016. Para se compreender a contraoperação midiaticamente chamada de Mela Jato, que é a reação do sistema político-empresarial corrupto contra a Lava Jato, muito ajudam alguns trechos do diálogo entre Sérgio Machado e o senador Romero Jucá, o autor da expressão "estancar a sangria"[95]. Vejamos:

SÉRGIO MACHADO — Mas viu, Romero, então eu acho a situação gravíssima.

ROMERO JUCÁ — Eu ontem fui muito claro. [...] Eu só acho o seguinte: com Dilma não dá, com a situação que está. Não adianta esse projeto de mandar o Lula para cá ser ministro, para tocar um gabinete, isso termina por jogar no chão a expectativa da economia. Porque se o Lula entrar, ele vai falar para a CUT, para o MST, é só quem ouve ele mais, quem dá algum crédito, o resto ninguém dá mais crédito a ele para porra nenhuma. Concorda comigo? O Lula vai reunir ali com os setores empresariais?

A situação gravíssima a que se refere Sérgio Machado diz respeito à economia do país — que ainda estava sob o comando petista — e, evidentemente, à instabilidade política gerada pela Lava Jato. Quando Jucá menciona os "setores empresariais" ele está se referindo a um dos grupos que fazem parte do crime organizado político-empresarial, que nada mais é que a soma da cleptocracia (governantes ladrões) com a plutodelinquência (endinheirados corruptos que contam com acesso ao Estado com o propósito de surrupiar o dinheiro público em detrimento da população).

MACHADO — Agora, ele acordou a militância do PT.

JUCÁ — Sim.

MACHADO — Aquele pessoal que resistiu acordou e vai dar merda.

JUCÁ — Eu acho que...

MACHADO — Tem que ter um impeachment.

JUCÁ — Tem que ter impeachment. Não tem saída.

MACHADO — E quem segurar, segura.

JUCÁ — Foi boa a conversa, mas vamos ter outras pela frente.

O propósito de "estancar a sangria" começaria com o impeachment. De acordo com a interpretação de Ricardo Noblat, deputados e senadores apressaram o impeachment para frear a Lava Jato. Políticos de todas as cores tinham a esperança de que o governo de Michel Temer fizesse alguma coisa contra a Lava Jato. Quando o impeachment de Dilma Rousseff tramitava no Senado, a pressa foi, sobretudo, de Temer, pois tinha receio de ser citado em alguma delação. Ele chegou a dizer "que é igual a zero a chance de ser ferido por uma bala perdida da Lava Jato. Entretanto, não descarta que balas certeiras possam abater mortalmente alguns dos seus auxiliares e políticos importantes. Qualquer marola seria ruim para travessia tão penosa"[96]. As balas perdidas, como se sabe, já atingem Temer, que pediu dinheiro para a Odebrecht e recebeu R$ 10 milhões na forma de caixa dois. Isso já seria suficiente para cassar a chapa Dilma-Temer. Mas outras toneladas de provas existem para tanto.

MACHADO — Acontece o seguinte, objetivamente falando, com o negócio que o Supremo fez [autorizou prisões logo após decisões de segunda instância], *vai todo mundo delatar.*

JUCÁ — Exatamente, e vai sobrar muito. O Marcelo [Odebrecht] *e a Odebrecht vão fazer.*

MACHADO — Odebrecht vai fazer.

JUCÁ — Seletiva, mas vai fazer.

José Sarney, do alto da sua sabedoria de mais de cinquenta anos de lesão ao patrimônio público, quando se referiu nessas gravações às delações da Odebrecht, disse: "É uma metralhadora de ponto 100". O velho cacique tinha razão. Realmente as delações da Odebrecht são a força motriz da inteira implosão do sistema político-empresarial corrupto, e deixam poucos partidos intactos.

Por força da delação premiada — que traz benefícios penais para o delator, se a delação for comprovada —, membros dos dois grupos de delinquentes do crime organizado político-empresarial colocaram fim na tradicional *omertà* — silêncio da máfia — e passaram a fazer uso dela, com efeitos cada vez mais explosivos. O grande medo do bloco político desse crime organizado se deve ao seguinte: todos os governos da Nova República, desde 1985, foram eleitos e/ou apoiados pelo sistema corrupto reinante, que pratica a roubalheira do dinheiro público. José Sarney, Fernando Collor e Itamar Franco, FHC (duas vezes), Lula (duas vezes), Dilma (duas vezes) e Temer foram eleitos ou apoiados pelo sistema viciado do poder do dinheiro. Nesse período, PMDB, PSDB e PT, revesaram-se na direção do sistema corrupto, promíscuo e nefasto. Todos os grandes partidos, em virtude de uma reiterada forma delinquente de fazer política, possuem culpa no cartório. Há muito trabalho para a Lava Jato promover o império da lei contra todos. A cada ato de império da lei temos uma dinamite detonando o sistema.

MACHADO — Queiroz [Galvão] *não sei se vai fazer ou não. A Camargo* [Corrêa] *vai fazer ou não. Eu estou muito preocupado porque eu acho que... O Janot* [procurador-geral da República] *está a fim de pegar vocês. E acha que eu sou o caminho.*

[...]

A homologação das 77 delações da Odebrecht aconteceu em 30 de janeiro de 2017. O governo Temer reagiu dois dias depois, com várias blindagens ao seu grupo, como a concessão de foro privilegiado para Moreira Franco. Na sequência, em 6 de fevereiro, o Procurador-Geral da República, com base no áudio aqui transcrito, pediu a abertura de investigação policial contra José Sarney, Renan Calheiros, Romero Jucá e Sérgio Machado, sublinhando que "toda formação do governo Temer visava a proteger uma organização criminosa"[97].

O objetivo do inquérito é de apurar eventual embaraço às investigações promovido pelo quarteto. O relator da Lava Jato no Supremo

Tribunal Federal, Edson Fachin, autorizou, em 9 de fevereiro de 2017, a abertura das investigações pedidas, posto que os quatro investigados revelaram o roteiro a ser seguido para a preservação do crime organizado citado. Sinteticamente, o roteiro era: impeachment de Dilma, levar Temer à Presidência e "estancar a sangria da Lava Jato".

A formação do ministério "político" de Michel Temer, em contraposição ao ministério "econômico", teria, desde o princípio, o intuito de fazer aprovar "medidas de alteração do ordenamento jurídico em favor da organização criminosa que assumiu o poder", disse o Procurador-Geral da República.

JUCÁ — (...) Tem que resolver essa porra... Tem que mudar o governo pra poder estancar essa sangria.

[...]

MACHADO — Rapaz, a solução mais fácil era botar o Michel [Temer].

JUCÁ — Só o Renan [Calheiros] *que está contra essa porra. Porque não gosta do Michel, "porque o Michel é Eduardo Cunha". Gente, esquece o Eduardo Cunha, o Eduardo Cunha está morto, porra.*

Cunha, de fato, perdeu o poder e foi parar no presídio de Curitiba. Renan Calheiros se alinhou ao novo bloco de poder formado por Temer-Aécio &cia. — Sarney-Lobão, Renan-Jucá, Eunício-Jader, Padilha-Moreira Franco, Cunha-Geddel, Maia. O impeachment aconteceu, Temer foi para a Presidência da República e então há a luta diária para a sobrevivência da organização criminosa. As balas perdidas vêm de todos os lados. Temer dedica seu tempo para preservar o poder e salvar tanto quanto possível a organização criminosa da qual faz parte.

MACHADO — É um acordo, botar o Michel [Temer], *num grande acordo nacional.*

JUCÁ — Com o Supremo, com tudo.

MACHADO — Com tudo, aí parava tudo.

JUCÁ — É. Delimitava onde está, pronto.

[...]

Os acordões entre as elites dirigentes para levar Temer à Presidência da República passaram fundamentalmente por dois eixos: (a) um mais afinado com a plutocracia, com as elites endinheiradas reivindicando a aprovação de uma série de "reformas" sobre gastos públicos, previdência, trabalhista, tributária; e (b) outro defendido pelos barões-ladrões da cleptoplutocracia, de fazer o possível e o impossível para "estancar a sangria da Lava Jato". O grande temor da plutocracia no começo de 2017 era que Michel Temer usasse seu capital político, seu prestígio junto às instituições políticas e jurídicas, para aprovar medidas de proteção aos barões-ladrões, em lugar de fazer andar as reformas combinadas. O medo número dois era que o povo pudesse ir para as ruas.

Consoante o Procurador-Geral da República (Rodrigo Janot), o propósito desse grupo organizado era aprovar: (1) a proibição dos acordos de delação premiada para réus presos; (2) a eliminação da possibilidade de se executar uma pena após decisão de segundo grau; e (3) reformar a legislação dos acordos de leniência. Desses "acordões" iriam participar PMDB, PSDB e PT, sem prejuízo de outros partidos.

MACHADO — O Renan [Calheiros] *é totalmente "voador". Ele ainda não compreendeu que a saída dele é o Michel e o Eduardo. Na hora que cassar o Eduardo, que ele tem ódio, o próximo alvo, principal, é ele. Então, quanto mais vida, sobrevida, tiver o Eduardo, melhor para ele. Ele não compreendeu isso não.*

JUCÁ — Tem que ser um boi de piranha, pegar um cara, e a gente passar e resolver, chegar do outro lado da margem.

O ex-presidente da Câmara Eduardo Cunha deveria ser o "boi de piranha", o bode expiatório. Imaginava-se que com o "sacrifício" dele a Lava Jato poderia ser estancada. Estavam errados. Mas ainda haveria um "grande acordão", incluindo o Supremo Tribunal Federal, para liberar Cunha da cadeia.

MACHADO — A situação é grave. Porque, Romero, eles querem pegar todos os políticos. É que aquele documento que foi dado...

JUCÁ — Acabar com a classe política para ressurgir, construir uma nova casta, pura, que não tem a ver com...

MACHADO — Isso, e pegar todo mundo. E o PSDB, não sei se caiu a ficha já.

JUCÁ — Caiu. Todos eles. Aloysio [Nunes, senador], [José] *Serra, Aécio* [Neves].

MACHADO — Caiu a ficha. Tasso [Jereissati] *também caiu?*

JUCÁ — Também. Todo mundo na bandeja para ser comido.

[...]

MACHADO — O primeiro a ser comido vai ser o Aécio.

JUCÁ — Todos, porra. E vão pegando e vão...

MACHADO — [Sussurrando] *O que que a gente fez junto, Romero, naquela eleição, para eleger os deputados, para ele ser presidente da Câmara?* [Mudando de assunto] *Amigo, eu preciso da sua inteligência.*

Não demorou muito para cair a ficha do PSDB que embarcou no plano de salvação da criminalidade organizada da qual o partido também faz parte, como vem revelando as delações da Odebrecht. Plano compartilhado pelo governo Temer. Tudo que foi feito para estancar a Lava Jato passará também pelo PSDB e, muito provavelmente, inclusive pelo PT. A aura de partido "mocinho" do PSDB caiu por terra. É bandido tanto quanto os demais. A implosão do sistema tem que atingir todos eles. Novas lideranças — em todos os níveis do poder — irão aparecer para reconstruir o Brasil, sob novos parâmetros éticos, jurídicos e econômicos.

[...]

MACHADO — É emergencial, então preciso ter uma conversa emergencial com vocês.

JUCÁ — Vá atrás. Eu acho que a gente não pode juntar todo mundo para conversar, viu? [...] Eu acho que você deve procurar o [ex-senador do PMDB José] *Sarney, deve falar com o Renan, depois que você falar com os dois, colhe as coisas todas, e aí vamos falar nós dois do que você achou e o que eles ponderaram pra gente conversar.*

MACHADO — Acha que não pode ter reunião a três?

JUCÁ — Não pode. Isso de ficar juntando para combinar coisa que não tem nada a ver. Os caras já enxergam outra coisa que não é... Depois a *gente conversa os três sem você.*

MACHADO — Eu acho o seguinte: se não houver uma solução a curto prazo, o nosso risco é grande.

Sérgio Machado entrou em campo e efetivamente conversou com os três: Sarney, Renan e Jucá; os vídeos foram todos publicados. Foi aí que José Sarney disse que muitos juízes "são cúmplices" deles; que Renan Calheiros afirmou que tinha que acabar com a possibilidade de execução da pena após segundo grau, que não poderia haver delação de réu preso. Tudo isso veio a público. O plano traçado para aniquilar a Lava Jato estava pronto; agora estão todos eles lutando pela sobrevivência do crime organizado do qual fazem parte. O país quer a aniquilação deles assim como a implosão do sistema corrupto.

MACHADO — É aquilo que você diz, o Aécio [Neves] *não ganha porra nenhuma...*

JUCÁ — Não, esquece. Nenhum político desse tradicional ganha eleição, não.

MACHADO — O Aécio, rapaz... O Aécio não tem condição, a gente sabe disso. Quem que não sabe? Quem não conhece o esquema do Aécio? Eu, que participei de campanha do PSDB...

JUCÁ — É, a gente viveu tudo.

Tudo que eles viram apareceu nas delações da Odebrecht. A bandidagem é generalizada. Todos fazem parte de um crime organizado, que gera bilhões de prejuízos anualmente à população. Não é estranho Aécio Neves ter decidido participar do governo Temer. Ambos estão aí para tentar salvar a organização criminosa de que fazem parte. Ele faz parte do crime organizado e isso Jucá e Sérgio Machado já haviam revelado.

JUCÁ — [Em voz baixa] *Conversei ontem com alguns ministros do Supremo. Os caras dizem "ó, só tem condições de* [inaudível] *sem ela*

[Dilma]. *Enquanto ela estiver ali, a imprensa, os caras querem tirar ela, essa porra não vai parar nunca". Entendeu? Então... Estou conversando com os generais, comandantes militares. Está tudo tranquilo, os caras dizem que vão garantir. Estão monitorando o MST, não sei o quê, para não perturbar.*

O impeachment definitivo ocorreu no final de agosto de 2016 e, a partir daí, várias foram as decisões do Supremo Tribunal Federal em favor do grupo organizado que assumiu o poder: "com Dilma essa porra [Lava Jato] não vai parar nunca"; o conchavão em favor de Renan Calheiros, a validação do foro privilegiado para Moreira Franco, o foro privilegiado para Sarney seriam já expressões do estancamento "dessa porra"?

MACHADO — Eu acho o seguinte, a saída [para Dilma] *é ou licença ou renúncia. A licença é mais suave. O Michel forma um governo de união nacional, faz um grande acordo, protege o Lula, protege todo mundo. Esse país volta à calma, ninguém aguenta mais. Essa cagada desses procuradores de São Paulo ajudou muito.* [Referência possível ao pedido de prisão de Lula pelo Ministério Público de SP e à condução coercitiva dele para depor no caso da Lava jato.]

JUCÁ — Os caras fizeram para poder inviabilizar ele de ir para um ministério. Agora vira obstrução da Justiça, não está deixando o cara, entendeu? Foi um ato violento...

MACHADO — ...E burro (...) Tem que ter uma paz, um...

JUCÁ — Eu acho que tem que ter um pacto.

[...]

MACHADO — Um caminho é buscar alguém que tem ligação com o Teori [Zavascki, relator da Lava Jato], *mas parece que não tem ninguém.*

JUCÁ — Não tem. É um cara fechado, foi ela [Dilma] *que botou, um cara... Burocrata da... Ex-ministro do STJ* [Superior Tribunal de Justiça].

Faz parte do plano de aniquilamento da Lava Jato a revisão das delações feitas, das prisões preventivas decretadas, das sentenças condenatórias assim como das medidas tomadas, inclusive as reparatórias. Mas o máximo sonho de consumo do crime organizado é o "anistião", mais amplo e geral possível, e nisso haveria participação inclusive do PT, sem prejuízo de "acordões" com o Supremo Tribunal Federal, como aquele celebrado no dia 7 de dezembro de 2016, para manter o réu Renan Calheiros na presidência do Senado. Essa é a luta pela sobrevivência da delinquência organizada político-empresarial que está no poder. Nós, sobretudo do movimento #QueroUmBrasilÉtico, pretendemos exatamente o contrário, a implosão desse sistema e desse crime organizado, para que o Brasil possa ser reconstruído.

8.2 Contraoperação Mela Jato

O governo Temer, com o propósito de acabar ou melar a Lava Jato, está "jogando de vez o seu xadrez", como apontou Marina Dias[98], para preservar o poder, manter a organização criminosa e escapar do império da lei.

Lembre-se: como acompanhamos nas delações premiadas, sobretudo da Odebrecht, a quase totalidade dos barões-ladrões cleptocratas (governantes ladrões) receberam milhões dos barões-ladrões plutocratas (endinheirados do mercado e das finanças: Odebrecht, UTC, Camargo Corrêa, Eldorado Celulose, Bradesco, Itaú), seja como caixa um ou caixa dois, seja como corrupção, para lhes favorecer nas campanhas assim como em contratos superfaturados, licitações fraudadas, empréstimos subsidiados, preservação dos cartéis, criação artificial de obras públicas, edição de medidas provisórias, aprovação de leis de isenções ou benefícios fiscais. Os poderosos econômicos dão dinheiro em troca de favores e benefícios do grupo político — isso se chama, evidentemente, corrupção. Os dois grupos se complementam e cada um desempenha seu papel dentro da organização criminosa.

Logo depois de homologadas as delações da Odebrecht, "que são metralhadora de calibre 100", a operação Mela Jato, contraoperação, na verdade, ganhou força inusitada. A guerra acirrou-se, consequentemente. A guerra pelo poder, como dizia Foucault, não cessa.

Como articulador máximo do clube da cleptoplutocracia brasileira de então, na virada de 2016 para 2017, diante dos primeiros dados indicativos de melhora na economia — baixa da inflação e dos juros, aprovação da PEC dos gastos, bolsa subindo, dólar baixando — e daquele conchavão para manter o réu Renan Calheiros no Senado, Michel Temer reforçou seu poder, aprofundou a coalização presidencial, sobretudo com o PSDB de Aécio Neves e de José Serra, incrementou alianças com membros do Judiciário e se aproximou mais ainda das elites da plutocracia econômica e financeira. Sentindo-se empoderado, em pouco mais de uma semana, no princípio de fevereiro de 2017:

(1) deu foro privilegiado para Moreira Franco (3/02/2017), três dias depois da homologação das delações da Odebrecht (30/01/2017). Esse foro foi confirmado pelo Supremo Tribunal Federal, cujo relator foi o ministro Celso de Mello;

(2) nomeou de forma indevida um auxiliar, o jurista Alexandre de Moraes, para Ministro do Supremo Tribunal Federal, apesar dos vínculos partidários entre ambos;

(3) apoiou para presidente do Senado Eunício de Oliveira, que aparece nas delações da Odebrecht;

(4) apoiou a reeleição de Rodrigo Maia para presidente da Câmara, que aparecia nas delações e é também acusado de corrupção passiva e lavagem de dinheiro por ter recebido dinheiro da OAS em troca de favores legislativos;

(5) emplacou, em uma espécie de degeneração terminal, Edison Lobão como presidente da Comissão de Constituição e Justiça do Senado,

a principal da Casa — aliás, dos 13 senadores investigados ou processados no Supremo Tribunal Federal, dez fazem parte dessa Comissão;

(6) Romero Jucá foi mantido como líder do governo e Renan Calheiros se tornou líder do PMDB no Senado;

(7) empossou Antônio Imbassahy (PSDB) para lhe ajudar nas articulações políticas;

(8) ouviu com aplausos a declaração de Gilmar Mendes no sentido de que o Supremo Tribunal Federal tem que rever as "prisões alongadas" da Lava Jato. Diga-se que sempre que haja abuso devem os tribunais corrigi-lo o mais rápido possível, consoante o Estado de Direito, mas é preciso saber se a fala do ministro não foi uma senha de que Eduardo Cunha pode ser liberado em breve;

(9) acompanhou com ávido interesse a tentativa (8/02/2017) da Câmara dos Deputados de blindar, por lei, os partidos políticos das sanções do Tribunal Superior Eleitoral, incluindo a de cassação;

(10) para completar, em 22 de fevereiro de 2017, veio a notícia da concessão de foro privilegiado para José Sarney.

A reação da Lava Jato contra a operação Mela Jato foi imediata: houve o vazamento de um relatório da Polícia Federal que detalha os crimes de corrupção passiva e lavagem de dinheiro cometidos por Rodrigo Maia, que prestou favores legislativos à OAS em troca de dinheiro para campanhas eleitorais sua e de seu pai[99]. Paralelamente, houve pedido de instauração de inquérito por obstrução da Justiça contra Sarney, Renan e Jucá, operação contra o filho do senador Lobão, divulgação de contas bancárias dos dois na Suíça. A iniciativa da Lava Jato e das redes sociais "por vezes ajuda a fechar os túneis pelos quais os parlamentares querem escapar da cadeia", segundo Vinícius Torres Freire.[100]

Nitidamente, desde fevereiro de 2017, o governo Temer deixou de lado as aparências republicanas para garantir a sobrevivência do grupo organizado de que faz parte, manter o poder e escapar do império da lei. Está blindando sua tropa e preparando um ataque frontal à Operação

Lava Jato. Nessa empreitada pode até eventualmente ter o apoio do Supremo Tribunal Federal, que está agindo para evitar tumulto na governabilidade do mandato Temer-Aécio.

Enquanto não se tem certeza se sai o definitivo "estancamento da sangria", toda blindagem se faz necessária para garantir a sobrevivência do grupo e o máximo de impunidade possível para o sistema político-empresarial, comprovadamente corrupto. O triplo gozo dos ladrões, lembre-se, é roubar, desfrutar do roubado e não ser castigado. Os sinais de bombardeios iminentes à Lava Jato emitidos pelo governo Temer são inequívocos. Temer já não tem tempo para governar o país. Dorme e levanta confabulando para escapar da lei e manter o poder e o crime organizado que alimenta todo o sistema. Já não importam os pudores e honras do cargo. Acima de tudo, o que vale agora é a pouca-vergonha e a desfaçatez da tábua de salvação.[101]

A vitória da Mela Jato será inevitável se a população não for para as redes sociais e para as ruas, com contundência, no exercício da sua cidadania vigilante. Só com muita pressão popular a vitória da Lava Jato será assegurada, assim como suas detonações diárias para a implosão do sistema corrupto implantado no país.

■ Só com muita pressão popular a vitória da Lava Jato será assegurada, assim como suas detonações diárias para a implosão do sistema corrupto implantado no país.

O governo Temer rasgou a fantasia, tirou a máscara e abriu o jogo: há um nítido interesse em sabotar, abafar, afrontar e, se possível, aniquilar a Lava Jato. Tem em suas mãos o absoluto controle da produção legislativa. O que quiserem aprovar, aprovarão. Acordões e conchavos, inclusive com o Supremo Tribunal Federal, já se iniciaram.

8.3 Sob chamas e sob sangue, o sistema trama sua impunidade

O sistema político-empresarial corrupto continua com as mesmas táticas arcaicas, com velhos acordos de cavaleiros, sem entender a gravidade do momento que o país vive. Mesmo com cabeças decepadas por todos os lados e facções dando ordens de dentro dos presídios, saques a comerciantes, assassinatos em massa por falta de policiamento, praças transformadas em campos de guerra, mesmo assim, lá estão as velhas raposas tramando o bloqueio da Lava Jato assim como do império da lei. É o instinto de sobrevivência.

Relevantes são seus privilégios, usufruídos inclusive dentro de um contexto de atrocidades cruéis pelo país afora, que obscureceram as linhas divisórias entre a civilização e a barbárie. O país em chamas e sob sangue não constitui motivo suficiente para sensibilizar essa "orquestra do Titanic" a encerrar sua deplorável apresentação, posto que é iminente o naufrágio.

O mundo se transformou, a tecnologia dominou as relações humanas, o povo brasileiro, grande parte, com certeza, tornou-se intolerante com a corrupção e as práticas dos donos corruptos do poder continuam as mesmas: roubar, desfrutar o roubado e não ser castigado. É neste contexto de desmoronamento das velhas instituições e de desespero coletivo que o governo Temer trama, acima de tudo, a sobrevivência do seu grupo de predadores do dinheiro público. A escolha de um novo ministro dentre os auxiliares do governo, a concessão de foro privilegiado para apaniguados, o apoio à eleição de candidatos encrencados com a Justiça, para presidências do Senado, da Câmara e da Comissão de Constituição e Justiça do Senado: convenhamos, tudo isso foi feito durante toda a redemocratização que colapsou.

É a repetição do mesmo, do antigo, do arcaico, do envelhecido, do desgastado. É impressionante a insistência naquilo que é caduco, ultrapassado, ao mesmo tempo em que as ruas vão ficando cada vez mais inóspitas e inflamadas. A persistência de manter o Brasil em tempos passados está inteiramente em descompasso com o que quer a população. Toda tentativa de neutralizar a Justiça e o império da lei retrata um perigo maior de cair nas mãos dos enfurecidos nas ruas, como observou Fernando Gabeira[102].

É neste contexto de indignação e de ira descomunal que se torna incompreensível o silêncio das ruas e das redes sociais. Com o povo silente, a operação Mela Jato vai avançar rapidamente. Dessa grande orquestração não se pode excluir nem a possibilidade de um "acordão", envolvendo Temer, Lula, Aécio e Fernando Henrique Cardoso.

■ **O mundo se transformou, a tecnologia dominou as relações humanas, o povo brasileiro se tornou intolerante com a corrupção e as práticas dos donos corruptos do poder continuam as mesmas. É neste contexto de desmoronamento das velhas instituições e de desespero coletivo que o governo Temer trama.**

A remoção de vários delegados da força-tarefa da Polícia Federal constitui um sinal preocupante. De outro lado, Temer não emite uma declaração sequer convincente contra a corrupção. Está cercado da mais experiente bandidagem político-empresarial e faz orquestrações, inclusive junto ao STF, para a preservação da governabilidade, leia-se: da criminalidade organizada.

Contra esse insuportável estado de coisas é que a população tem que reagir, usando suas armas, suas dinamites de pressão, para implodir o sistema. Tudo tem que ser feito para se alcançar esse objetivo. Nas urnas será o golpe final: faxina da cidadania vigilante. Essa faxina, nas próximas eleições, tem que ser geral, em todos os cargos da República.

8.4 Outras ofensivas, ataques e manobras contra a Lava Jato

A Mela Jato já manejou várias iniciativas para abafar a Lava Jato. Em 19 de setembro de 2016, lideranças do PSDB, DEM, PP, PT e PMDB se articularam para aprovar a proposta de uma nova criminalização do caixa dois, considerando que já é crime por força do artigo 350 do Código Eleitoral, e, ao mesmo tempo, a anistia de todos os fatos passados. Houve reação da Rede e do Psol, assim como das redes sociais. Rodrigo Maia (DEM) chegou a dizer que houve um "erro coletivo". O texto foi levado por Aguinaldo Ribeiro, líder do PP, e Aelton de Freitas, líder do PR, para Carlos Sampaio (PSDB-SP), mas não chegou a ser votado na sessão noturna — sempre na calada da noite, claro.

Descoberta a trama, todos negaram participação na indecorosa negociata. Foi a primeira ou uma das insólitas iniciativas legislativas sem autoria certa. A criança nasceu, porém, sem mãe. Uma criança sem mãe põe fim às provectas convicções latinas de que *mater semper certa est* (a mãe sempre é certa). No parlamento brasileiro, mesmo sem uso da reprodução assistida, essa regra deixou de ser absoluta.

Em 19 de novembro de 2016, o movimento do "anistião geral" voltou com toda a carga — desta vez, com a participação do então líder do governo Temer na Câmara, o deputado André Moura. O mundo político-empresarial encurralado já não pensa só em reeleição, senão também em como escapar da prisão. Os deputados tentaram aprovar regime de urgência para o substitutivo a um projeto de 2015, que visava a conceder anistia para todas as empresas e pessoas físicas investigadas, processadas ou mesmo já condenadas pela Lava Jato. Como? Reformularam-se os termos do acordo de leniência, que cumpre em favor das pessoas jurídicas os mesmos efeitos que a delação premiada produz em benefício das pessoas físicas. Com a participação exclusiva de órgãos do Executivo e, eventualmente, do Tribunal de Contas da União, com exceção do Ministério Público Federal, dava-se anistia penal total a quem fizesse o acordo de leniência.

O cumprimento do acordo celebrado entre empresas e órgãos estatais geraria anistia penal e encerraria qualquer ação de improbidade administrativa em andamento. Liquidava-se tudo que fora feito pela Lava Jato e outras operações congêneres. O propósito é restabelecer a "dignidade" das castas intocáveis acuadas pela Lava Jato.

Na madrugada do dia 30 de novembro de 2016, a Câmara estraçalhou as dez medidas contra a corrupção que estavam no relatório final do deputado Onyx Lorenzoni (DEM), que já tinha feito o expurgo de várias medidas inconstitucionais, como o uso de prova ilícita contra o réu, restrição ao uso do *habeas corpus*. Na mesma ocasião, pretendeu-se aprovar uma emenda que anistiaria o caixa dois. Se aprovada, ela beneficiaria principalmente políticos investigados pela Lava Jato.

Ao se sentirem encurralados diante da reação popular nas redes sociais, os presidentes das duas casas legislativas, o deputado Rodrigo Maia (DEM-RJ) e o senador Renan Calheiros (PMDB-AL), firmaram um acordo com o presidente da República, Michel Temer (PMDB) para impedir a aprovação dessa anistia. Essa iniciativa teve um patético comunicado público feito pelos três. Ainda na mesma madrugada, foram estabelecidos vários crimes de responsabilidade contra juízes, promotores e procuradores. A melhor defesa é o ataque. A deliberação legislativa daquele dia foi suspensa pelo ministro Luiz Fux, que mandou retomar a tramitação do projeto. A Câmara descumpriu o que Fux mandou fazer e tudo foi cleptocratamente esquecido. Não há dúvida que vivemos uma cleptocracia.

Logo após o anúncio da segunda lista de Rodrigo Janot, no começo de março de 2017, com mais de 300 pessoas a serem investigadas, a reação do sistema político-empresarial foi imediata: entrou em pauta a reforma política, que é, na verdade, a reforma da sobrevivência. Dentre outras ideias, fala-se de votação em lista fechada e, novamente, de anistia. Na lista fechada o eleitor não vota em nomes de candidatos, e sim na legenda, no partido, que é o responsável por elaborar a lista. Os partidos clássicos, depois das delações da Odebrecht, estão todos implicados na Lava Jato. Eles querem manter os caciques com foro privilegiado. Daí a ideia da lista fechada, que neste contexto representa uma vergonha. O eleitor corre o risco de eleger não representantes, mas uma quadrilha.

8.5 Como Berlusconi acabou com a operação Mãos Limpas na Itália?

Os números da Lava Jato são estrondosos, mas ainda são muito inferiores à Operação Mãos Limpas na Itália (1992-1994). Como destaca Helio Gurovitz, em dois anos esta operação investigou mais de seis mil pessoas, incluindo 872 empresários, assim como 438 parlamentares. Expediu três mil mandados de prisão. Dos 4.320 processos instaurados, 1.300 resultaram, em dez anos, em condenação[103]. A Lava Jato ainda não chegou sequer a trezentas denúncias, mas já são 83 pessoas condenadas, a mais de 1.300 anos de prisão até o início de 2017.

A reação da cleptoplutocracia italiana foi contundente e exitosa. Silvio Berlusconi, o rei dos meios de comunicação, era um dos principais investigados e entrou na política com o propósito de liquidar a operação e se livrar das suas próprias responsabilidades. E conseguiu, embora no final tenha sido condenado a uma pena alternativa de colaboração com uma entidade assistencial. A história da operação Mãos Limpas na Itália (1992-1994) ensina muitas coisas (BARBACETTO, GOMEZ, TRAVAGLIO, 2016), dentre outras, as seguintes[104]:

(a) A operação naufragou em 1994 por força dos ataques do magnata da comunicação e primeiro-ministro Silvio Berlusconi, ataques, sobretudo, contra o procurador Di Pietro; Berlusconi, eleito por três vezes, converteu-se em político e usou a política para garantir a impunidade dos seus crimes dentro de um contexto de corrupção sistêmica político-empresarial — onde Tangentopoli é o mesmo que Propinópolis —, guiada pela criminalidade organizada das elites dirigentes, cujos partidos e políticos são divididos em facções criminosas dedicadas à roubalheira do dinheiro público. Atacando os juízes brutalmente, virou a opinião pública que antes apoiava a Mãos Limpas.

(b) O fracasso também se deveu ao combate legislativo ao método da operação (prisão, delação, vazamentos e conquista da opinião pública), que foi copiado *ipsis litteris* por Moro. Os legisladores italianos, muitos reconhecidamente corruptos, por inúmeras ocasiões, foram "amarrando" as mãos dos juízes e procuradores, muitas vezes sob o pretexto de assegurar as garantias constitucionais. Aprovaram leis contra as delações, contra a divulgação das comunicações telefônicas, contra os "vazamentos", reduziram os prazos prescricionais, dificultaram a tramitação dos proces-

■ **O Legislativo brasileiro não tem buscado outra coisa, nos últimos tempos: vem bombardeando as atividades e leis propostas no sentido de reforçar a Lava Jato.**

sos e liquidaram a operação. Berlusconi, desde logo, foi favorecido com várias prescrições.

O Legislativo brasileiro, que compõe boa parte do sistema político-empresarial corrupto, vem bombardeando as atividades e leis propostas no sentido de reforçar a Lava Jato. Tentou várias vezes aprovar uma lei de anistia geral e desfigurou completamente as "dez medidas anticorrupção", não aprovando integralmente sequer o relatório final do deputado Onyx Lorenzoni, que já expurgava muitos excessos, como restrição ao *habeas corpus*, uso de provas ilícitas em favor da acusação, teste de integridade do funcionário, crime de enriquecimento ilícito. E foi mais longe: não só minou as dez medidas anticorrupção como ainda partiu para cima dos juízes e membros do Ministério Público aprovando contra eles a tipificação de vários crimes de abuso de autoridade.

Ajustar a lei de abuso de autoridade é uma necessidade impostergável, mas isso não pode ser feito em um contexto de uma revanche orquestrada por alguns membros da criminalidade organizada das elites dirigentes. Na Itália, em 1997, foi aprovada a lei do abuso de poder, que bloqueou completamente os órgãos investigativos. A Suprema Corte julgou-a inconstitucional. O Parlamento a aprovou como emenda à Constituição.

No Brasil o projeto aprovado na Câmara na madrugada de 30 de novembro de 2016 foi mandado para o Senado. Havia pressa em aprovar as medidas de enquadramento da magistratura e do Ministério Público. No ar ficou a suspeita de que era preciso "estancar a sangria da Lava Jato". O ministro Luiz Fux, em liminar, interrompeu o andamento do projeto e mandou retornar para a Câmara. Lamenta-se que o propósito primeiro do legislador não tenha sido o de aprimorar a velha lei de abuso de autoridade, que precisa ser reformada, e sim, o de manietar as ações dos órgãos investigativos e judiciais. De qualquer maneira, por enquanto, as batalhas estão sendo vencidas pela Lava Jato. Mas não se pode menosprezar a força do clube da cleptoplutocracia, que comanda o sistema corrupto político-empresarial e ainda conta com muita influência no STF.

O principal argumento para se liquidar a Lava Jato é econômico: "Com a prisão do Lula basta, o país precisa crescer". Repete-se aqui a mesma pouca-vergonha que Berlusconi ostentava frente à Justiça italiana, a de que a economia estaria paralisada. A Justiça não tem que escolher este ou aquele corrupto: deve agir contra todos, de todos os partidos e de todas as ideologias. Se os donos delinquentes do poder ainda não aprenderam a fazer negócios sem corrupção, que aprendam. O que é intolerável é parar a Lava Jato para que tudo fique como sempre foi.

A guerra mais devastadora contra a cleptoplutocracia jamais vista no Brasil tem que ser intensificada, não esmorecida. Todos temos o dever cidadão de nos posicionar contra o promíscuo "acordão" que o sistema político-empresarial corrupto quer aprovar em benefício deles.

8.6 Aniquilamento judicial homeopático da Lava Jato

Enquanto o crime organizado político-empresarial corrupto não consegue acabar com a Lava Jato de uma só vez, por meio da lei de anistia, por exemplo, busca-se também a via judicial, com a ajuda do Supremo Tribunal Federal, para homeopaticamente liquidá-la. Isso ficou evidente no Dia da Vergonha Suprema. Sete ministros da Corte Suprema se lançaram no lamaçal da desonra para salvar Renan Calheiros. A desonra não se limitou ao conteúdo da decisão. Os referidos ministros aceitaram fazer um "acordão" com os demais poderes para "salvar o governo Temer", como se noticiou, preservando o mandato de Renan Calheiros na presidência do Senado, mesmo sendo ele réu por crime de peculato. Ele teria se valido dos favores da empreiteira Mendes Júnior para pagar a pensão da sua filha, tudo em troca de emendas favoráveis à corruptora[105].

Em fevereiro de 2017, o ministro do Supremo Tribunal Federal Celso de Mello confirmou o foro privilegiado dado a Moreira Franco e a Segunda Turma ratificou a concessão de foro privilegiado para José Sarney, impedindo inclusive o compartilhamento de informações importantes com o primeiro grau. Tudo quanto acaba de ser narrado revela um quadro alarmante e extremamente preocupante: se a decisão em favor do Sarney for estendida a vários outros envolvidos em corrupção nas mesmas circunstâncias, a Operação Lava Jato será aniquilada, porque praticamente todos os réus, ou, pelo menos, os "mais importantes", com certeza, ficarão sob o guarda-chuva do foro privilegiado "estendido". Se o foro privilegiado, na prática, é uma fonte de impunidade, já se vislumbra o final sombrio da Lava Jato. É preciso que haja imediata e contundente reação popular.

8.7 Mídia e operação Mela Jato

A grande mídia continua apoiando a Lava Jato, apesar de alguns editoriais dissidentes. Sem a mídia e sem o apoio popular, a Lava Jato naufraga, como naufragou a Mãos Limpas na Itália.

Logo após o impeachment de Dilma Rousseff e a confirmação de Michel Temer no comando da nação, alguns editoriais e canais de TV começaram a vacilar. No editorial de 7 de fevereiro de 2017, o *Estadão* atacou o coordenador da força-tarefa, Deltan Dallagnol, assinalando a adesão do Brasil a um direito autoritário, próprio das tiranias[106]. São poucas, no entanto, as decisões reformadas na Lava Jato, cerca de 4% até então. No editorial do dia 9 do mesmo mês, o jornal dirigiu novamente suas baterias contra o procurador, atacando também a OAB e o próprio Ministério Público Federal por não censurarem os seus abusos. Isso não tem nada a ver com o editorial de 17 de janeiro de 2016, onde afirmava que a Lava Jato estava nos "caminhos institucionais", sem "qualquer ameaça ao Estado de Direito", posto que "as leis estão sendo cumpridas". A linha editorial segue muitas vezes a maré de cada momento. "O ímpeto jornalístico da redação é libertado quando os alvos das reportagens são de interesse dos donos da publicação, mas contido quando não interessa a eles"[107].

Já no editorial publicado na edição do dia 11 de fevereiro de 2017, o *Estadão* sublinhou "os evidentes méritos da Operação Lava Jato e a necessidade de sua mais plena continuidade, atinja quem atingir; a opinião pública considera, majoritariamente, que a operação foi um divisor de águas no combate à impunidade no país; trata-se de um trabalho exemplar de investigação que (...) conseguiu destampar o maior conjunto de casos de corrupção da história do país, envolvendo nada menos que a maior estatal brasileira, as principais empreiteiras assim como vários partidos políticos".

Toda expressão de abuso deve ser contida, porque ninguém quer ver a Operação Lava Jato metida na lama da criminalidade. No mais, todo apoio a ela é indispensável, porque se sabe que a corrupção é a lacra de todos os sistemas de governo: "todo poder tende a se corromper" — e o poder absoluto se corrompe absolutamente, como afirmava Lord Acton.

8.8. Excesso de delações?

Com o propósito de reduzir o ímpeto e a eficácia da Lava Jato, opiniões de várias cores ideológicas, de direita e de esquerda, já começam a criticar o instituto da delação premiada sob os seguintes aspectos: (a) o habitual é que a colaboração e a delação premiadas sejam um meio para chegar aos líderes do crime — no Brasil, qualquer um, mesmo que esteja na mais alta posição na cadeia do crime, pode delatar[108]; (b) os delatores ficam pouco tempo na cadeia e estão desfrutando de seus bens ilícitos confortavelmente.

O primeiro argumento deriva de uma visão parcial da questão. O crime organizado político-empresarial é sistêmico. Não se pode confundir o Primeiro Comando da Capital, que é um crime organizado privado e faccioso, com a estrutura, as estratégias e a periculosidade para o dinheiro público da criminalidade resultante da parceria público-privada entre grandes agentes econômicos e financeiros, de um lado, e o mundo político, de outro. No primeiro caso é evidente que o escopo das delações é chegar no topo do próprio crime — a busca aqui é endógena. No segundo, são úteis as delações de todos os delinquentes do crime organizado político-empresarial, mesmo os que estão no topo, porque estamos diante de um sistema.

A Lava Jato está descobrindo os detalhes das manobras criminosas de Lula, Dilma, Temer, Aécio, José Serra, Renan Calheiros, Romero Jucá, José Sarney,

Fernando Collor, Eduardo Cunha, Geddel Vieira Lima, Marcelo Odebrecht, Sérgio Cabral, Eike Batista. A impressão que se tem é que, alcançado esse patamar, tudo deveria cessar. Para implodir todo o sistema criminoso que se apoderou do Brasil, no entanto, inclusive as delações deles serão preciosas. Por quê? Porque é muito importante conhecer suas relações externas, ou seja, exógenas, depois de se descobrir o funcionamento interno desse crime organizado.

Quais bancos estão relacionados com esse crime organizado político-empresarial? Quais deles dão cobertura para seus patrimônios? Quais doleiros e agentes financeiros colaboram? Quais paraísos fiscais protegem melhor o dinheiro roubado? Em quais paraísos fiscais estão os US$ 25,8 bilhões de brasileiros[109]? Quais meios de comunicação dão apoio ao sistema delinquencial organizado? Quais intelectuais venais são comprados para escrever ou opinar em favor do sistema? Quais juízes, promotores, procuradores e policiais dão cobertura para o esquema? Quais tribunais venais são comprados?

Como se vê, importa a delação até mesmo dos chefes, dos "chefões", dos caciques, dos coronéis. Só assim poderemos implodir o sistema inteiro, e não somente parte dele. A legislação brasileira possibilita essas delações acertadamente. Não é correto restringir o nú-

■ A Lava Jato está descobrindo os detalhes das manobras criminosas de Lula, Dilma, Temer, Aécio, Serra, Renan, Jucá, Sarney, Collor, Cunha, Geddel, Marcelo Odebrecht, Sérgio Cabral, Eike Batista. A impressão que se tem é que, alcançado esse patamar, tudo deveria cessar. Para implodir todo o sistema criminoso que se apoderou do Brasil, no entanto, inclusive as delações deles serão preciosas.

mero de delatores. Enquanto algo relevante deve ser investigado, sempre será possível a delação, caso o suspeito ou réu queira delatar. Permitir que todos delatem não é banalizar a delação.

A segunda crítica diz respeito aos benefícios que os delatores recebem. No velho sistema de Justiça criminal as penas eram duras, mas quase nunca eram aplicadas. No novo modelo, do consenso, da negociação, os implicados confessam o crime, delatam terceiras pessoas e dão pistas para a produção de provas. São punidos mais brandamente, mas torna-se possível alcançar mais criminosos. A grande dificuldade nesse tipo de delito é a produção de provas. O império da lei é muito mais efetivo no segundo modelo, que se preocupa mais com a certeza do castigo, de que falava Beccaria em 1764, do que com a dureza nominal das penas.

Ajustes no sistema são necessários — penso que o empobrecimento desses delinquentes do colarinho branco seria mais produtivo —, mas temos que estar atentos para distinguir críticas construtivas das que são lançadas em nome da impunidade das elites delinquentes que governam ou dominam a nação. Enquanto as delações facilitarem a colheita de provas de um crime organizado, não há que se falar em "manobra para simplesmente reduzir a pena". O prêmio só existe na medida em que as provas são facilitadas e encontradas. É precisamente isso que as antigas instituições falidas da Justiça nunca conseguiam. Foi preciso inventar uma nova instituição, a Lava Jato, para que a revolução acontecesse.

Não podemos dar trégua aos barões-ladrões, que sonham com o estancamento da sangria. O que importa é promover o império da lei, porque ninguém em uma República está acima dela. A certeza do castigo é muito mais relevante em termos preventivos que um sistema punitivo duro que nunca se aplica. Enquanto a sangria não é estancada, os governos vão sendo atingidos pelos bombardeios das delações, que foram mortíferas contra o governo Dilma Rousseff e estão gerando enorme instabilidade no governo Temer, que perdeu vários auxiliares ou amigos próximos acusados de corrupção ou desvio de dinheiro: Eduardo Cunha,

Romero Jucá, Henrique Alves, Fabiano Silveira, Geddel Vieria Lima e José Yunes. Outros estão na corda bamba, como Moreira Franco e Eliseu Padilha.

Uma guerra entre a Operação Lava Jato e os barões-ladrões donos do poder está em curso. Os donos corruptos do poder já tentaram várias vezes abafar ou aniquilar ou manobrar contra a Lava Jato. A sociedade civil não pode permitir esse disparate. Ao contrário, nossa luta é pela implosão do sistema. Poder e corrupção caminham de mãos dadas. Se não são fixados limites, a roubalheira não se contém, ao contrário, só aumenta. O crime organizado político-empresarial possui uma ânsia de riqueza incomensurável.

■ Não podemos dar trégua aos barões-ladrões, que sonham com o estancamento da sangria. O que importa é promover o império da lei. A certeza do castigo é muito mais relevante em termos preventivos que um sistema punitivo duro que nunca se aplica.

O FUNCIONAMENTO DOS CÉREBROS CORRUPTOS E O SISTEMA DELINQUENTE QUE SEMPRE GOVERNOU O BRASIL

9

9.1 A reiteração dos atos corruptos apaga os freios morais

A maioria dos humanos conta com mecanismos biológicos que inibem os comportamentos desonestos, imorais ou criminosos. Essa maioria sente uma excitação emocional que faz muito mal quando pratica algum tipo de engano, de fraude ou de mentira. É a amígdala cerebral que processa essas emoções de repulsa, de repugnância e de intolerância com a desonestidade e a mentira, como explica Daniel Mediavilla[110]. A prática reiterada de atos desonestos ou mentirosos, no entanto, com o tempo, vai debilitando a reação emocional geradora do mal-estar. As respostas repulsivas do cérebro, frente aos estímulos, vão perdendo força. A censura aos desvios da violência ou da fraude ou da mentira reduz sua intensidade Fica cada vez menor diante da reiteração dos atos.

Um grupo de pesquisadores do *University College* de Londres, Neil Garrett, Stephanie Lazzaro, Dan Ariely e Tali Sharot, comprovou[111] que as pessoas chegam a praticar atos desonestos muito graves depois da reiteração de outros menores, que consistiam em pequenas infrações[112]. A experiência contou com a participação de oitenta pessoas entre 18 e 65 anos. Cada voluntário devia estimar, junto com outra pessoa que não era vista, a quantidade de dinheiro que estava dentro de um recipiente. No desenrolar da experiência se observou que os pequenos lapsos de honestidade em detrimento do parceiro foram se incrementando, até que chegaram a uma grande desonestidade.

Como se deteriora o cérebro? Quanto mais se repete o ato imoral ou criminoso, mais a desonestidade aumenta. Sem punição, sem freios éticos, sem reprovação social, sem limites, as pequenas infrações que se traduzem em "ganhos" para a pessoa, tendem a se transformar em grandes desvios. Teria pertinência, nesse caso, um aspecto da teoria das janelas quebradas, como lembrou Helio Schwartsman[113], que diz o seguinte: as pequenas infrações, se não contidas, se convertem em grandes infrações. Os atos imorais crescem

■ **Como se deteriora o cérebro? Quanto mais se repete o ato imoral ou criminoso, mais a desonestidade aumenta. Sem punição, sem freios éticos, sem reprovação social, sem limites, as pequenas infrações tendem a se transformar em grandes desvios.**

como bola de neve. A sensação de angústia e de medo de ser desonesto é um relevante freio. Quando o freio desaparece, os atos se repetem, já disse Suzana Herculano-Houzel[114].

Toda a experiência do *University College* de Londres foi comprovada com ressonância magnética. A amígdala cerebral, a parte do cérebro encarregada das emoções negativas e das reprovações morais, funciona cada vez menos como freio moral com a repetição dos atos desonestos. A intensidade da reação da amígdala foi muito maior no primeiro engano. A constatação neurocientífica pode ajudar na elaboração de programas de prevenção da corrupção, a começar por duras restrições aos políticos profissionais corruptos, cujas amígdalas vão se calcificando, calejando-se, com o tempo.

9.2 Vulnerabilidade ética e política também das elites dirigentes

Todo brasileiro sabe que as elites dirigentes delinquentes desses tempos, comandadas por Temer e Aécio, ou seja, por PMDB e PSDB, herdaram um país arrasado pela corrupção petista. Ao mesmo tempo, temos conhecimento de que esse jeito criminoso de governar o país perpassou toda redemocratização, iniciada com José Sarney, em 1985. Não por acaso, a essas elites pertencem as imagens mais rejeitadas no país: Eduardo Cunha, com 89%, Renan Calheiros, com 82%, Michel Temer, com 78%, Aécio Neves e Dilma Rousseff, empatados com 74%[115]. Em seguida vêm Lula, Romero Jucá e o restante a turma.

A economia está bastante estrangulada desde 2011, mais particularmente desde 2014; o desafio de "arrumar a casa" não é fácil. Torna-se hercúleo quando dela se encarrega um bando de "quadrilheiros da República", para citar Celso de Mello, referindo-se à corrupção petista. À instabilidade econômica se junta a instabilidade política.

Não é segredo para ninguém que o mais preocupante no bloco de poder chefiado por Temer-Aécio é o aspecto ético. O PMDB, nascido em 1980, jamais foi alijado do poder. É um dos históricos arquitetos do sistema político-empresarial corrupto, que contribuiu fortemente para levar o Brasil à sua maior recessão econômica, ao desemprego e à baixa intensidade das instituições.

É público e notório que Temer e Aécio, tanto quanto o petismo precedente, não reúnem as mínimas credenciais morais para governar o Brasil. Do ponto de vista ético, são miseráveis. É uma questão de credibilidade. Somente isso já justificaria, de acordo com nosso movimento #QueroUmBrasilÉtico, a implosão de todo sistema corrupto vigente. Essa corja pode até atravessar a pinguela do futuro até 2018 — FHC refere-se ao governo Temer como uma "pinguela" — , mas sem credibilidade é muito difícil emplacar medidas econômicas eficazes, o retorno dos investimentos, a diminuição do desemprego, a volta do crescimento econômico sustentado e do desenvolvimento humano etc. Ambos, ademais, reconhecidamente, não são lideranças since-

■ **É público e notório que Temer e Aécio, tanto quanto o petismo precedente, não reúnem as mínimas credenciais morais para governar o Brasil. Do ponto de vista ético, são miseráveis.**

ramente empenhadas no combate à corrupção. Suas cruzadas não são contra a corrupção, ao contrário, são em favor da preservação do sistema corrupto vigente.

O cérebro humano se habitua a mentir, diz a pesquisa da *University College* de Londres. "Diante de situações em que se dariam bem se mentissem, elas [as pessoas pesquisadas] não falharam — mentiram e se deram bem. Ficou demonstrado que, se praticadas com regularidade, pequenas mentiras levam a uma desonestidade compulsiva, que o cérebro não vê como condenável", assim descreveu Ruy Castro[116].

O corrupto ou mentiroso, assim, vai se acostumando com a corrupção ou com a mentira, até que já não sente nenhuma repulsa moral pelo que faz. Tudo passa a ser-lhe "normal". É só um "caixa dois", dizem os políticos. Isso "é feito por todo mundo", disse Lula, certa vez, em Paris. "Só mando ministro embora se denunciado", disse Temer. A desgraça se agrava, claro, quando essa naturalização da imoralidade nas elites se espalha para além do mundo cleptoplutocrata e se consolida socialmente. Assim, surge a cultura da corrupção, do "jeitinho", da malandragem, do levar vantagem em tudo.

Apesar da habilidade política do bloco de poder em atuação — em 2016, conforme o Basômetro-Estadão Dados, Temer conquistou a adesão dos deputados em 88% das votações nominais —, a verdade é que existe muita dúvida sobre sua permanência no poder. Seu índice de aprovação não passa de 10%. Essa dúvida decorre, evidentemente, da instabilidade política gerada pelas revelações diárias das bandalheiras praticadas pelo grupo.

Uma rápida olhada em 2016 e no começo de 2017 nos revela: o impeachment de uma presidente (Dilma) que convivia com as relações corruptas do seu partido, o ex-presidente da Câmara na cadeia (Eduardo Cunha), o presidente do Senado (Renan Calheiros) necessitando de conchavo para não perder o posto, o presidente da República (Temer) delatado em várias maracutaias de financiamento de campanhas, o presidente da Câmara (Rodrigo Maia) na lista da Odebrecht e da OAS, o novo presidente do Senado (Eunício Oliveira) na mesma situação e por aí vai. Há alguma dúvida de que este país é uma cleptocracia?

Em menos de um ano de governo, Temer perdeu mais da metade dos seus auxiliares e colaboradores próximos por corrupção comprovada ou delatada, enquanto a outra metade está na marca do pênalti. Eduardo Cunha está na cadeia, Henrique Alves desapareceu, Babel se foi (Geddel Vieira Lima), Caju (Romero Jucá) caiu, José Yunes se manchou e Primo e Angorá (Eliseu Padilha e Moreira Franco) estão só aguardando a hora do tiro de misericórdia. Os apelidos, como se sabe, são da engenhosidade odebrechtiana.

9.3 Quando vamos reagir?

Já passou da hora de a população pisoteada por essas elites dirigentes cobrar postura ética de todos eles, indistintamente. A implosão que se pretende é total. Todos os envolvidos com a corrupção, caixa dois, lavagem de dinheiro, devem ser defenestrados. Todo agente público tem o dever de prestar contas (*accountability*) das suas atividades. As ruas e as redes sociais têm o direito e o dever de exigir isso.

Einstein já disse: "A vida é muito perigosa. Não tanto para as pessoas que se dedicam a fazer o mal [como é o caso dos donos cleptoplutocratas do poder], e sim, para aqueles que ficam sentados esperando para ver o que se passa". O Brasil, apesar de "cordial", fundado em relações de amizade, como dizia Sérgio Buarque de Holanda, não é um país onde inexistam reações sociais contra a corrupção.

A vassourinha de Jânio Quadros, em 1960, tinha o propósito de varrer toda sujeita da vida pública. O golpe militar de 1964 foi desencadeado com o duplo objetivo de acabar com o comunismo bem como com a corrupção. O caçador de marajás Fernando Collor, em 1989, pretendia limpar o Brasil desses parasitas do dinheiro público. Lula, em 2002, defendia a bandeira da ética e criticava os trezentos picaretas do Congresso Nacional. Tudo não passava de discursos demagógicos. Quem efetivamente rompeu de forma sistemática essa tradição constituída de espantalhos foi a Lava Jato, que não fez discurso, mas apresentou ação. E aí começou a efetivamente transformar o Brasil, dando vida ao *enforcement*. No dia em que sua atividade alcançar todos os partidos, vai se legitimar completamente, sob a bandeira do império da lei contra todos, *erga omnes*.

Enquanto a Lava Jato em primeiro grau e o Supremo Tribunal Federal, que precisa urgentemente melhorar seu tempo de ação, não fizerem a faxina geral necessária no clube dos donos corruptos do poder, ainda vamos ver muitos políticos mentindo e roubando o dinheiro público com a sensação de que nada vai ocorrer contra eles. Isso só vai cessar se adotarmos o voto faxina da cidadania vigilante, limpando da vida pública os desqualificados envolvidos com a corrupção. Aqui teríamos a implosão final do sistema corrupto. A renovação de pelo menos 90% da classe política seria o suficiente para uma revolução, castigandose também o nepotismo eleitoral.

Nos governos mergulhados em corrupção sistêmica a repulsa moral a essa prática vai diminuindo na medida em que se reitera o ato imoral. Aumenta-se, a cada dia, o nível de degeneração. Isso é o retrato fiel dos que querem a anistia geral do caixa dois para campanhas eleitorais. A tal ponto chegou a frouxidão ética que o ato não é visto como aberrante e totalmente abominável pelos membros do sistema político-partidário-empresarial. Se não houver pressão, eles vão anistiar a corrupção.

As amígdalas calejadas e dilaceradas do cérebro humano e a impunidade estimulam a repetição da mentira e da corrupção. O gozo de não ser castigado se traduz em uma poderosa fonte de cleptorreincidência, quando cada vez a pessoa se arrisca mais. A Odebrecht confiava tanto na impunidade que chegou a constituir um departamento específico para pagamento de propinas. Tudo contabilizado e registrado nos arquivos e discos digitais da empresa. Sem repulsa ou outra demonstração de revolta popular, a corrupção da Odebrecht vai voltar.

■ Nos governos mergulhados em corrupção sistêmica a repulsa moral a essa prática vai diminuindo na medida em que se reitera o ato imoral. Aumenta-se, a cada dia, o nível de degeneração.

Seguramente são poucos os povos mais irados que o brasileiro, na atualidade. Todas as classes de renda, de "A" a "E", sofreram perdas nos três últimos anos. Os desempregados já chegaram a 13,5 milhões. Os "desempresários" são milhares. O serviço público indecente está saindo do estágio do caos para atingir o colapso. O Brasil está parando e o governo só pensa em medidas de arrocho para a base da pirâmide. No dia em que o legislador aprovar a anistia geral dos seus próprios crimes, nós temos que paralisar o país.

Nos últimos meses o povo da Guatemala, da Romênia, da Rússia, da Coreia do Sul e do Paraguai foram às ruas protestar contra a corrupção. Está chegando o dia do Brasil. Daremos, nas ruas e nas redes sociais, a resposta mais contundente de todos os tempos. Não aceitaremos a "autoanistia", ou seja, que os políticos aprovem anistia dos seus próprios delitos. A autoanistia será o estopim que está faltando para o povo encher as ruas de todas as cidades do país. Estamos preparados para essa justa rebelião, que é apenas uma preparação para a grande faxina que faremos nos corruptos, nas próximas eleições.

9.4 Pelo fim do político profissional

A constatação neurocientífica nos conduz a refletir, tendo em vista a realidade cleptoplutocrata do poder, sobre a necessidade, mesmo que temporária — eu penso que deveria ser definitiva —, do fim do político profissional, ou seja, do fim da reeleição para cargos executivos e de senador, permitindo-se uma só reeleição nos demais cargos legislativos. Se o sistema está apodrecido, reconhecidamente falido, quanto mais contato com ele maior o risco de contaminação.

Para se ter uma ideia do tendencial acerto dessa tese, consideremos o seguinte: a primeira investigação da Lava Jato determinada pelo Supremo Tribunal Federal envolvia 47 políticos. Dentre eles temos o seguinte: *um deles* começou sua carreira na década de 1960 (Benedito de Lira), *cinco deles* na década de 1970 (Simão Sessim, Edison Lobão, Renan Calheiros, Fernando Collor, Pedro Corrêa), *11 deles* na década de 1980 (José Olimpio Silveira Moraes, Vilson Covati, Valdir Raupp, Roberto Balestra, Aníbal Gomes, João Felipe de Souza Leão, João Sandes Jr., José Otávio Germano, Nelson Meurer, José Mentor, Romero Jucá), *17 deles* na década de 1990 (Roseana Sarney, José Linhares, Mário Negromente, Humberto Sérgio Costa Lima, Pedro Henry, Arthur Lira, Luiz Carlos Heinze, Carlos Magno,

Dilceu Sperafico, Lindbergh Farias, Afonso Hamm, Luiz Fernando Ramos Faria, Renato Molling, Roberto Pereira Brito, Ciro Nogueira, João Pizzolatti, Cândido Vacarezza, Agnaldo Velloso), *12 deles* na década de 2000 (João Argôlo Filho, Eduardo Cunha, Jerônimo Goergen, Vander Loubet, Roberto Teixeira, Antônio Anastasia, Aline Corrêa, Eduardo Henriqueda Fonte Albuquerque e Silva, Gladson Cameli, Lázaro Botelho, Waldir Maranhão) e *apenas um* na década de 2010 (Gleisi Hoffman).

Trinta e quatro deles, como se vê, começaram a carreira política no milênio passado; 12 iniciaram a carreira política a partir do ano 2000 e apenas um deles em 2010. Em um levantamento rápido do jornal *O Globo* (16/03/2015), vários desses políticos alcançaram incríveis aumentos patrimoniais, que vão até a 22.000%.

Triste é saber que a investigação está sendo frutífera somente em relação a cinco, dos 45 investigados (dentre eles estão João Argôlo Filho, Eduardo Cunha e Pedro Corrêa). Quanto aos outros (42), não há notícia do encerramento da investigação, que foi autorizada em 6 de março de 2015. O tempo avança e nada. Isso constitui prova inequívoca de que a Lava Jato no Supremo Tribunal Federal, que envolve parte da polícia federal, a Procuradoria-Geral da República e o próprio Supremo Tribunal Federal, não funciona de acordo com as expectativas da população. Daí a tese do fim do foro privilegiado.

COMO SE FABRICA UMA CARREIRA CRIMINOSA CORRUPTA?

10

10.1 Cinco etapas

Por quais etapas passam as carreiras dos corruptos das elites dirigentes, os cleptoplutocratas? Como acontece o processo de naturalização da impune roubalheira do dinheiro público pelas oligarquias e elites dominantes envolvidas com a corrupção?

Políticos e empresários suspeitos de envolvimento com a corrupção ou já condenados criminalmente (José Sarney, Marcelo Odebrecht, Fernando Collor, Andrade Gutierrez, Paulo Maluf, Queiroz Galvão, Roberto Jefferson, UTC, Ademar de Barros — o homem do "rouba, mas faz" —, Carioca Engenharia, André Vargas, Mendes Júnior, Geddel Vieira Lima, Camargo Corrêa,

Eduardo Cunha, OAS, Eduardo Azeredo, Engevix, Renan Calheiros, Romero Jucá, Galvão Engenharia, Aécio, Toyo Setal, Jader Barbalho, IESA, Lula, José Dirceu, João Vaccari Neto, Henrique Alves, Temer, Moreira Franco, Eliseu Padilha, Edison Lobão, Rodrigo Maia e tantos outros), ressalvando-se algumas variações, nos revelam que são pelo menos cinco as etapas de desenvolvimento das carreiras criminais.

A saber: 1ª) cleptoconvivência com os barões-ladrões; 2ª) cleptoconivência com os donos do poder; 3ª) cleptodelinquência, a roubalheira do dinheiro público; 4ª) cleptorreincidência, a reiteração do prazer de roubar; 5ª) cleptodependência, a busca desenfreada pelo tríplice gozo: roubar, desfrutar o roubado e não ser castigado (das duas primeiras cuidou com maestria F. Whitaker, *Ideias Para Acabar Com os Picaretas*).

A partir da 4ª fase aparece a figura do cleptomegalomaníaco, que não se confunde com o cleptomaníaco, que é um conceito da psicologia e da psiquiatria atrelado ao impulso mórbido de algumas pessoas de furtar coisas de pequeno valor, apenas para satisfazer seu "desejo", seu prazer, seu gozo.

Não é incomum notar, no mundo da experiência, uma sexta etapa, que consiste em uma espécie de *crise de abstinência*, quando o cleptomegalomaníaco se torna impedido de roubar ou de se apropriar do dinheiro público. Tudo tem início com a convivência com os barões-ladrões, ou seja, com os donos cleptoplutocratas do poder, que surrupiam o dinheiro público sem dó ou piedade. A convivência também se dá com as regras e os códigos específicos da cleptocracia e da plutodelinquência. Sua linguagem, seus procedimentos, suas normas internas, seus códigos de postura — de falta de compostura, na verdade —, suas justificativas e negações, seus discursos, suas tramas, seus acordos e conluios... tudo isso é objeto de um longo processo de aprendizagem, que se guia pela Teoria da Aprendizagem ou da Associação Diferencial de Sutherland.

Os ambientes familiares cleptocorruptos, as amizades desse tipo, o contato com administradores ou agentes públicos gatunos, os relacionamentos com essa atmosfera de promiscuidade, a vida partidária ou parlamentar imoral, a natureza das relações na polícia ou na magistratura... assim começa a carreira cleptocorrupta. Quando já amadurecida a primeira etapa, passa-se para a segunda, a da cleptoconivência. Votos em favor de corruptos, decisões judiciais complacentes ou até mesmo cúmplices da roubalheira, o engavetamento de ações ou de processos (não instauração de ações ou a espera pelo transcurso do tempo para se chegar à prescrição do crime), a prevaricação traduzida na não punição de atos de subordinados. A conivência faz parte do processo de impunidade que reforça a naturalização do ambiente corrupto. Comissões Parlamentares de Inquérito arquivadas criminosamente, processos administrativos bloqueados, investigações não realizadas até que se evaporem as provas, processos criminais que não terminam, investigações que chegam ao fim, denúncias que não são recebidas, provas que não são colhidas, sentenças que não são proferidas, recursos que não andam, embargos protelatórios, confirmação de atos abusivos, omissão de fiscalização, ratificação de arbitrariedades.

A etapa da cleptodelinquência constitui a primeira fase do tríplice gozo, que consiste no ato de roubar o dinheiro público. Em seguida vem a segunda fase do tríplice gozo, a de desfrutar do roubado, que se completa com a última fase, não ser castigado. Muitas vezes começa-se com uma pequena corrupção e, com o tempo, atos severamente graves vão se sucedendo. Com a certeza da impunidade e com as amígdalas do cérebro já bastante dilaceradas, calejadas, todos os freios inibitórios se arrefecem. O sentimento de repulsa à corrupção desaparece. Ela passa a ser vista como algo "normal", "natural".

Quando a 3ª etapa atinge o nível do descontrole, surge a cleptorreincidência (4ª etapa), frequentemente presente na carreira bandida, por exemplo, dos políticos profissionais corruptos, porque, nessa altura, eles se tornam irrecicláveis para a vida civil comum. Se a reiteração contínua da corrupção alcança nível patológico, mórbido, eclode a 5ª etapa, da cleptodependência. No caso dos políticos, por exemplo, eles passam a ser dependentes tanto da droga da corrupção, dependência recíproca também envolve o mundo empresarial corrupto, como da reeleição, posto que ou se reelege ou ele se acaba politicamente, terminando também o foro privilegiado, que é o portal da impunidade. Pelo financiamento da campanha o político é capaz de prometer e de fazer tudo que a ética jamais recomendaria. Não existe reeleição no atual sistema político-empresarial corrupto sem o envolvimento de muito dinheiro.

A busca incessante por "fundos de campanha" transforma o político em um dependente, como se fosse um viciado. É o que explica, agora, a insistência na ideia de se destinar mais recursos públicos para as campanhas eleitorais. Depois de vários anos de impunidade e de contato diário com a podridão do crime organizado político-empresarial, de tudo os políticos são capazes para se preservarem na sua carreira política. Ainda que seja de forma ilícita, com uso do caixa um fraudulento — dinheiro de corrupção dado "por dentro" como "doação eleitoral", ou seja, doação criminosamente "dentro da lei" —, caixa dois ou dinheiro por fora e caixa três, quando o dinheiro é dado pelo corruptor do seu mandato diretamente aos seus prestadores de serviços (REIS, 2014).

A busca incessante por "fundos de campanha" transforma o político em um dependente, como se fosse um viciado.

Muitos dos protagonistas dessas carreiras cleptocorruptas, já sem nenhuma contenção, entram em *delirium tremens* quando acaba o tríplice gozo. Aí pode surgir uma crise crônica de abstinência.

10.2 "Banalização do mal"

A historiografia perversa e pervertida de centenas ou até mesmo de milhares de políticos que conformam o depravado sistema político-empresarial da rapinagem tem total similitude com a deformação moral gerada pela banalização do mal, tal como descrita por Hannah Arendt (ARENDT, 2015). A monstruosidade, tanto das atrocidades nazistas como da promiscuidade corrupta, aos olhos do degenerado, passa a ser "normal". No âmbito da carreira policial isso se chama "policialização", como no relato do ex-policial Rodrigo Nogueira no livro *Como Nascem os Monstros* (NOGUEIRA, 2013). No campo da criminalidade político-empresarial o fenômeno se chama cleptodelinquência.

Como observou Josias de Souza, diante de todas as evidências reveladas pela Lava Jato, os políticos e os partidos "reagem às investigações que os desmoralizam com uma naturalidade hedionda. Ninguém expulsa ninguém. A leniência dos partidos com seus membros é absoluta; algumas das principais legendas do país, como PMDB e PSDB, são presididas por políticos processados ou investigados no Supremo Tribunal Federal. Costuma-se dizer que há muita gente honesta na política. O problema é que quem olha não distingue culpados de inocentes. Só enxerga uma massa uniforme de cúmplices"[117].

Enquanto o perverso sistema político-empresarial corrupto não encontrar barreiras severas como a da Lava Jato, enquanto o cleptodelinquente não for impedido de seguir sua carreira criminosa, enquanto não for depurada profundamente a ambiência cleptoplutocrata do país, ou seja, enquanto prosperar a roubalheira promovida pelas elites dominantes e/ou reinantes (políticas e empresariais), que se unem em parceria público-privada para a pilhagem do patrimônio público, o futuro do Brasil estará sempre comprometido. Antes que o país passe mais uma ou duas décadas com crises, o melhor é implodir o sistema.

Pior ainda quando não há indignação, protestos e ações concretas nas redes sociais e nas ruas. Da inércia do povo e da sua apatia é que vive o cruel e parasita sistema político-empresarial corrupto, que evidentemente tem que ser implodido para dar lugar à reconstrução do Brasil sobre bases éticas.

10.3 Delinquência dos pais e o aprendizado do crime pelos filhos

As carreiras cleptodelinquentes dos donos do poder político-empresarial são observadas por incontáveis pessoas, particularmente pelos filhos. Até agora, com as primeiras revelações das delações da Odebrecht, já se sabe que vários membros da mesma família estão unidos na delinquência cleptocrata. Em países com fortes dinastias políticas e empresariais, como é o caso do Brasil, é comum, porém não uma determinação biológica, que os filhos sigam as carreiras dos seus pais, aprendendo suas virtudes e, principalmente, seus defeitos. Dos políticos eleitos no pleito de 2014, para se ter uma ideia, mais de oitenta parlamentares são parentes diretos ou indiretos de outros políticos. Quando os códigos morais passados por eles aos filhos, parentes e amigos estão deteriorados, todos acabam aprendendo o *modus operandi* da criminalidade organizada treinada em espoliar toda a nação brasileira.

De acordo com o criminólogo Edwin Sutherland (SUTHERLAND, 2009), a carreira criminal — particularmente dos criminosos de colarinho branco — não se inventa, se aprende. A delação premiada de Marcelo Odebrecht só foi aceita depois que seu pai deliberou também ser colaborador da Justiça[118]. Pedro H. Pedreira Campos (CAMPOS, 2014) informa que, em uma entrevista ao Jornal do Brasil nos anos 1990, Emílio Odebrecht já admitia que pagava propina a agentes do Estado, como ao ex-ministro Antônio Rogério Magri, por exemplo.

Como se "fabrica" um criminoso no mundo da criminalidade do colarinho branco? Aqui merecem particular atenção as oligarquias poderosas que governam ou que mandam nos governantes.

Nesse campo quem sistematizou pioneiramente o possível vínculo entre o pai criminoso e a carreira do filho foi Edwin Sutherland (SUTHERLAND, 2009), criador da Teoria da Associação Diferencial, que afirma que: o crime é aprendido [com os pais, com outros delinquentes, com chefes ou diretores em uma empresa, com amigos] assim como qualquer profissão. O crime se aprende por imitação, consoante três regras: "(1) em proporção direta ao grau de proximidade ou intimidade [entre os envolvidos]; (2) o superior [ou mais antigo] é imitado pelo inferior [ou mais jovem]; (3) inserção da moda nova que substitui a anterior, com algumas exceções". Sua doutrina não perdeu atualidade, embora desenvolvida na década de 1930 do século XX.

O transgressor do mundo da criminalidade corrupta das oligarquias poderosas, por exemplo, aprende a delinquir similarmente ao processo de aprendizagem do novato em uma profissão. As premissas e as etapas de aprendizagem de uma carreira neste nefasto universo criminal são as seguintes:

(a) "o comportamento criminoso se aprende" [os animais, particularmente os humanos, possuem capacidade cognitiva; com a convivência podem aprender a ser criminosos];

(b) "o comportamento criminoso se aprende em interação com outras pessoas mediante um processo de comunicação" [aqui reside a interatividade, que é fruto da convivência];

(c) "a principal parte da aprendizagem do comportamento criminoso ocorre mediante contatos pessoais com grupos íntimos" [nessa etapa reside o desenvolvimento da apetência];

(d) "quando se aprende o comportamento criminoso, a aprendizagem abarca: (1) técnicas para cometer o delito, que são em algumas vezes complexas e outras muito simples [desenvolvimento da apetência] e (2) a específica orientação dos motivos, tendências, meios e atitudes" [nasce aqui a concupiscência];

(e) "a específica orientação de motivos e tendências é aprendida desde as definições dos códigos legais como favorável ou desfavorável" [relação custo-benefício, anomia, risco de afetação da reputação e possibilidade de locupletação — poderíamos chamar essa etapa de inferência ou conveniência];

(f) "uma pessoa se converte em delinquente porque um excesso de definições favoráveis à violação da lei prevalece sobre as desfavoráveis" [chance de impunidade, total do enriquecimento possível, risco de prisão e de restituição do locupletado — é a fase da ilícita-existência e, eventualmente, da incontinência: busca de ganhos megalomaníacos, cada vez maiores];

(g) "a associação diferencial pode variar na frequência, duração, prioridade e intensidade" [tudo depende do nível de concupiscência];

(h) "o processo de aprendizagem do comportamento criminoso mediante a associação com modelos criminais e anticriminais, inclui todos os mesmos mecanismos que qualquer outro tipo de aprendizagem" [convivência, conivência e apetência];

(i) "enquanto o comportamento criminoso é uma expressão de necessidades e valores gerais [comportamento justificado e leniente], não se explica por essas necessidades e valores gerais, posto que o comportamento não criminoso é uma expressão das mesmas necessidades e dos mesmos valores" [anomia, relativização absoluta dos valores, anaxia — ausência de valores coletivos —, ausência de hierarquia entre eles, falta de ética e moral].

Em suma, o processo de aprendizagem da associação diferencial de Sutherland percorre as etapas da cleptoconvivência, cleptoconivência, cleptodelinquência, cleptoreincidência e cleptodependência. A atualidade das pesquisas e das conclusões de Sutherland continua impressionando e se comprovando a cada dia, particularmente nas verdadeiras cleptoplutocracias, países onde a corrupção se tornou sistêmica.

A CONFUSÃO DO PÚBLICO COM O PRIVADO GERA GRAVES DANOS À POPULAÇÃO

11

11.1 Patrimonialismo: saúva que destrói o Brasil

"Da Colônia à República, é com o governo que quase sempre foram feitos os melhores negócios. Não é de hoje que boa parte da elite vem sendo formada na crença de que o segredo da prosperidade é estabelecer sólidas relações com o Estado. Vender para o Estado, comprar do Estado, financiar o Estado, ser financiado pelo Estado, apropriar-se de patrimônio do Estado, receber doações do Estado, transferir passivos para o Estado, repassar riscos para o Estado e conseguir favores do Estado", como apontou o professor de economia da Pontifícia Universidade Católica do Rio de Janeiro Rogério Furquim Werneck[119].

Essa é a espinha dorsal do crime organizado político-empresarial que se apropriou do Brasil e fez fortunas com o dinheiro e favores do Estado. Estima-se que cerca de 25% do PIB brasileiro se relaciona com o Estado. Isso se chama patrimonialismo, que é uma das saúvas que dizimam o Brasil. "Ou o Brasil acaba com a saúva, ou a saúva acaba com o Brasil", disse Auguste de Saint-Hilaire, francês, que aqui viveu no início do século XIX. A frase nos sugere livrar o Brasil de todas as gestões e relações que lhe são perniciosas — inicialmente, o patrimonialismo e a corrupção nele envolvida.

Patrimonialismo, que vem de patrimônio e patrimonial, significa a apropriação ou o uso do patrimônio público como se fosse coisa privada. É a confusão do público com o privado. Quem se apropria da coisa pública como se fosse patrimônio privado é patrimonialista. Vereador, prefeito, governador, deputado, presidente ou qualquer outro político que nomeia funcionário fantasma para se apropriar do seu salário pratica o patrimonialismo.

O conceito de patrimonialismo foi desenvolvido pelo sociólogo alemão Max Weber e difundido no Brasil, sobretudo, por Raimundo Faoro (FAORO, 2012) e Sérgio Buarque de Holanda (HOLANDA, 1995), entre outros, que procuraram fundamentar suas origens históricas nas tradições de Portugal, esquecendo-se que o humano é muito mais produto das instituições, forjadas à imagem e semelhança das elites dirigentes, que do seu legado histórico. Se seguíssemos a herança histórica de Portugal teríamos tido, como lá, poucos escravos. Aqui, no entanto, durante quase quatro séculos, nossas instituições políticas, econômicas, financeiras, jurídicas, sociais, educacionais, familiares apoiaram a escravidão — contrariando em alguns momentos os ingleses —, que se converteu na base de toda a economia extrativista e agrícola de 1500 a 1888, criando-se com isso muitas fortunas.

O patrimonialismo é uma forma degenerada de dominação, de exercício do poder. É origem, desde logo, do clientelismo. O agente público usa o patrimônio público como se fosse coisa privada para criar sua clientela. Nomeação de parentes ou de partidários para se apropriar indevidamente da coisa pública. A intelectualidade brasileira enviesadamente difunde apenas duas dimensões do patrimonialismo:

(1) O praticado pelos governantes que dispõem do patrimônio público como se fosse coisa privada. E aqui entram o nepotismo, o fisiologismo, o clientelismo, o amiguismo, o favoritismo, o paternalismo político, o coronelismo. Também se incluem os grupos de governos regionais que extraem indevidamente transferências do Tesouro Nacional;

(2) O protagonizado pelos "estamentos" estatais, pelo funcionalismo, que buscam se apropriar do patrimônio público para criação de vantagens e benefícios corporativos indevidos, como salários acima do teto geral, excessos corporativos, regalias específicas para determinadas categorias. Muito semelhante a esse tipo de corporativismo é o desenvolvido pelos sindicatos. Estes, no entanto, são normalmente privados.

■ Patrimonialismo significa a apropriação ou o uso do patrimônio público como se fosse coisa privada. É a confusão do público com o privado.

De acordo com essa visão nitidamente classista, teríamos então apenas o patrimonialismo político e o corporativo funcionarial. Ambos estatais, como se vê. Classicamente, o patrimonialismo no Brasil é visto como um vício governamental e como um problema do Estado, do poder público. "O Brasil não avança por causa do patrimonialismo do Estado", diz o senso comum. Esse conceito bidimensional de patrimonialismo, no entanto, é incompleto e ideologicamente manipulado. Quem se refere ao patrimonialismo com essa estreita e interesseira visão ou desconhece sua real dimensão ou é um intelectual desses vendidos ao sistema.

Classicamente, o patrimonialismo no Brasil é visto como um vício governamental e como um problema do Estado, do poder público. Não está ligado apenas aos interesses dos agentes do Estado e aos dos seus "estamentos", que seriam os únicos corruptos existentes no planeta. Não está atrelado apenas à emoção do homem cordial (HOLANDA, 1995), a negação da racionalidade impessoal que deveria guiar a condução da coisa pública.

Foyer cleptocrata (CAVALCANTI, 1991)

Ademar de Barros — "o homem da caixinha da corrupção", o do "rouba, mas faz" — foi um dos governantes mais patrimonialistas do Brasil. Fez fortuna indevida incalculável no exercício de 32 anos de função pública (1934-1966). Sem a conivência das instituições políticas, econômicas, jurídicas e sociais jamais teria tido tanta prosperidade em sua carreira cleptocrata. Foi interventor do Estado de São Paulo (1938-1941) e elegeu-se governador (1947), prefeito (1957) e novamente governador (1962). Em quatro anos de mandato (1947-1950) teria feito fortuna equivalente a uma renda anual do Estado de São Paulo, cinco bilhões de cruzeiros, na época. Só em uma cleptocracia poderia se discutir, como se discutiu, se a "caixinha" extorquida dos bicheiros e prostitutas era ou não secreta. Ademar mostrou "recibos" do uso do dinheiro extorquido e tudo ficou por isso mesmo. Noutra ocasião, esculhambou o banqueiro Gladstone Jafet por ter embolsado o dinheiro que seria da propina do governador. Tudo foi pago depois por meio de notas promissórias. O Jardim Leonor, no Morumbi, foi financiado pela Caixa Econômica "para resolver o problema da habitação em São Paulo". Com o dinheiro do empréstimo foi possível comprar o terreno da família Matarazzo e levantar uma fortuna imensa. Com o dinheiro público muita riqueza foi e continua sendo construída no Brasil.

11.2 Patrimonialismo empresarial escondido a sete chaves

São também patrimonialistas os empresários e bancos — e isso a intelectualidade esconde — que fazem parte do clube dos donos cleptoplutocratas do poder, os barões-ladrões que brotam das elites dirigentes, que possuem acesso ao poder político e vivem alavancando suas fortunas com favores públicos indevidos (isenções fiscais, licitações marcadas, empréstimos subsidiados, uso do dinheiro público para fins particulares, apropriação de bens públicos, monopólios ou oligopólios). O patrimonialismo empresarial reflete uma situação "em que pequenos grupos, verdadeiras minorias organizadas, conseguem auferir benefícios de uma maioria difusa e inerte que paga impostos. É a negação da democracia, do governo da maioria; trata-se do efeito voracidade estudado por Tornell e Lane", como destacou Mailson da Nóbrega[120].

Os donos cleptoplutocratas do poder, as elites delinquentes, são ávidos apropriadores do patrimônio público assim como das instituições públicas para arrebanharem suas fortunas privadas. As empresas que se unem em cartéis para dividirem obras públicas por preços combinados são patrimonialistas tanto quanto os políticos que usam o cargo público para a defesa de interesses privados.

Além do patrimonialismo político e corporativo, há também o patrimonialismo empresarial e financeiro. Grande parte das enormes fortunas empresariais e bancárias no Brasil foram e são conseguidas pela apropriação indevida da coisa pública e de benefícios públicos injustos. As reservas de mercado e os subsídios estão sempre no horizonte do desejável pelo clube da cleptoplutocracia.

A instituição da escravidão no Brasil constitui um característico exemplo de patrimonialismo cleptoplutocrata. O apoio institucional às roubalheiras lícitas ou politicamente favorecidas dos donos do poder caracteriza o país como uma cleptoplutocracia. O Brasil, nesse sentido, é uma cleptoplutocracia desde o seu nascimento.

É patrimonialista quem usa o cargo público para a defesa de interesses privados, e também todo o clube dos cleptoplutocratas que procura surrupiar o patrimônio público para a fabricação de riquezas privadas, valendo-se para isso do personalismo político-empresarial,de acordos, arranjos, jeitinhos, amizades, conchavos, apadrinhamentos, capitalismo de compadrio. São patrimonialistas todos os devedores intencionais do erário, que usam suas dívidas para alavancar seus negócios.

O patrimonialismo político, corporativo e empresarial como forma de dominação, de qualquer modo, existe no mundo inteiro, em maior ou menor grau. Os políticos, os funcionários e os empresários e banqueiros americanos, franceses, alemães, japoneses, ingleses, italianos ou espanhóis também são patrimonialistas. Tendo chance, sempre se enriquecem com o patrimônio de todos, da população. É um equívoco imaginar que em todos os demais países não existe a apropriação privada do Estado para fins particulares. Esse discurso acoberta a pilantragem dos donos delinquentes do poder que pública e cinicamente discursam contra o "mar de lama" do Estado e, na surdina, privatizam-no a todo momento, canalizando as suas riquezas para suas contas bancárias.

O patrimonialismo não é uma jabuticaba verde-amarela nem uma especificidade da cultura portuguesa, ou mesmo uma singularidade do brasileiro (SOUZA, 2015).

Por força do chamado complexo de vira-lata, somos levados a nos considerar inferiores, menos honestos e menos capazes que a população de outros países. Se esses déficits acontecem, não é por razões históricas nem características congênitas, e sim por circunstâncias institucionais. Não é verdade que somos só "corpo" (sexo, emotividade, samba, cordialidade irracional), enquanto outros planetários seriam "espírito" (cultura, racionalidade). O problema real é que aqui, no Brasil, as instituições políticas, econômicas, jurídicas, educacionais e sociais foram criadas de acordo com as diretrizes cleptoplutocratas, e são marcadas pelo patrimonialismo, pelo compadrio, pelo predomínio das relações pessoais sobre a meritocracia, pela corrupção. O ser humano, para o bem ou para o mal, é produto direto dessas instituições.

Consequentemente, o patrimonialismo no nosso país encontra apoio e acobertamento institucional. O patrimonialismo praticado pelos cleptoplutocratas no Brasil surgiu muito antes da "refeudalização política" promovida pela burguesia ascendente na França, em 1830.

■ **É um equívoco imaginar que em todos os demais países não existe a apropriação privada do Estado para fins particulares. Esse discurso acoberta a pilantragem dos donos delinquentes do poder que pública e cinicamente discursam contra o "mar de lama" do Estado e, na surdina, privatizam-no a todo momento, canalizando as suas riquezas para suas contas.**

Alexis de Tocqueville afirma que a burguesia se apoderou de todos os cargos e se acostumou a viver tanto do Tesouro Público como da própria atividade industrial (SAPELLI, 1998). Isso é feito no Brasil desde sempre pelo clube da delinquência político-empresarial. Grande parte das fortunas dessa confraria provém do erário.

Conclusão: as instituições frágeis no Brasil controlam pouco ou nada todo esse tipo de roubalheira patrimonialista. Grande parte das ações de improbidade administrativa, por exemplo, termina sem consequências. As punições criminais, depois das investigações administrativas, não atingem nem 3%, segundo dados da Fundação Getúlio Vargas. Tudo isso caracteriza o Brasil não como uma singularidade mundial em termos de corrupção, mas como uma pujante cleptoplutocracia, ao lado de tantas outras. Seu combate exige instituições fortes. E instituições fortes requerem empoderamento e muita pressão popular. Mais Lava Jato, mais ruas e mais redes sociais: por aí se pode fazer a necessária revolução e a implosão do velho sistema parasitário e corrupto. Você, caro leitor, também é responsável por esse empreendimento. Mexa-se!

SE TUDO ESTÁ MORTO, ENTÃO TUDO ESTÁ PERMITIDO?

12

12.1 Um mundo sem limites?

A criminalidade organizada político-empresarial brasileira é resultado do desmoronamento de uma série interminável de travas éticas, religiosas, morais, jurídicas, políticas. Primeiro foi suspensa a ética, que se tornou um fardo muito pesado para ser carregado diariamente (MONTESQUIEU, 2009). A ética se desvinculou da política com a modernidade, iniciada no século XVI com a doutrina de Maquiavel. Depois, decretou-se a morte de Deus — essa afirmação atribuída a Friedrich Nietzsche. A política como virtude, ideal da era dos gregos antigos, tornou-se antiquada. O respeito às leis humanas e à Justiça se desmoronou. Se tudo morreu, então tudo está permitido? Essa era a pergunta das personagens de Fiodor Dostoiévski, no livro *Os Irmãos Karamazov*.

Em um mundo desgraçada e institucionalmente leniente, em que os limites religiosos observados pelos antigos faleceram, sem ética e sem o império das leis, era mais do que previsível o nascimento de um pujante covil de ladrões, que mandam e desmandam nos destinos do país. A virtude política maquiavélica, em que importam os fins e não os meios, coligada com as utilidades materiais, terrenais, desenvolvidas pelos costumes e tradições do mercado, fez com que o mundo empresarial se aliasse ao mundo político para a criação do crime organizado mais poderoso do Brasil.

Até quando Montesquieu mirava a Inglaterra, no século XVIII, ainda se acreditava na "capacidade educativa do comércio" (SAPELLI, 1998). Mas, no mundo do mercado monopólico, oligopólico ou cartelizado, no entanto, não há espaço para a ingenuidade. Tudo se flexibiliza, se relativiza — tudo fica "líquido", dizia Bauman (BAUMAN, 2001). Os donos delinquentes do poder não apenas roubam o dinheiro público como acobertam-se reciprocamente. Esconder um patrimônio fora do país, em paraísos fiscais, sem pagar os devidos impostos, não gera uma grande preocupação porque sabe-se que logo virá uma lei de anistia, de legalização da rapinagem, com alíquotas favorecidas.

As instituições políticas, midiáticas e econômicas se entendem, se acobertam. As jurídicas frequentemente se omitem. Muitas vezes chegam até a referendar um determinado "padrão antiético de governabilidade" por meio de conchavos. É o chamado *government by corruption*. Assim funcionam as engrenagens azeitadas das cleptoplutocracias, consoante os ditames de um maquiavelismo já bastante maduro. Com toda clareza, o direito se separou da moral. No Brasil, isso nunca foi diferente. Especialmente o Supremo Tribunal Federal não conta com uma história de defesa constante da cidadania. Em vários momentos, este vacilou e se curvou aos interesses dos governantes de plantão.

A cleptoplutocracia no Brasil não é uma patologia, mas faz parte da sua fisiologia, da sua natureza, da sua essência. Nosso país é um caso típico de absoluta ruptura entre os donos do poder e suas obrigações político-jurídicas ou morais. E essa ruptura não é ocasional e descontínua, "senão contínua e homogênea" (SAPELLI, 1998). Nós somos protagonistas de uma proliferação social em que se perde de vista a diferença existente entre a patologia e a fisiologia [G. Sapelli, citado, referindo-se ao sistema italiano]. O que a Lava Jato está comprovando é a existência de um sistema político-empresarial profundamente corrupto, que produz consequências para nossa cultura e para nossas instituições que não sofrerão qualquer tipo de mudança, enquanto o sistema corrupto não for devidamente dinamitado.

12.2 Se "todos" são corruptos, eu também posso ser?

Nada é mais aterrizador para uma nação que o discurso que legitima a rapinagem, sobretudo quando ela é engendrada por uma poderosíssima organização criminosa formada pelos donos delinquentes do poder, verbalizado de forma plácida e diáfana, para não dizer macunaímica, no sentido de que a corrupção (a sonegação, a lavagem, a malandragem, a evasão de divisas, o caixa dois) é algo "natural", "comum", algo enraizado na "tradição" e nos "costumes" do povo brasileiro. É a pouca-vergonha institucionalizada.

Quando eclodiu o Mensalão do PT, depois do Mensalão do PSDB mineiro, Lula, em 2005, estava em Paris e reagiu dizendo que todos os partidos políticos fazem caixa dois. A corrupção é coisa da "nossa cultura", disse o ex-ministro José Eduardo Cardozo. "Não há no Brasil um gestor público que não tenha um processo", frase de Dalva Dias, PDT-SC. "Se não fizer acerto [com políticos], não se coloca um paralelepípedo no chão", disse o advogado M. Oliveira Filho. FHC, cujo partido participa do governo vigente disse "que a corrupção virou uma coisa patológica, que minou todo o país, houve um processo de desmoralização de muitas instituições pela corrupção que generalizou"[121].

Contra a visão antiética do mundo lançamos o movimento #QueroUmBrasilÉtico (queroumbrasiletico.com), que sustenta que a corrupção, para além de ser um grave problema individual, pessoal e ético, é também um malefício que afeta (1) o mercado e a economia, mascarando a concorrência e desviando bilhões de reais do crescimento do país, (2) a política e a democracia, tornando-a ilegítima, (3) a Justiça e o império da lei, enfraquecendo as instituições assim como (4) a própria sociedade, pois canaliza a riqueza para as pessoas bem posicionadas dentro do Estado e desmorona o chamado "capital social", fundado na confiança necessária para o bom funcionamento da sociedade.

Neste livro estamos cuidando das nefastas consequências da corrupção para a economia, política, império da lei e sociedade. Em relação ao problema individual, vale a pena revisitar algumas noções elementares de ética e de moralidade transmitidas pelos especialistas da área.

Quando os políticos ou administradores públicos afirmam que o malfeito e a corrupção são coisas de "todo mundo", ou seja, da tradição, dos costumes, das instituições, estamos diante de um sinal inequívoco de uma cleptoplutocracia. Toda época tem sua estrutura moral, de acordo com Aranguren (ARANGUREN, 1999), ou seja, suas pautas de conduta, seus ideais, seus fins, seus valores. A vida, ainda que marcada por debates e embates, não pode se desconectar de algumas margens limitadoras, sob pena de se embrenhar para o mundo da corrupção, do mau-caratismo, da malandragem, da desonestidade, enfim, da falta de moral e de ética.

Em nenhum instante da nossa vida, sobretudo quando participamos da vida política da cidade ou do país — da "polis" ou da *res publica* —, podemos admitir a mancha ou a mácula do mau-caratismo, das relações promíscuas e da irresponsabilidade. A corrupção é generalizada no país — o que é um truísmo, uma verdade comum—, mas nem todo mundo é corrupto, conforme Renato Janine Ribeiro (CORTELLA, RIBEIRO, 2010). Por outro lado, ninguém é obrigado a se sujeitar aos padrões nitidamente pervertidos e podres. Lembre-se que um dos sentidos de corrupção é descrever um fruto podre.

■ Por força da ética, não somos obrigados a seguir os costumes imorais de rapinagem e de promiscuidade enraizados em algumas práticas do sistema político-empresarial corrupto.

Ao "clube" dos empreiteiros cartelizados, cujos porta-vozes chegaram a afirmar que foram "extorquidos", faltou precisamente uma postura ética firme contra a tradição, o costume e a cultura. Os poderosíssimos financiadores das campanhas eleitorais, que "compram" os políticos, medidas provisórias, leis e contratos superfaturados, jamais se sujeitam a extorsões dos seus financiados. Os "capos" da máfia não se curvam aos subordinados.

Por força da ética, não somos obrigados a seguir os costumes imorais de rapinagem e de promiscuidade enraizados em algumas práticas do sistema político-empresarial corrupto que ainda resiste. Existiria por acaso algum tipo de força sobrenatural com poder para levar a maioria dos agentes econômico-financeiros, políticos e agentes públicos a se comportarem frequentemente de maneira irregular? Não.

Todas as vezes que nos deparamos com uma tradição ou costume ou com uma ordem externa, devemos prestar atenção no seu conteúdo e na sua natureza. Não podemos concordar com, muito menos praticar, a gatunagem. A ética diz respeito ao foro interno da nossa vontade e liberdade. Em geral, somos livres para decidir pelo bem ou pelo mal, pelo certo ou pelo errado, como sugere Savater. Octávio Paz aponta que podemos dizer "sim" ou "não".

O preço que pagamos por contarmos com essa liberdade é a responsabilidade. Devemos ser sempre responsáveis pelos atos que praticamos. E, nesse caso, nem a ordem externa nem a tradição nem os costumes nos absolve. Nós, seres humanos, somos distintos dos animais irracionais, das plantas e dos minerais, porque contamos, dentro de certas medidas, com o que se chama liberdade — ainda que esteja seja condicionada. O ato de corromper ou de ser corrompido, que é um desvio moral profundo, é fruto dessa liberdade, por isso a corrupção é, antes de tudo, mas não somente, um problema ético e moral. Se cada um de nós elevasse o padrão ético, certamente teríamos menos corrupção e menos violência no país.

Os animais irracionais não podem alterar seus códigos biológicos. Isso significa que são o que são e não conseguem alterar o seu caminho. Fazem somente o que estão naturalmente programados para fazer. As formigas são da forma que são e não é facultado a nenhuma delas alterar sua natureza. Como lembra Savater, os animais não podem ser reprovados porque não sabem se comportar de outro modo. Ou seja: não contam com autodeterminação, a capacidade de entender e de querer. Os seres humanos também são programados biologicamente. Mas, conjuntamente com a constituição biológica, também contamos com uma programação cultural, que é orientada, em grande parte, pela nossa própria determinação.

Por isso "sempre podemos optar finalmente por algo que não esteja no programa. Podemos dizer 'sim' ou 'não', quero ou não quero. Nunca temos um só caminho a seguir. Temos vários (SAVATER, 2012)". "Somos indivíduos livres e nossa liberdade nos condena a tomar decisões durante a nossa vida" (SARTRE, 2012). Premissa básica da convivência humana é que não podemos fazer tudo o que queremos. Por mais poderoso que alguém seja, a vida não pode seguir os seus caprichos. Não existe liberdade sem limites e sem responsabilidade, embora, dentro de certos parâmetros, possamos inventar e eleger nossa forma e nosso estilo de vida. Mas também podemos nos equivocar, isso é certo, *errare humanum est*.

A essa arte de viver bem com expurgo do mau-caratismo e da rapinagem chamamos de ética, que, na verdade, não significa apenas a "arte de viver bem", senão a "arte de viver bem *humanamente*", respeitando nossos semelhantes, ou seja, os outros caminhantes, os direitos humanos, os valores básicos de convivência, os animais, a natureza e o bom uso das novas tecnologias. Tratar nossos semelhantes como "insetos", ou ignorá-los completamente, como é a postura da indiferença, significa ferir profundamente os preceitos éticos que norteiam nossa existência.

Uma coisa é lutar pela sobrevivência, estando isolado em uma ilha, como foi o caso de Robinson Crusoé, criado por Daniel Defoe, em 1719. Outra bem distinta é viver em sociedade, ou seja: "con-viver" com seus semelhantes, com os outros caminhantes. Defoe (ver *Wikipedia*) "inspirou-se na história verídica de um marinheiro escocês, Alexander Selkirk, abandonado, a seu pedido, em uma ilha do arquipélago Juan Fernández, onde viveu de 1704 a 1709. Robinson Crusoé herda desta história o mito da solidão, na medida em que vive sozinho durante vinte e cinco anos, antes de encontrar a personagem Sexta-Feira. O romance simboliza a luta do homem só contra a natureza, a reconstituição dos primeiros rudimentos da civilização humana, testemunhada apenas por uma consciência e dependente de uma energia própria".

■ O que transforma nossa vida em vida humana é o fato de que somos todos compelidos a passar os dias em companhia de outros seres humanos, interagindo, conversando, negociando, amando, construindo sonhos ou castelos, fazendo projetos, jogando, discutindo, concordando, discordando, debatendo.

Quando outro ser humano aparece na nossa "ilha", não há como não tratar esse humano com respeito, como outro caminhante. Nesse caso, surge mais uma premissa básica de convivência: jamais podemos fazer aos outros o que não gostaríamos que fizessem conosco. No mundo oriental, fala-se no princípio da *ahimsa*, da não violência. A partir do momento em que temos que conviver com outros semelhantes, a ética evolui da "arte de viver bem" para a "arte de viver bem *humanamente*". Temos que viver com os outros ou contra os outros, porém *humanamente*, ou seja, entre seres humanos, como diz Savater.

O que transforma nossa vida em vida humana é o fato de que, não estando nós em uma ilha isolada como Robinson Crusoé, somos todos compelidos a passar os dias em companhia de outros seres humanos, interagindo, conversando, negociando, amando, construindo sonhos ou castelos, fazendo projetos, jogando, discutindo, concordando, discordando, debatendo. Mas todos somos seres humanos, e como humanos todos devemos ser tratados.

Cada dia fica mais claro no nosso país que nem Estado, nem mercado, nem o capitalismo à brasileira, egoísta e selvagem, nem os políticos, muito menos os partidos, nem o sistema político nem o sistema econômico estão cumprindo o que deveria ser feito. Ao contrário, a desconfiança é generalizada, porque no lugar do que deveriam fazer há cada vez mais a desigualdade, a concentração do poder e da riqueza, a contaminação, a destruição do meio-ambiente, o desemprego, a má-qualidade do serviço público, a corrupção, a violência, os desmandos e, o que é mais importante, "a degradação dos valores que sustentam a sociedade, onde tudo é aceitável e ninguém é responsável", como destaca Stiglitz (STIGLITZ, 2015).

O "cada cabeça um voto", eixo da democracia representativa clássica, transformou-se em "cada voto um real", ou um dólar. Daí todo o questionamento que se faz frente à democracia vigente, marcada pelo compadrismo entre a economia corrupta e a política, assim como entre a politica e a governança. O mau-caratismo só pode ser combatido com ética e cidadania. A corrupção sórdida que demarca a governabilidade no Brasil equivale no plano esportivo a fazer um gol com a mão. Trata-se de um comportamento imoral e antiético.

Gilberto Freyre, em 1938, falou da habilidade dos mulatos brasileiros no futebol, da astúcia, da espontaneidade individual, como lembrou Ronaldo Helal[122]. Na cultura brasileira, a partir daí, fala-se no jogador competente, regular, esforçado, assim como no astuto, no malandro. Ambos possuem espaços na cultura brasileira — tal qual bem notou Antonio Cândido, com sua crítica à "dialética da malandragem" (CÂNDIDO, 1970). Também há quem admire heróis malandros, o que, aliás, explicaria a atitude daqueles que apoiam o gol feito com as mãos.

Há, no entanto, atos, costumes, convenções, regras e convicções gerais que podem ser imorais, maus ou errados. Por mais que da nossa cultura faça parte o herói malandro, é claro que não podemos concordar com a malandragem, com o engodo, com o errado. Daí censurarmos o gol feito com a mão, que é, antes de tudo, imoral. Ninguém pode se beneficiar da malandragem.

AS CRISES ESTIMULAM GRANDES MUDANÇAS

13

13.1 A implosão do sistema vai fortalecer as instituições

Citado por Cristina Martín Jiménez, em *O Clube Secreto dos Poderosos,* Albert Einstein disse: "Não pretendamos que as coisas mudem se fizermos sempre o mesmo. A crise é a melhor bênção que pode acontecer às pessoas e países porque a crise traz progressos. A criatividade nasce da angústia. É na crise que nascem a invenção, os descobrimentos e as grandes estratégias. Quem supera a crise supera-se a si mesmo sem ser superado. Quem atribui seus fracassos à crise, violenta o próprio talento e respeita mais os problemas que as soluções e a si mesmo. A verdadeira crise é a da incompetência.

O inconveniente dos países é a preguiça para encontrar as saídas e as soluções. Sem crise não há mérito. Falar da crise é promovê-la, e calar na crise é exaltar o conformismo. Trabalhemos duramente, acabemos de uma vez por todas com a verdadeira crise ameaçadora, que é a tragédia de não saber superá-la" (MARTÍN JIMÉNEZ, 2015).

O Brasil passa por crise econômica profunda: país em recessão, com quase 8% de Produto Interno Bruto negativo, mais de 13 milhões de desempregados, empresas endividadas, inflação ainda alta para os padrões internacionais. São inúmeras as razões dessa crise: excesso de gastos, irresponsabilidade fiscal, excesso de endividamento. A corrupção, evidentemente, também contribuiu para o cenário. Quem olha para o Rio de Janeiro hoje vê relação direta entre a corrupção do sistema e o aniquilamento do Estado.

Desde 2014, entretanto, começamos a ver dois fenômenos inéditos juntos: a crise econômica e o combate duro à corrupção dos donos delinquentes do poder, que também atuam no mercado e nas finanças. Um dos principais grupos que formam o crime organizado mais potente do país, agentes econômicos e financeiros, foi atingido pela crise econômica e, ao mesmo tempo, atacado pelos bombardeios da Operação Lava Jato com investigações, processos, prisões, bloqueios de bens e acordos com a Justiça.

Nunca esse crime organizado havia sido enfrentado com a firmeza necessária. A partir da década de 1990 o mundo avançado colocou o combate à corrupção na agenda do desenvolvimento sustentável. Tardiamente, o Brasil só começou esse enfrentamento de forma sistemática em 2012, com o julgamento do Mensalão. Os bombardeios lançados contra a corrupção sistêmica político-empresarial tiraram a escada dos donos delinquentes do poder e os deixaram no ar com a brocha na mão. Ficaram nitidamente perdidos. Nunca tinham aprendido a viver e a fazer negócios em um país sem a estrutural corrupção que liga a economia à política.

A luta contra a corrupção e a cleptoplutocracia deu visibilidade e agravou as crises em curso, mas justifica-se não só por razões éticas, senão também porque constitui o único caminho de fortalecimento das instituições políticas, econômicas, jurídicas e sociais e da governabilidade, assim como de um modelo econômico saudável. Os donos delinquentes do poder precisam aprender a viver em um país não cleptoplutocrata, não sistemicamente corrupto.

Não existe desenvolvimento sustentado sem instituições e governos legítimos e eficientes. Não existem instituições fortes nem governos respeitáveis quando eles são cleptocratamente tolerantes com a corrupção, como defende J. A. Alonso (ALONSO, MULAS-GRANADOS, 2011). O que a submissão às leis deve transmitir aos donos delinquentes do poder, integrantes do clube da maldade corruptiva, é a mensagem de que a corrupção sistêmica e, sobretudo, a cleptoplutocracia institucionalizada, só é boa para eles, não para a nação. Eles enriquecem com esse sistema, enquanto a população empobrece e o país vira um inferno de caos e colapso.

Os presídios brasileiros comandados pela criminalidade organizada privada — anárquicos, violentos, submetidos aos seus senhores poderosos e arbitrários — constituem um bom exemplo em miniatura do que pode ser o Brasil inteiro amanhã sob o comando perpétuo da criminalidade organizada dos poderosos, dos donos delinquentes do poder.

A corrupção e a cleptoplutocracia constituem um binômio que incentiva o capitalismo de compadres, dos laços, das amizades, desestimula a concorrência e a inovação, altera os mecanismos do funcionamento do mercado, destrói a competitividade do país, não cria mão de obra qualificada e dissemina a ignorância por ausência de educação. Afeta igualmente o nível industrial e produtivo da nação, afasta o investimento quando é combatida, torna o ambiente econômico instável e inseguro, gera incerteza nos rendimentos esperados, incrementa a lucratividade rentista, penaliza os mais fracos e impede o crescimento econômico, o que significa um obstáculo mortífero para o desenvolvimento do país.

A corrupção e a cleptoplutocracia, como se observa, tem tudo a ver com as nossas três crises mais agudas: (a) ética, (b) política, em que grande parcela desse setor está envolvida na Operação Lava Jato, e (c) econômica. Não é difícil perceber no baixo ou negativo crescimento econômico do Brasil a conjugação destas três crises.

Por meio da corrupção e da cleptoplutocracia a fortuna da nação é drenada para o bolso de poucos, que ostentam riquezas e privilégios nitidamente contrastantes com a pobreza ou dificuldades de milhões de brasileiros. Não há país no mundo que suporte sem convulsões e por muito tempo os drásticos efeitos de crises éticas, políticas e econômicas.

■ A corrupção e a cleptoplutocracia constituem um binômio que incentiva o capitalismo de compadres, desestimula a concorrência e a inovação, altera os mecanismos do funcionamento do mercado, destrói a competitividade do país, não cria mão de obra qualificada e dissemina a ignorância por ausência de educação.

Desde 2005, quando explodiu o mensalão, o governo Lula revelou graves problemas éticos e políticos, de governabilidade, mas a economia estava crescendo. Historicamente, o povo tende a suportar certos níveis de corrupção quando "todos estão ganhando". Para os tradicionais donos delinquentes do poder aquele governo foi interessante. Todos estavam lucrando. E, o mais importante, no governo Lula o Brasil não parou, apesar da corrupção.

A situação atual é bastante diferente. Denise Neumann bem sintetizou a gravidade da situação econômica atual[123]: "O BNDES está informando que a intenção dos empresários em investir caiu cinco pontos percentuais do Produto Interno Bruto. Seus desembolsos, que chegaram a ter o peso de quatro pontos no PIB, hoje são inferiores a dois pontos. O PAC (Programa de Aceleração do Crescimento) tem, em 2017, metade do orçamento de 2014. Na média, a indústria brasileira está com um quarto da capacidade de produção ociosa. O crescimento previsto para 2017 é reduzido a cada dia. A economia desabou mais de 7% em dois anos".

13.2 Por que o Brasil parou?

O Brasil já enfrentou crises semelhantes antes. Então, por que o país parou? O argumento de Naercio Menezes Filho, recordado pela jornalista citada, é o seguinte[124]: "O Brasil está passando por uma série de mudanças institucionais que estão provocando uma mudança brusca no jeito de fazer negócios no país, que está deixando alguns dos atores-chave da economia brasileira paralisados. Essas mudanças, que começaram com o julgamento do 'Mensalão', continuaram com a proibição da contribuição de empresas privadas para as campanhas eleitorais e prosseguem com a Operação Lava Jato, estão mudando o jeito como o país funciona. O governo não está conseguindo fazer uma transição rápida para um novo *modus operandi*".

O velho jeito delinquente, ladrão e corrupto de fazer negócios está sendo encurralado. O velho capitalismo à brasileira (cartelizado, monopolizado ou oligopolizado) está sendo colocado contra a parede. As empresas e o governo, que desfrutaram de cinco séculos de pujante cleptoplutocracia, não estão conseguindo fazer a transição para um novo *modus operandi*. O velho já morreu, mas o novo ainda não nasceu. É neste vácuo que se encontra o Brasil.

O impacto da Lava Jato contra o sistema político-empresarial corrupto está sendo idêntico ao da Lei Áurea, em 1888. No século XIX, contudo, a oligarquia política-empresarial não foi implodida. Espera-se que agora seja diferente. E será, se o povo fizer com que a bomba-relógio detone o sistema, pela Lava Jato e pelas urnas.

Alguns donos cleptoplutocratas e picaretas do poder, saudosistas do velho modelo, dizem: "Com a prisão de Lula basta. O país precisa voltar a crescer". Lula deve mesmo, dentro da lei, ser responsabilizado pelos delitos que cometeu, mas é inconcebível que, em nome do crescimento, sempre em benefício das castas intocáveis, deva-se "estancar sua sangria" da Operação Lava Jato. Esse tipo de picaretagem não tem a mínima noção do que é ética, da necessidade de o Brasil ser passado a limpo e ainda nega a validade da força *erga omnes* da nossa Justiça.

O que se pretende com esse estrambólico discurso lançado aos quatro cantos do país pela cleptoplutocracia é a preservação do velho padrão antiético de governabilidade (*government by corruption*), onde prepondera a ostentação, a prepotência, a impunidade, a corrupção, a discriminação, a desigualdade, o desprezo pela cultura do esforço e o privilégio que outorgam as redes familiares oligárquicas.

Naercio Menezes Filho ainda lembra que, no Brasil, sempre existiu uma relação estreita entre uma parcela dos empresários e a burocracia estatal (estima-se que essa relação represente 25% do PIB). Aliás, desse vínculo nasceu o clube da cleptoplutocracia brasileira. "Esse modelo econômico foi sendo construído ao longo de 500 anos e ninguém sabe o que fazer agora que ele está desmoronando". O cachimbo deixa a boca torta. Esse momento de crise é um convite para que o governo e a classe empresarial-financeira se reinventem. Muitos países fazem negócios sem a corrupção sistêmica.

■ **O cachimbo deixa a boca torta. Esse momento de crise é um convite para que o governo e a classe empresarial-financeira se reinventem. Muitos países fazem negócios sem a corrupção sistêmica.**

O PIB brasileiro cresce pouco desde a década de 1980 e a recessão está aí desde 2015 em razão de vários fatores conjunturais e erros de política econômica, mas, sobretudo, por questões estruturais. A dominação e o exercício do poder no Brasil são cleptoplutocratas. Dentro das elites dirigentes há um clube que busca continuamente construir fortunas surrupiando o dinheiro público. Chegou a hora da mudança. Menezes Filho chega a oferecer uma receita: "regras claras para todos, fortalecimento das agências reguladoras, reavaliação de todas as políticas de incentivo ao desenvolvimento regional e à inovação e aumento da concorrência internacional, diminuindo as barreiras tarifárias para o comércio, com manutenção dos percentuais mínimos de gastos públicos em saúde, e educação, mesmo com ajuste fiscal, para garantir igualdade de oportunidade para todos os brasileiros".

Cartéis, oligopólios e monopólios sempre tocaram uma forte parcela da economia brasileira. Como estão sendo bombardeados pela Justiça, a economia entrou em parafuso e ainda não conseguiu se restabelecer. Mudanças profundas são as palavras de ordem. A implosão total do velho jeito malandro de fazer política e negócios tem que acontecer. "A alternativa à catástrofe como condição da mudança é a reforma das ideias e das instituições", conforme Mangabeira Unger.

As crises são excelentes oportunidades para isso. Existe um colapso no mundo das ideias e das instituições. O sistema parasita cleptoplutocrata não apresenta nada de novo, porque só pensa em si. O Brasil está à espera de algo novo. Este algo novo não sairá, evidentemente, do clube dos delinquentes. Os que perderam o rumo por falta de alternativas poderão se encontrar com as novas lideranças — nacionais, estaduais e municipais — comprometidas com a nação, com o combate à corrupção, com o enfrentamento das desigualdades e das injustiças. É só uma questão de aproveitar a oportunidade.

A Justiça precisa ser reformada, o foro privilegiado nos tribunais tem que acabar, a nomeação política dos juízes dos tribunais superiores tem que ser eliminada. Já passou da hora de implodir o velho sistema político-empresarial corrupto, dilacerando seus pilares do patrimonialismo, fisiologismo, corrupção, amiguismo. O mundo corrompido e viciado que os donos do poder construíram nesses cinco séculos oferece pouco ou nenhum espaço para o ser humano excluído das castas dirigentes. Nossa união e nossa reação são os únicos remédios para a melhora do país. O que estamos esperando para agir?

ELEIÇÕES: O PRÓXIMO PRESIDENTE DO BRASIL SERÁ UM CORRUPTO, UM POPULISTA RADICAL OU UMA NOVA LIDERANÇA?

14

14.1 Os velhos caciques políticos concorrerão?

É muito difícil fazer previsões, sobretudo em relação ao futuro (frase de autoria incerta). Os velhos e nefastos caciques da política brasileira farão de tudo para estarem no jogo político. Afinal, ninguém quer perder o poder e, mais ainda, o foro privilegiado do Supremo Tribunal Federal. Para o movimento #QueroUmBrasilÉtico eles já deveriam ter sido implodidos há tempos.

Aécio. Os delatores da Odebrecht afirmam que deram vários milhões de reais para Aécio Neves em caixa dois, o que configura abuso do poder econômico. Precisamente por este motivo, ele e seu partido pediram a cassação da chapa Dilma-Temer. Ou seja: Aécio deu um tapa no vespeiro, saiu correndo e achou que nenhuma abelha lhe fosse picar. A hipocrisia tem seu preço. O cinismo custa caro. Paulo César Farias já dizia "que hipócritas são todos aqueles que defendem a observância dos bons costumes (...) no ato de governar", e de arrecadar fundos para campanhas eleitorais.

A que ponto chegou o cinismo de Aécio Neves e seu grupo? Aliás, o cinismo é marca de todo sistema corrupto nacional. Os partidos e os políticos de uma facção imputam aos outros fatos em um dia que eles praticaram no dia anterior. Todos os velhos partidos (PT, PMDB, PSDB, DEM) estão contaminados. A implosão, por isso mesmo, tem que ser do sistema inteiro. Quando entrou com o pedido de cassação da chapa Dilma-Temer, o PSDB dizia que tinha perdido a eleição para uma "organização criminosa", formada por PT e PMDB. Agora se sabe que também ele faz parte da mesma organização. Em linguagem popular, todos são farinha do mesmo saco. É o sujo cinicamente falando do rasgado. Estes velhos partidos não possuem estatura moral para governar o Brasil.

Benedito Júnior, ex-presidente da Odebrecht Infraestrutura, foi muito claro[125]: a construtora doou, a pedido de Aécio, R$ 9 milhões em campanhas tucanas. Tudo no caixa dois. Aécio reconhece que fez o pedido. Mas nega que a verba tenha sido ilegal. Na verdade, foi, pois caixa dois é crime. R$ 6 milhões foram para Pimenta da Veiga, Antonio Anastasia e Dimas Toledo Júnior, filho do ex-diretor de Furnas, que teria pago em outras ocasiões muitos milhões em propinas para Aécio e para o PT a partir das receitas dessa estatal. R$ 3 milhões foram para o marqueteiro Paulo Vasconcelos, que coordenou a campanha nacional do PSDB em 2014.

Temos que implodir todos eles, *erga omnes*. Nos escombros vamos ver quem sobreviveu ao furacão Lava Jato e aí vamos reconstruir o Brasil, sob o império de novos princípios. As revelações da Odebrecht, como já se imaginava, são mesmo "tsunâmicas". Mas estão expondo, antes de tudo, a hipocrisia e o cinismo do crime organizado que tomou conta do país. Aécio ainda está sendo investigado no caso de Furnas e da construção da Cidade Administrativa em Belo Horizonte, quando teria levado propinas de até 3% dos contratos com as empreiteiras.

Que seja superada a lerdeza da Lava Jato no Supremo Tribunal Federal, sobretudo quando se trata dos tucanos. Mas, se Aécio não for processado e condenado, de acordo com o Estado de Direito, antes das próximas eleições, a tarefa da faxina estará em nossas mãos. Faxina com cidadania vigilante, o que significa faxinar o sujo e colocar na presidência da República e no Congresso Nacional novas lideranças comprometidas com o combate à corrupção, às desigualdades hediondas e às injustiças, respeitando o Estado de Direito e a democracia.

A história do exercício do poder no Brasil é uma história de bandidagem político-governamental-empresarial, praticada pelo clube dos donos cleptoplutocratas dirigentes. Nós, eleitores, temos que suspender momentaneamente nossas preferências ideológicas e partidárias para promover uma grande união em torno da implosão do sistema. O sistema político-eleitoral-partidário e empresarial brasileiro continua chafurdado na corrupção sistêmica em virtude da inércia da cidadania vigilante, que tem que atuar nas ruas, nas redes sociais e nas urnas. A bomba-relógio da implosão final do sistema está em nossas mãos.

Lula. Seguindo-se o tempo médio dos processos que tramitam em Curitiba (de um ano e dez meses entre a denúncia e o julgamento do Tribunal Regional Federal)[126], Lula, se condenado, não seria candidato em razão da lei da Ficha Limpa, que não permite a candidatura de quem é condenado em segundo grau por órgão colegiado, em virtude de crime doloso. Lula já responde a cinco processos criminais. Uma eventual condenação do político seria confirmada até meados de 2018 — antes das eleições, portanto. Nesse cenário, o ex-presidente estaria fora deste pleito. Mas, e se for concedida uma liminar contra a decisão do Tribunal Regional

Federal? Nesse caso, ele terá condições de concorrer. No país das liminares, isto pode acontecer — com Lula ou qualquer outro candidato.

Dilma e Temer. Em 1° de março de 2017, Marcelo Odebrecht confirmou ao corregedor da Justiça Eleitoral que deu R$ 150 milhões para a chapa Dilma-Temer em 2014. Desse total, R$ 120 milhões foram por fora, de forma criminosa e uma parte por meio de caixa dois, incluindo os pagamentos "contaminados" ao marqueteiro João Santana. Quando estava em viagem ao México, Dilma tomou ciência disso tudo. Outra parte (R$ 50 milhões) foi propina mesmo, suborno, corrupção, paga ao PT a pedido do ministro da Fazenda, Guido Mantega, em troca da aprovação de uma MP de parcelamento de impostos sonegados (Refis).

Marcelo Odebrecht, ademais, confirmou o famoso jantar no Palácio do Jaburu, no qual Temer pediu ajuda financeira para a campanha do PMDB. O próprio Temer não nega que fez pedidos nesse sentido, porém, "dentro da lei". Marcelo acrescentou que não falaram em valores porque isso já estava acertado entre Eliseu Padilha e Cláudio Melo Filho, executivo da empreiteira. Este último esclareceu que foram R$ 10 milhões, em dinheiro vivo, por fora, sendo R$ 6 milhões para a campanha de Paulo Skaf em São Paulo e R$ 4 milhões para Padilha. Nada disso foi declarado para a Justiça Eleitoral. Uma parte desses R$ 4 milhões (R$ 1 milhão) "passou" pelo escritório de José Yunes, ex-assessor especial de Temer. Aí foi levado pelo doleiro Lúcio Funaro, que é amigo de Eduardo Cunha. José Yunes disse que o "envelope" passou pelo seu escritório a pedido de Eliseu Padilha. E tudo ele comunicou a Temer, que sabia do fato e que "reagiu com a serenidade de sempre", ou seja, com a cumplicidade de sempre. Como se nota, a responsabilidade de Temer é inafastável, no mínimo, com apoio na teoria da cegueira deliberada.

Também em 2014, a campanha Dilma-Temer, tanto quanto as demais dos outros partidos tradicionais, foi uma das mais criminosas de todos os tempos. A Odebrecht pagou ainda cerca de R$ 30 milhões para que fossem "comprados" os horários eleitorais de alguns pequenos e venais partidos (PRB, PROS, PCdoB, PP e PDT), que fazem parte da gatunagem e da engrenagem do sistema.

Como se vê, todas as "dinamites" possíveis já foram colocadas em todos os pontos estratégicos do edifício chamado Sistema Político-Empresarial Corrupto. Está tudo pronto para a sua implosão. As bombas foram colocadas calculadamente nos seus pilares e os ponteiros do relógio estão se movendo. Está tudo preparado para que o prédio seja detonado, destruído e implodido, abrindo espaço para a reconstrução do país.

Resta saber se o Tribunal Superior Eleitoral e o STF vão eticamente apertar o gatilho final ou comportar-se covardemente como cúmplices do sistema corrupto que governa a nação há séculos; se vão criar um novo jeito de fazer política e negócios ou vão mergulhar definitivamente o país em um lamaçal de promiscuidade e decadência degenerativa. Se conchavarem-se com o sistema, gerando uma escandalosa indignação na população, as "dinamites" serão deslocadas para os seus próprios pilares. Seus edifícios é que podem ser implodidos, reformulando-se completamente a Justiça brasileira mais rapidamente do que se imagina.

14.2 Em caso de cassação da chapa Dilma-Temer, a nova eleição será direta ou indireta?

Vejamos o que dizem a Constituição e o Código Eleitoral:

CF — Art. 81. "Vagando os cargos de Presidente e Vice-Presidente da República, far-se-á eleição noventa dias depois de aberta a última vaga.

§ 1º Ocorrendo a vacância nos últimos dois anos do período presidencial, a eleição para ambos os cargos será feita trinta dias depois da última vaga, pelo Congresso Nacional, na forma da lei.".

Eleição indireta, ou seja, pelo "Congresso Nacional". Mas em todas as situações ou só em algumas hipóteses? Quais? Tudo depende da "forma da lei". Ou seja, tudo depende do que a lei, aprovada pelo mesmo Congresso Nacional, dispuser.

E o que diz o Código Eleitoral, reformado pela lei 13.165, de 2015?

Código Eleitoral — Art. 224. (...)

§ 3º A decisão da Justiça Eleitoral [juiz eleitoral, TRE ou Tribunal Superior Eleitoral] que importe o indeferimento do registro, a cassação do diploma ou a perda do mandato de candidato eleito [da chapa eleita] *em pleito majoritário acarreta, após o trânsito em julgado, a realização de novas eleições, independentemente do número de votos anulados (Incluído pela Lei nº 13.165, de 2015).*

§ 4º A eleição a que se refere o § 3º correrá a expensas da Justiça Eleitoral e será: (Incluído pela Lei nº 13.165, de 2015).

I — indireta, se a vacância do cargo ocorrer a menos de seis meses do final do mandato; (Incluído pela Lei nº 13.165, de 2015).

II — direta, nos demais casos" (Incluído pela Lei nº 13.165, de 2015).

O que podemos concluir?

Quando falamos em vacância dos cargos de Presidente e Vice-Presidente da República é fundamental distinguir as motivações gerais (vacância não decretada pela Justiça Eleitoral) das motivações eleitorais (vacância declarada pela Justiça Eleitoral). Se a vacância se dá por motivações gerais (renúncia, *impeachment*, morte ou doença), aplica-se o art. 81 da Constituição: eleição indireta, pelo Congresso Nacional, para um mandato tampão. Note que, nesse caso, não é o Tribunal Eleitoral que promove a vacância. Ela se dá por outras razões, não eleitorais.

Se a vacância se dá por motivações eleitorais, como, por exemplo, a nulidade das eleições, a cassação do registro ou do diploma, a perda do mandato ou a cassação da chapa, faz-se necessário aplicar o Código Eleitoral, ou seja, eleição indireta se a vacância se dá a menos de seis meses do final do mandato ou direta nos demais casos. A vacância nesse caso é decretada pelo Tribunal Eleitoral, porque é fundada em razões de cunho eleitoral.

Assim interpretados os textos jurídicos citados, se o Tribunal Superior Eleitoral cassar a chapa Dilma-Temer nos seis últimos meses do mandato a eleição será indireta. Se antes dos últimos seis meses, ainda em 2017 ou no 1º semestre de 2018, a eleição para mandato tampão será direta.

A última palavra sobre essa polêmica, no entanto, será do Supremo Tribunal Federal. Lá tramita a ADI 5.525, proposta pelo Procurador-Geral da República, Rodrigo Janot, com o propósito de ver julgada a inconstitucionalidade da regra nova agregada ao Código Eleitoral em 2015. O relator da ADI 5.525 é o ministro Luís Roberto Barroso, que já preparou e liberou o seu voto. O caso deve ser colocado em pauta em breve, supõe-se, pela presidente Cármen Lúcia.

Importante: quando é o juiz ou Tribunal Eleitoral que cassa o candidato, a eleição é anulada. Nas demais situações, a eleição não é anulada. O direito do eleitor ao voto é respeitado nesta situação. Não quando a eleição é anulada, ou invalidada, segundo argumento do advogado Daniel Sarmento. Concordamos com esta argumentação: quando a eleição é invalidada, sobretudo quando se cassa uma chapa criminosamente eleita, deve-se convocar o povo para nova eleição. Todo o poder emana do povo, conforme o artigo 1º da Constituição. Se o poder dado pela população a um determinado representante foi anulado, volta-se para o povo, para que este dê novos poderes a outros representantes, salvo se a vacância eleitoral acontecer nos últimos seis meses do mandato.

Conclusão: o Supremo Tribunal Federal não pode substituir o povo, nem tampouco o Congresso Nacional, que mandou organizar eleições diretas, nos termos da lei de 2015. Se o povo elege um representante e esta eleição é invalidada, claro que a ele compete eleger novo representante. Se o eleitor votou e não valeu, deve votar novamente.

A legitimação da democracia representativa depende de eleição válida. Sempre que se anula uma eleição, ela deve ser renovada, repetida.

A vontade popular tem que ser respeitada, sob pena de se aniquilar a democracia. O direito ao voto é cláusula pétrea. E mais: em 2015, o Congresso Nacional disse para se organizar eleição direta, salvo a vacância nos últimos seis meses.

O movimento #QueroUmBrasilÉtico espera que os velhos caciques da politicagem corrupta sejam impedidos juridicamente de participar das próximas eleições. Se a Justiça Eleitoral e a Lava Jato de primeiro grau ou no Supremo Tribunal Federal não os abater, a bomba-relógio da implosão do sistema estará nas mãos do eleitor nas urnas, a quem compete exercer o voto faxina da cidadania vigilante. Os ponteiros do relógio já estão correndo. Nós é que vamos decidir o que vamos fazer com o futuro de nosso país.

Vejo quatro possibilidades de voto: (1) voto serotonina; (2) voto populista radical; (3) voto faxina da cidadania vigilante, com reconstrução do Brasil em busca de igualdade e de justiça. Por força das votações recebidas nas eleições de 2010 e 2014, também não se pode esquecer do (4) voto Marina.

14.3 Voto serotonina, quando o futuro presidente pode ser um corrupto

Quando políticos reconhecidamente corruptos são eleitos ou reeleitos as pessoas, iradas, comentam: "Como isso é possível?"; "Que povo é esse?"; "Como votam em gente tão desqualificada?"; "Que país é este?"; "Vou-me embora deste antro de tupiniquins" e por aí vai. Como a neurociência explica tal tragédia ética? Nossa memória é a grande responsável por esse descalabro. É verdade que alguns eleitores trocam o voto por dinheiro ou dentaduras ou sapatos ou celulares no dia da eleição.

Mas trata-se de uma minoria que não passaria de 8% do eleitorado. São as massas de todas as classes sociais, A, B, C, D e E, que decidem as eleições e que votam nos corruptos. Todas as classes sociais votam neles. Como isso acontece?

Dentre outras, as explicações neuropolíticas parecem interessantes. De acordo com Pedro Bermejo (BERMEJO, 2015), nosso cérebro memoriza e aprende por meio dos êxitos, não dos fracassos. O *homo sapiens*, nos primórdios, aprendeu a caçar suas presas pelos êxitos, não pelos erros. Fracassos são esquecidos, deixados de lado rapidamente. Quem gosta dos nossos fracassos são os nossos inimigos. Deixe-os, então, para eles. Nós gostamos dos êxitos. A verdade é que nossa memória registra pouco dos nossos fracassos, e provoca poucas mudanças estruturais e comportamentais. É por isso que, como se diz popularmente, "somos o único animal que tropeça duas vezes na mesma pedra".

O que mais queremos na vida são as recompensas, as vantagens, os benefícios, a sensação de bem-estar, a satisfação dos interesses, o prazer, a alegria, enfim, as coisas boas. Ninguém se interna em um hospital para passar férias. Nas nossas ações diárias, quando ativamos esse sistema de recompensa, queremos resultados positivos, bons e prazerosos. Se acontecem, por força de uma série de mecanismos cerebrais nossa memória registra o ocorrido e nos faz aprender, ou seja, nos faz reproduzir no futuro o mesmo comportamento para obter novas recompensas.

Se votamos ou apoiamos um político e ele nos traz benefícios e melhoras na nossa qualidade de vida, nosso cérebro aprende que a reprodução do mesmo gesto ou voto pode gerar novos estímulos de recompensa. Esse é o fenômeno que explica, por exemplo, a eleição de Getúlio Vargas em 1950, apesar de ter sido um ditador na década de 1930. O povo esperava dele novas retribuições. Os políticos experientes sabem que as massas dão prêmios ao passado de êxitos — ainda que se trate de um ditador ou de um populista corrupto. As massas reconhecem o que de bom foi feito para elas.

Neuropoliticamente explica-se que nosso cérebro produz: (a) dopamina, quando tomamos decisões em busca de recompensas, desprezando a aversão a perdas; (b) adrenalina, neurotransmissor que nos guia no momento da ação, ou seja, no momento da caça à presa, no momento do voto, no momento da entrevista para novo trabalho ou de uma prova, da conquista de uma pessoa que desejamos; (c) serotonina nível 1, decorrente da alegria da primeira recompensa, quando nosso candidato ou partido foi vencedor; e (d) serotonina nível 2, ligada à felicidade gerada pelas recompensas prometidas pelo político, pois ele realmente melhorou nossa qualidade de vida, aprimorou a cidade, o país. Em suma: tomamos decisões sob dopamina, agimos sob adrenalina e comemoramos, aprendemos e memorizamos sob serotonina.

Como se vê, é a serotonina que desencadeia o processo de aprendizagem e de memorização no sentido de que repetindo o mesmo gesto ou ato, ou voto, vamos conseguir no futuro as mesmas felicidades. Repetimos o voto em quem nos produz recompensas e alegrias (serotonina nível 1 e, sobretudo, nível 2, consoante a forma exposta). Detalhe fundamental: nosso cérebro suporta o aumento de impostos, a redução dos direitos, tanto individuais como os sociais, as decisões impopulares (cortes de gastos) e até mesmo a corrupção do político, desde que ele nos tenha proporcionado recompensas (serotonina nível 2).

E a questão ética, em tudo isso, como fica? Para muita gente, com serotonina nível 2, ela não conta. Mais ainda quando à predisposição para votar em quem já nos proporcionou bem-estar se soma a sensação, real ou fictícia, de que esse candidato está sendo injustiçado, perseguido, discriminado. Aqui, além da serotonina, entra também uma boa dose de toxina — de ira, de indignação, de ressentimento, de raiva, de contestação contra aquilo que é percebido como uma injustiça. Neurocientificamente falando é possível, consequentemente, que o próximo presidente do Brasil seja uma corrupta combinação de serotonina mais toxina.

Em se tratando de um corrupto, entretanto, o movimento #QueroUmBrasilÉtico não apoia esse tipo de voto. Fora, governantes corruptos! Não importa se o corrupto é de esquerda ou de centro ou de direita: fora, todos! Eleger um corrupto para presidente é fazer mais do mesmo. Isso significa não reconstruir o Brasil, e sim, perpetuar no seu comando o crime organizado sistêmico que tanto humilha e massacra a nação brasileira.

14.4 Voto populista radical, quando o futuro presidente pode ser um populista extremado

Este é o voto mais carregado de toxina, de ira, de raiva, de indignação, de revolta, contra tudo e contra todos. Os adeptos dele são os mais contundentes e mais estridentes nas redes sociais. Quanto mais o sistema corrupto os envenena com suas arbitrariedades, injustiças e seus hediondos privilégios, mais aumenta a sua indignação assim como a intensidade dos discursos virulentos.

O péssimo funcionamento das instituições políticas, econômicas, jurídicas e sociais, sobretudo quando gerado por um sistema político-empresarial corrupto extremamente injusto e perverso, está rebaixando as democracias — muitas, puramente formais, é verdade — para o nível das *oclocracias*. Oclocracias são as "ditaduras populistas democráticas", eleitas odiosa e conscientemente pelo povo sob a liderança de um demagogo populista que se dispõe a encampar as reivindicações das massas iradas, indignadas, enraivecidas, ressentidas. Vitória da barbárie e do retrocesso. Erosão e derrota da civilização.

O *Brexit*, a saída do Reino Unido da União Europeia, constitui um exemplo desse "populismo radical democrático". A eleição de Donald Trump nos Estados Unidos não foge desse paradigma, apesar das suas peculiaridades. É muita indignação popular que está por detrás dessas rupturas traumáticas.

Filipinas, no entanto, chegou ao fundamentalismo: Rodrigo Duterte foi eleito com o programa político onde defendia matar em seis meses — inclusive pessoalmente — cem mil pessoas, entre drogados, criminosos organizados, corruptos. O apoio popular às cruzadas mortíferas é um atavismo impressionante e constante. Nietzsche já cuidava do assunto em seu livro *Genealogia da Moral*.

Toda essa radicalização se chama "ditadura populista democrática". É populista porque propõe soluções absurdas para problemas complexos. É democrática porque eleita pelo povo. É ditadura porque não respeita a ética nem as leis nem as constituições e muito menos o direito internacional. O surgimento desses populismos radicais é algo, entretanto, absolutamente previsível, e provável, no atual contexto de desagregação social e mundial, onde há amplo espaço para todo tipo de demagogo oportunista e retórico, para não dizer xamânico. É o tempo dos líderes carismáticos que negam a política e a democracia para escutarem diretamente a vontade do "povo", como se existisse um único povo.

O líder carismático e populista apresenta propostas fáceis para problemas complexos, porém, vai muito além disso. Seu discurso é contra as elites em nome do povo soberano, virtuoso, que está sofrendo em razão das decisões das elites que sequestraram a vontade popular[127]. O populismo radical, mais que uma ideologia, é um estilo político defendido por políticas da esquerda ou da direita, que denota preocupações redentoras, a partir de provocações, protestos e polarizações. O povo se sente desamparado pelos dirigentes durante as crises, então buscam alguém com capacidade de interlocução direta, transformando a democracia em disputas plebiscitárias, incentivadas pelo tribalismo das redes sociais. Vale mais a emoção que a realidade, assim como destacou o filósofo Manuel Arias Maldonado[128].

Outra característica do líder carismático populista consiste em se apresentar como uma solução contra a política e contra os políticos, ou seja, contra o *establishment*, sendo um *outsider* (alguém de fora da política, como foi o caso de Trump).

O nível de insatisfação e de ressentimento das populações com os governos ou com os sistemas perversos está aumentando a cada dia por causa dos baixos salários, do desemprego, da precariedade laboral, das desigualdades hediondas, da educação de baixo nível, da violência, da corrupção, dos serviços públicos imprestáveis.

O demagogo populista normalmente faz parte do odiado clube das elites políticas, econômicas ou financeiras que mandam no país. Ele é vendido pelo marketing, no entanto, como um "bom" produto, como um "de fora do sistema". O mercado consumidor, o eleitor, é exigente, mas como anda muito indignado com sua situação socioeconômica e a falta de perspectiva de vida futura, faz explodir suas fragilidades emocionais. No mundo globalizado com absurda concentração de riquezas, assim como em países como o Brasil escandalosamente injustos e desiguais, há campo fértil para os demagogos populistas.

A questão é saber se aproximar das massas, aproveitando-se, sobretudo, das fraquezas do cérebro humano. O demagogo populista sabe, ou rapidamente aprende, que nessas horas de graves crises o que mexe com a cabeça das massas é a presença de um bode expiatório, assim como muito ópio travestido de discursos tresloucados, capazes de eletrizarem o ódio e o medo populares. Essa é a receita — de sucesso! — de todos os populismos radicais. Regra fundamental do populismo extremado: quanto maior a carência material do povo, quanto mais indignação, mais ópio deve ser introjetado em suas mentes. Em doses sempre crescentes. É tiro certo. Trump seguiu rigorosamente a cartilha do populismo radical e foi vitorioso: xenofobia, ataques à imigração, soluções fáceis para a questão da segurança interna e externa, nacionalismo, "a culpa é dos mexicanos, muçulmanos e estrangeiros em geral", misoginia, homofobia, separatismo, ataques à mídia, críticas ao Judiciário, defesa da identidade do país.

Dois outros ópios são certeiros: o da ideologia e o do fundamentalismo religioso. Se o candidato consegue falar em nome de Deus o discurso se potencializa. Divina beleza. Outra bravata certeira é a fala pela homogeneidade do povo, pela coesão, pela pulsão da unanimidade em torno de antigos valores perdidos. Nada de pluralidades, que destroem o tecido social, a harmonia comunitária. Nisso reside a essência do populismo, sobretudo do radical, que seduz rapidamente porque, para muita gente, é muito mais fácil sonhar com um passado encantador de paz e alegria que se dedicar duramente à construção de um difícil futuro.

O populismo é, por natureza, antipolítico. A política promove a divisão do povo. Sobretudo nos países onde as elites dominantes são majoritária e reconhecidamente delinquentes (como é o caso do Brasil), a antipolítica é ópio na veia. Trabalha-se com o imaginário das massas, com seus juízos latentes, com seus ressentimentos, conforme o filósofo Friedrich Nietzsche. Onde não há serotonina da alegria, entram os opiáceos da toxina. E para tudo que é muito complexo deve-se apresentar uma solução rápida, simples, unificadora. Quanto mais xamânico o discurso, mais impressionante e sedutor fica. Manipula-se mais facilmente a mente do eleitor.

O líder populista radical britânico Nigel Farage fez tudo isso e conseguiu o "sim" dos ingleses no *Brexit*, que decidiram sair da União Europeia. Uma semana depois da vitória, ele foi embora, desistiu da política. Não tinha nada programado para efetivar a saída do bloco. Construir o futuro é muito mais difícil que revolver um passado distante glorioso e pacificador. Mas, com os códigos nucleares nas mãos desse tipo de liderança sociopata, pode-se facilmente destruir o presente, leia-se, o planeta.

O forte dos demagogos populistas é o apelo popular de suas promessas falsas ou irrealizáveis. Os populistas ganham força quando as elites governantes fracassam na condução da coisa pública, particularmente quando se tornam delinquentes à luz do dia. O populismo radical acaba com outro valor ocidental: a democracia, que sai de cena para a entronização da oclocracia, que é o governo apoiado nas multidões seduzidas pelos opiáceos injetados nas mentes carregadas de ódio e de medo.

O povo norte-americano, em geral, anda muito indignado porque nos últimos trinta anos sua renda média caiu muito, enquanto a riqueza do 1% explodiu. Desfrutaram da farra dos créditos até 2008, então perderam casas, carros e emprego. A situação das classes médias e populares está muito difícil. Insatisfação imensa e absoluta descrença na política e nos políticos. Pelo nível de descrença do brasileiro nos políticos, não estamos isentos do mesmo vírus.

Uma vantagem enorme que levam os políticos radicais nas eras dos descontentamentos é o patrimônio eleitoral ideológico. Seja quem for o candidato, mesmo quando desonesto, corrupto, beberrão, fanfarrão, incompetente na vida privada, só por força da ideologia ele já recebe o apoio de uma grande massa de eleitores. A ideologia é um dos ópios campeões, facilmente disseminada em virtude de dois vieses estudados e comprovados pela neuropolítica: o da desconformidade e o da confirmação (BERMEJO, 2015, p. 126 e ss).

Viés da desconformidade: os seres humanos tendem a criticar tudo que contraria nossas ideias, nossas ideologias. O cérebro de direita critica o da esquerda e vice-versa. Veja o exemplo de uma lei que viesse facilitar o empregador a despedir trabalhadores. Uns diriam: isso melhora a economia e vai dar mais empregos. Outros contestariam: isso só ajuda o capitalista a ficar mais rico. Uma mesma medida é vista de duas formas diferentes, conforme a visão de mundo de cada um.

Viés da confirmação: o cérebro humano tende a buscar e aceitar unicamente a informação que confirme suas crenças ou hipóteses.

Recordamos mais das informações confirmatórias das nossas convicções ideológicas. Um mesmo fato é interpretado de duas maneiras. Cada um faz a sua interpretação e a mantém em sua memória — há experiência nesse sentido da Universidade de Stanford. As provas em sentido contrário são colocadas em dúvida sempre. Aliás, são desacreditadas — há experiência com ressonância magnética sobre esse ponto. Pode-se apresentar um caminhão de provas contra o seu partido político. Nada sensibiliza o humano picado pelo viés da confirmação. Como último argumento se diz: o político adversário é mais corrupto!

O viés da confirmação é complementado pelo viés da memória confirmatória (ou seletiva): recordamos muito mais a informação que está de acordo com nossas crenças e ideologias. George Bush, ex-presidente dos EUA, por exemplo, não acreditou em nada que contrariava suas convicções sobre a necessidade da guerra contra o Iraque em 2003. Hoje se sabe que ele estava completamente errado. É do viés de confirmação que nasce a radicalização, assim como a desconformidade com tudo que contraria nossa crença.

Em suma: nossas decisões também no campo político são regidas, normalmente, mais pela emoção que pela razão. A premissa ideológica — leia-se, o ópio da ideologia —, muitas vezes, fecha nossos olhos, tapa nossos ouvidos e cala a nossa boca. Buscamos as informações que possam confirmar nossas ideias, interpretamos as informações contrárias da nossa maneira e memorizamos melhor o que nos interessa. O ópio da ideologia é muito potente.

Se o ser humano entendesse bem como funciona o cérebro seguramente não perderia amizades por causa da política, da religião, das distintas visões de mundo. Mas não interessa para as elites dominantes, sobretudo quando delinquentes e perversas, que o cérebro humano saiba das coisas. Para as cleptoplutocracias é melhor a ignorância que o conhecimento. O ensino de baixa qualidade no Brasil não é obra do acaso. O sistema político-empresarial corrupto vigente, fundado em uma criminalidade organizada, nunca deixará que isso se modifique para melhor. Por isso, ele tem que ser dinamitado pela Operação Lava Jato e pelas urnas.

14.5 Como os políticos do sistema corrupto se elegem?

Se os políticos compõem um dos eixos do crime organizado político-empresarial corrupto, que canaliza a fortuna do dinheiro público para si, é mais do que previsível que defendam os interesses das elites dominantes, em detrimento da maioria da população. Afinal, são financiados por essas elites econômicas e financeiras. Se esses interesses coincidem com os das classes de renda mais abastadas, A e B, estas acabam sendo atendidas por tabela. Quando conflitantes os interesses, sempre preponderam os das elites dirigentes, como avalia Dani Rodrik[129].

Se é assim, como os políticos se elegem ou se reelegem, inclusive com os votos das classes de renda da base da pirâmide (C, D e E)? Se eles favorecem a acumulação de fortunas pelas elites dominantes, o que eles fazem para convencer a massa do eleitorado a votar neles?

Muitos fatores explicam esse paradoxal fenômeno.

Primeiro: é grande a quantidade de eleitores que não têm a mínima ideia de como funciona o sistema corrupto tradicional, ou seja, de como os políticos são financiados pelos grandes grupos econômicos, subordinando-se aos seus interesses. A *ignorância* da população é uma aliada dos políticos elitistas[130].

Segundo: as políticas governamentais minimamente responsáveis, mesmo privilegiando os donos delinquentes do poder, não deixam o cidadão comum no completo esquecimento, segundo ideias de Martin Gilens e Benjamin Page, citados por Dani Rodrik[131]. Sempre é possível, sobretudo nos países desiguais, praticar o *clientelismo*.

Terceiro: todo tipo de benefício proporcionado aos subcidadãos que estão "na base da pirâmide" é, ou pode ser, reconhecido. Gera *serotonina*, o hormônio da recompensa. Por força de uma série de mecanismos cerebrais, nossa memória registra os fatos prazerosos, os êxitos, e nos faz aprender, ou seja, nos faz reproduzir no futuro o mesmo comportamento para obter novas recompensas.

Quarto: o atendimento das preferências dos eleitores da base da pirâmide dificulta que eles percebam as tendenciosidades dos políticos em favor das elites. Técnica da *ocultação da tendenciosidade* dos políticos.

Quinto: fora do clientelismo, os líderes políticos contam com outras estratégias para serem eleitos. Quem sabe de antemão que vai trabalhar prioritariamente para os interesses das elites financiadoras das campanhas, pode demagogicamente buscar outros meios de apelar às massas.

Ainda de acordo com Rodrik, "essa alternativa é proporcionada pela política de nacionalismo, sectarismo e identidade — uma política baseada em valores e simbolismos culturais, e não em interesses concretos. Quando as disputas políticas são travadas nesse terreno, as eleições são vencidas por aqueles melhor sucedidos em 'estimular' nossos 'genes' culturais e psicológicos latentes, e não aqueles que melhor representam nossos interesses"[132]. Aqui entram todos os *populismos* fundamentalistas, radicais, sectaristas, nacionalistas, identitários, punitivos etc. Ou seja, os *ópios*. Disseminar ópios em populações iradas não é tarefa difícil. Quando se opta por não conciliar a democracia com a justiça, isto é, quando se quer preservar o elitismo, o extrativismo, a corrupção e a cleptoplutocracia, faz-se necessário injetar muito "ópio" nas veias e também nas mentes da população.

Quais ópios seduzem a população? O da religião fundamentalista — Marx dizia que a religião é o ópio do povo (MARX, 2012)—, da ideologia radical, do punitivismo aloprado, do nacionalismo desmedido, da defesa das identidades, do militarismo, do emocionalismo, dos valores familiares tradicionais, da defesa do trabalhador nacional, da indústria local, da necessidade de uma guerra, da exclusão dos "outros" — das outras etnias, dos estrangeiros, das outras religiões, das minorias, dos pobres —, dos simbolismos nacionais, culturais e religiosos, do extermínio do diferente.

Terreno fértil para os demagogos populistas, sobretudo para os que sabem explorar os ódios e os medos da população. É desse modo que os donos cleptoplutocratas do poder vêm governando o povo em muitas democracias. O maior risco dessa "política venenosa", do ódio, dos ópios e dos medos, reside da depreciação da democracia para o nível de oclocracia, que é a situação degenerada e descontrolada em que as instituições se encontram guiadas pelas irracionalidades das multidões.

Essa tipo de política já saiu vitoriosa no Reino Unido *(Brexit)*, nos EUA (Donald Trump) e nas Filipinas (Rodrigo Duterte). A França, com Marine Le Pen, seria o próximo palco do populismo radical? O segredo dos populismos radicais é fazer com que as populações esqueçam suas privações cotidianas, suas desigualdades, suas injustiças. Desvia-se a atenção das massas para questões culturais ou emocionais candentes, como segurança pública, descriminalização do aborto, pena de morte, redução da maioridade penal, extermínio dos drogados e dos corruptos. Polemiza-se o negativo sem mostrar a verdade nua e crua das desigualdades.

As massas, nesse caso, não só não lutam pelos seus direitos, como se esquecem do principal. Esquecem-se do desemprego, dos salários indignos, da baixa qualidade de vida, do aumento das desigualdades, da falta de educação de qualidade, da saúde, dos transportes, da habitação, da discussão dos privilégios das elites, dos financiamentos subsidiados — dos bancos públicos, do tipo BNDES —, dos créditos "amigos", dos monopólios, oligopólios, do capitalismo de laços, das renúncias fiscais, dos juros altos, do loteamento dos cargos públicos, do aparelhamento do Estado, do fisiologismo, da corrupção sistêmica, da lei de repatriação em favor das famílias dos políticos etc.

É por meio desta "política venenosa" e da ocultação, esquecimento, dos privilégios dos donos delinquentes do poder que se governa. As elites dirigentes, mesmo nos regimes cleptoplutocratas e sistemicamente corruptos, conseguem dominar as nações, praticando políticas extrativistas muitas vezes contrárias aos interesses dos eleitores médios e das bases. Eles inflamam as paixões contra as minorias. Isso é eleitoralmente rentável, mas diminui muito a qualidade da democracia, instituindo-se a oclocracia. Por todos estes motivos, o movimento #QueroUmBrasilÉtico refuta também este caminho.

14.6 Voto faxina da cidadania vigilante, quando o futuro presidente pode ser uma nova liderança comprometida com os interesses superiores da nação

Este voto faxina também não está isento de toxina — de ira, ressentimento, raiva, irresignação, indignação contra o sistema político-empresarial corrupto perverso —, mas continua defendendo, ao lado do primordial combate duro à corrupção e à perversidade do velho sistema das elites e das oligarquias tradicionais, o liberalismo democrático, o aprimoramento contínuo das instituições, a política, a democracia, o fim das desigualdades brutais assim como das medonhas injustiças socioeconômicas, culturais e educacionais que atingem mais de dois terços da população que é diariamente espoliada.

■ Como se pode perceber, o povo também tem a bomba-relógio em mãos. Seja na forma de protestos, seja nas urnas com o voto faxina da cidadania vigilante, que significa faxinar os integrantes do sistema corrupto e colocar na presidência da República alguém com experiência e contundência no combate à corrupção, dentro do Estado de Direito.

Fundamental para a implosão do sistema é a mobilização da cidadania vigilante, suspendendo-se temporariamente as ideologias e preferências partidárias. Se o povo indignado com a corrupção não protestar, o grande "acordão" costurado pelo sistema vai deixar tudo como está. Ao covil de ladrões políticos e empresariais interessa continuar roubando a população, com a garantia da impunidade proporcionada pelo foro privilegiado no STF.

Como se pode perceber, o povo também tem a bomba-relógio em mãos. Seja na forma de protestos, seja nas urnas com o voto faxina da cidadania vigilante, que significa faxinar os integrantes do sistema corrupto e colocar na presidência da República alguém com experiência e contundência no combate à corrupção, dentro do Estado de Direito, e que ademais seja assertivo na defesa da democracia, dos seus valores e das suas instituições, voltadas para a desconstrução das brutais desigualdades e injustiças do país. A renovação de pelo menos 90% da classe política (em 2018) seria o ideal. É desse tipo de liderança que o Brasil necessita para que o combate à corrupção continue apresentando resultados realmente positivos.

As lideranças brasileiras em destaque (Temer, Aécio, Renan Calheiros, Romero Jucá, Edison Lobão, Rodrigo Maia, Eliseu Padilha, Moreira Franco), tanto quanto as anteriores petistas (Lula, Dilma, Antonio Palocci, José Dirceu), são formadas por políticos, empresários, dirigentes de partidos, altos funcionários e banqueiros envolvidos, tradicionalmente, com o sistema político-empresarial corrupto perverso e nefasto. Já não servem para o Brasil lideranças com amígdalas cerebrais carcomidas, que não reagem mais aos degenerados estímulos corruptivos.

■ Já não servem para o Brasil lideranças com amígdalas cerebrais carcomidas, que não reagem mais aos degenerados estímulos corruptivos.

Quando José Yunes diz que o chefe da Casa Civil Eliseu Padilha lhe pediu que recebesse um "envelope" levado ao seu escritório pelo doleiro Lúcio Funaro, operador do ex-deputado Eduardo Cunha, a mando da Odebrecht, e Temer nada faz prontamente, é porque suas amígdalas da reprovação já não funcionam. O efeito nocivo desse tipo de comportamento promíscuo é explosivo na consciência coletiva, que demanda uma política anticorrupção firme e persistente, que implique a reforma das instituições, sobretudo, das jurídicas com mentalidade pró-sistema.

Com a repetição dos atos de corrupção e das mentiras, as velhas lideranças, os provectos caciques, os chefes de dinastias, os arcaicos empresários parasitas do dinheiro público e do Estado apenas defendem e vivenciam a "normalidade" do "sistema". São lideranças que perderam toda sensibilidade para a imoralidade do que fazem. É como o peixe que não consegue perceber que vive dentro da água. O delinquente organizado já não percebe a perversidade da sua delinquência. Parecem, assim, pessoas "normais". Na verdade, são sociopatas com aparência de normalidade.

Não temos tempo a perder, esse pernicioso sistema corrupto deve ser implodido, para dar lugar à reconstrução do Brasil, fundado no esforço sincero e continuado que possibilita a obtenção de resultados persuasivos. É um mito afirmar que se combate a corrupção combatendo a corrupção, como define Daniel Kaufmann. O correto é atacar a corrupção e suas causas, não somente os sintomas. A corrupção é somente o sintoma de um sistema corrompido em sua raiz, que deve ser implodido integralmente.

Não é com baldes que salvamos o navio de ir para o fundo do mar, sim, reformando seu casco (CUNHA, 2015). A corrupção sistêmica exige não apenas a aplicação da lei, senão também novos contextos institucionais assim como uma política de educação de qualidade para todos.

Com o Mensalão e, depois, com a Lava Jato, o Brasil encontrou seu "ponto de Arquimedes" da corrupção, sua *critical conjucture* ou seu *entry point*, de acordo com o Banco Mundial (CUNHA, 2015). Trata-se de um elemento institucional que veio romper o círculo vicioso do velho sistema corrompido. A partir dele e dos ajustes necessários que requer, temos que criar no Brasil um círculo virtuoso, que afete toda governabilidade a partir de um novo ambiente político e econômico, ou seja, institucional, fundado na credibilidade, no mercado competitivo, na competição política saudável, na separação real dos poderes, na proteção da liberdade de expressão, na justiça do tratamento de todas as minorias e maiorias, na transparência, na prestação de contas, na responsabilidade da gestão pública e privada, no exercício da cidadania vigilante e participativa, na proibição do financiamento empresarial de campanhas eleitorais, na democracia cidadã.

É preciso criar um ecossistema hostil à corrupção (CUNHA, 2015). Mas isso evidentemente não vai acontecer enquanto o país estiver sob o império das lideranças arcaicas, corruptas, ultrapassadas e carcomidas pelos vícios do sistema perverso e degenerado.

Outro segredo relevante de quem busca esse voto da cidadania vigilante, como sugere Rodrigo Burgarelli[133], é não se comportar como um demagogo populista, prontamente questionado por suas propostas irreais e antiéticas, que elimina do debate o "inimigo", ou seja, quem não está do seu lado, quem não pensa da mesma maneira. É preciso ir à raiz dos problemas e apresentar soluções alternativas, fazendo com que o debate siga as regras institucionais.

Constitui erro crasso nesta trajetória ridicularizar ou não levar a sério as preocupações e as motivações do descontentamento dos simpatizantes do populismo radical, de direita, como Berlusconi na Itália ou Trump nos EUA, ou de esquerda, como é Nicolas Maduro na Venezuela. Nunca se deve, de outro lado, enfrentar o personagem vivido pelo oponente, e sim, seus pontos de vista para a solução dos problemas[134]. Para Clóvis Rossi, em lugar de vetar previamente Jair Bolsonaro, o melhor é debater com ele e mostrar o equívoco dos seus pontos de vista para a solução dos problemas nacionais[135].

Um quarto tipo de voto nas próximas eleições será o voto Marina, que contava em 2014 com mais de 20 milhões de simpatizantes.

No total, assim, temos quatro tipos possíveis de voto nas próximas eleições: (1) serotonina; (2) toxina populista radical; (3) faxina com cidadania e (4) Marina. A questão é saber quanto será cada tipo de voto. De qualquer modo, parece razoável supor que esse pode ser um dos mapas explicativos do voto nas próximas eleições.

IDEIAS PARA SEREM IMPLEMENTADAS OU, PELO MENOS, DEBATIDAS

15

Paralelamente à implosão do sistema político-empresarial perverso — Governantes corruptos, fora, todos! —, que deveria implicar a renovação de pelo menos 90% da classe política, é hora de sintetizarmos outras ideias que deveriam ser concretizadas ou, ao menos, discutidas. De 2012 para cá, avançamos bastante no terreno da luta contra a corrupção, mas ainda estão pendentes muitos pontos importantes. Entre outras ideias, a título de exemplo, penso que vale a pena discutir os seguintes:

1) Eliminação do foro privilegiado nos tribunais, porque ele viola o princípio da igualdade de todos perante a lei;

2) Todos os órgãos de controle dos poderes, tribunais superiores, Tribunal de Contas da União, agências

de controle, devem ser despolitizados, eliminando-se a indicação puramente política;

3) Os ministros do Supremo Tribunal Federal devem ter mandatos por tempo limitado; ingresso pelo mérito e por sorteio final, depois de depurados os melhores candidatos;

4) Proibição constitucional de concessão de anistia para os crimes de corrupção e de caixa dois eleitoral;

5) Redução drástica dos cargos comissionados, sem concurso, incrementando os requisitos para a nomeação;

6) Promover algumas poucas modificações legislativas para suprir as lacunas legais — a Lava Jato, para fazer a revolução que fez, não precisou de nenhuma lei nova a partir de 2014;

7) Implementar medidas que reforcem a lei de transparência;

8) Transparência absoluta de todos os contratos públicos;

9) Regulamentar no país a figura do informante de boa-fé, o colaborador que não participou do crime — *whistleblowing* —, prevendo as devidas recompensas pelas informações sobre a corrupção;

10) Regulamentar a figura dos lobistas;

11) Transparência dos partidos, fundações e ONGs que recebem dinheiro público;

12) Promover a prevenção da corrupção por meio da educação de qualidade a todos, com o propósito de formar cidadãos vigilantes éticos capacitados a participarem da vida democrática;

13) Criação de uma Força Nacional de Combate à Corrupção, com *status* de secretaria vinculada diretamente à Presidência da República, que faria a coordenação de todas as atividades na área, estimulando a reprodução de "Lava Jatos", bem como a difusão de medidas preventivas;

14) Estimular as formas alternativas de resolução de conflitos, dando acesso a todos os cidadãos do país;

15) Manter a férrea proibição do financiamento empresarial de campanhas eleitorais;

16) Barateamento das campanhas, com amplo uso legítimo e controlado, pela Justiça Eleitoral, da Internet;

17) Monitoramento rigoroso dos gastos das campanhas, fixando um teto de gastos;

18) Possibilitar uma cota de candidaturas independentes, sem nenhuma filiação partidária, tal como ocorre em Portugal, México, EUA.

19) Sistema unicameral, reduzindo o Parlamento à metade;

20) Outras ideias: a) diminuição do número de partidos com cláusula de barreira; b) proibição de coligações em eleições proporcionais legislativas; c) proibição da reeleição no Executivo com o fim do político profissional; d) mandato único de cinco anos para todos os cargos; e) permitir uma só reeleição no Legislativo; f) concurso público para todos os membros dos Tribunais de Contas; g) impedir políticos de participarem de contratos públicos, quebrando o vínculo do político com os contratos públicos; h) responsabilidade efetiva do político pelas suas decisões, responsabilidade política, administrativa, civil e penal; i) transparência das decisões de políticos; j) controle frequente do patrimônio dos políticos e dos agentes públicos em geral;

21) *Recall*: quem tem o poder de eleger candidatos tem que ter o poder de deseleger;

22) Aposentadoria dos políticos de acordo com as regras gerais;

23) Pelo fim de todas as mordomias e privilégios, como moradia, carros oficiais, vestimentas, correios, gasolina, celular;

24) Pelo registro em cartório dos compromissos de campanha;

25) Proibição para pessoas da mesma família se candidatarem sucessivamente em cargos políticos;

26) Fim dos privilégios dos ex-presidentes;

27) Fim dos super salários e do recebimento de gratificação por participação nas sessões;

28) Estímulo à Democracia Direta Digital e participativa;

29) Endurecimento da lei da Ficha Limpa;

30) Nenhum poder poderá aumentar livremente os próprios salários, sendo necessário a criação de um critério em função do crescimento econômico e não da inflação.

Por fim, mas não menos importante:

31) Incentivar as redes de voluntários que atuam a fim de barrar compras nas entidades públicas, o que pode trazer muita economia para o erário[136];

32) Educação de qualidade para todos, com uso das tecnologias digitais, sendo obrigatória e em período integral até os 18 anos.

Um país com mais de 8 milhões de metros quadrados, com mais de 5 mil quilômetros de praias, com mais de 206 milhões de habitantes, com praticamente todo solo aproveitável, sem guerra externa, com uma juventude curiosa e interessada, pronta para entender e desenvolver o mundo tecnológico, só não dá certo porque suas elites dirigentes não querem. É hora da rebelião total, é hora de exercitar nossas virtudes, dando um basta à escravidão, tanto a arcaica como a do século XXI. Faxina geral nas próximas eleições, com cidadania vigilante.

REFERÊNCIAS BIBLIOGRÁFICAS

ALONSO, José Antonio e MULAS-GRANADOS, Carlos (dirs.). *Corrupción, cohesión social y desarrollo. El caso de Iberoamérica.* Madri: FCE, 2011.

ARANGUREN, Luis A. e Ou. *El proceso de globalización mundial:* hacia la ciudadanía global. Barcelona: Intermon, 1999.

ARENDT, Hannah. *Los orígenes del totalitarismo.* Madri: Alianza editorial, 2015.

ARRETCHE, Marta (org.). *Trajetórias das desigualdades:* como o Brasil mudou nos últimos cinquenta anos. São Paulo: Editora UNESP; CEM, 2005.

Arte de furtar: Anônimo do século XVII/edição acompanhada de estudo crítico de João Ribeiro 2. ed. São Paulo: Martin Claret, 2006.

BARBACETTO, Gianni; GOMEZ, Peter e TRAVAGLIO, Marco. *Operação Mãos Limpas:* a verdade sobre a operação italiana que inspirou a Lava Jato. Porto Alegre: CDG, 2016.

BAUMAN, Zygmunt. *Modernidade líquida.* Rio de Janeiro: Zahar, 2001.

BECCARIA, Cesare. *Dos delitos e das penas.* São Paulo: Pillares, 2013.

BERMEJO, Pedro. *Quiero tu voto:* cómo nos manipulan los políticos. Madri: LID Editorial Empresarial, 2015.

BOLEN, Jean Shinoda. *El nuevo movimiento global de las mujeres:* construir círculos para transformar el mundo. Barcelona: Kairós, 2014.

CAMPOS, Pedro Henrique Pedreira. *Estranhas catedrais*: as empreiteiras brasileiras e a ditadura civil-militar, 1964-1988. Niterói: Editora da UFF, 2014.

CÂNDIDO, Antônio. Dialética da malandragem. *Revista do Instituto de Estudos Brasileiros*, n. 8, São Paulo, USP, 1970, p. 67-89.

CAVALCANTI, Pedro. *A corrupção no Brasil.* São Paulo: Siciliano, 1991.

CORTELLA, Mario Sergio e RIBEIRO, Renato Janine. *Política para não ser idiota.* Campinas: Papirus 7 mares, 2010.

CUNHA, Ary Ferreira da. *Combate à corrupção:* da teoria à prática. Lisboa: Quid Juris - Sociedade Editora, 2015.

FALCÃO, Joaquim e Ou. *V Relatório Supremo em Números:* o foro privilegiado. Rio de Janeiro: Escola de Direito do Rio de Janeiro da Fundação Getúlio Vargas, 2017. Disponível em: http://bon039.cloud.fgv.br/Foro_privilegiado_no_Supremo_Final.pdf. Acesso em: 05 abr. 2017.

FAORO, Raymundo. *Os donos do poder:* formação do patronato político brasileiro. 5. ed. São Paulo: Globo, 2012.

FOUCAULT, Michel. *Do governo dos vivos.* Eduardo Brandão (trad.). São Paulo: Martins Fontes, 2014.

GIAMBIAGI, Fabio. *Capitalismo*: modo de usar. Porque o Brasil precisa aprender a lidar com a melhor forma de organização econômica que o ser humano já inventou. Rio de Janeiro: Elsevier, 2015.

HOBBES, Thomas. *Leviatã, ou, Matéria, forma e poder de em estado eclesiástico e civil.* Richard Tuck (org.). 2. ed. São Paulo: Martins Fontes, 2008.

HOLANDA, Sérgio Buarque de. *Raízes do Brasil.* 26. ed. São Paulo: Companhia das Letras, 1995.

INGENIEROS, José. *O homem medíocre.* Lycurgo de Castro Santos (trad.). São Paulo: Ícone Editora, 2012.

JUDT, Tony e SNYDER, Timothy. *Pensar el siglo XX.* Victoria Gordo del Rey (trad.). Madri: Santillana Ediciones Generales-Editorial Taurus, S. L., 2012.

LAZZARINI, Sérgio G. *Capitalismo de laços:* os donos do Brasil e suas conexões. Rio de Janeiro: Elsevier, 2011.

LISBOA, João Francisco. *Jornal de Timon*: partidos e eleições no Maranhão. José Murilo de Carvalho (org.). São Paulo: Companhia das Letras, 1995.

MARTÍN JIMÉNEZ, Cristina. *O clube secreto dos poderosos.* Lisboa: Prima, 2015.

MARX, Karl. *O capital:* crítica da economia política. 30. ed. Rio de Janeiro: Civilização Brasileira, 2012.

MENDES, Marcos José. *Por que o Brasil cresce pouco?*: desigualdade, democracia e baixo crescimento no país do futuro. Rio de Janeiro: Elsevier, 2014.

MONTESQUIEU, Charles de Secondat. *Cartas persas*. Rosemary Costhek Abílio (trad.). São Paulo: Editora WMF Martins Fontes, 2009.

NEGRO PAVÓN, Dalmacio. *La ley de hierro de la oligarquía*. Madri: Ediciones Encuentro, 2015.

NETTO, Vladimir. *Lava Jato:* o juiz Sergio Moro e os bastidores da operação que abalou o Brasil. Rio de Janeiro: Primeira Pessoa, 2016.

NOGUEIRA, Rodrigo. *Como nascem os monstros*: a história de um ex-soldado da Polícia Militar do Estado do Rio de Janeiro. Rio de Janeiro: Topbooks, 2013.

PADUAN, Roberta. *Petrobras:* uma história de orgulho e vergonha. Rio de Janeiro: Editora Objetiva, 2016.

PAZ, Octavio. *O labirinto da solidão*. São Paulo: Cosac Naify, 2014.

REIS, Marlon. *O nobre deputado*: relato chocante (e verdadeiro) de como nasce, cresce e se perpetua um corrupto na política brasileira. Rio de Janeiro: LeYa, 2014.

ROTHSTEIN, Bo. *Anti-Corruption - A Big BangTheory*. Disponível em: http://www.pol.gu.se/digitalAssets/1350/1350652_2007_3_rothstein.pdf, maio 2007. Acesso em: 05/04/2017.

SAPELLI, Giulio. *Cleptocracia*: el "mecanismo único" de la corrupción entre economía y política. Andrés Sikirko (trad.). Buenos Aires: Editorial Losada, 1998.

SARTRE, Jean-Paul. *O muro*. ed. especial. Rio de Janeiro: Nova Fronteira, 2012.

SAVATER, Fernando. *Ética de urgência*. Barcelona: Ariel, 2012.

SCHUMPETER, Joseph A. *Capitalismo, socialismo y democracia*. Roberto Ramos Fontecoba (trad.). vol. II. Barcelona: Página Indómita, SLU, 2015.

SOUZA, Jessé. *A tolice da inteligência brasileira*: ou como o país se deixa manipular pela elite. São Paulo: LeYa, 2015.

STIGLITZ, Joseph E. *La gran brecha*: qué hacer con las sociedades desiguales. Barcelona: Penguin Random House Grupo Editorial, 2015.

SUTHERLAND, Edwin H. *El delito de cuello blanco*: White collar crime - Theuncutversion. Montevidéu: B de F, 2009.

VAROUFAKIS, Yanis. *È l'economia che cambia il mondo*: Quando la disuguaglianza mette a rischio il nostro futuro. Milão: Rizzoli, 2015.

[1] *IstoÉ*, 15/02/2017.
[2] *El País*, 28/01/2014.
[3] *EXAME*, 15/02/2017.
[4] *Estadão*, 02/01/2017.
[5] *Gazeta do Povo*, 01/02/2017.
[6] J. R. de Toledo *et alii*, *Estadão*, 8/11/2014.
[7] *IstoÉ*, 01/03/2017.
[8] *Folha de S. Paulo*, 07/08/2016.
[9] *Folha de S. Paulo*, 02/02/2017.
[10] *Folha de S. Paulo*, 19/02/2017.
[11] *Veja*, 28/01/2017.
[12] *Estadão*, 19/02/2017.
[13] *Valor Econômico*, 20/02/2017.
[14] *Época*, 20/02/2017.
[15] *Veja*, 01/02/2017.
[16] Idem.
[17] *G1*, 10/12/2016 e *El País Brasil*, 16/12/2016.
[18] *Estadão*, 08/11/2014.
[19] *Estadão*, 17/03/2015.
[20] *Estadão*, 26/12/2016.
[21] *O Globo*, 12/12/2016.
[22] *Folha*, 03/03/2017.
[23] *Valor Econômico*, 20/02/2017.
[24] *IstoÉ*, 22/02/2017.
[25] *Estadão*, 15/02/2017.
[26] *Folha de S. Paulo*, editorial, 01/03/2017.
[27] *Estadão*, 27/12/2016.
[28] *O Globo*, 12/2/2017.
[29] *O Sul*, 7/07/2016 e em: http://www.ipsos.com.br/pgConteudo.aspx?id=147, jul. 2016. Acesso em: 04/04/17.
[30] *Folha de S. Paulo*, 3/01/2016.
[31] *El País*, 10/06/2016.
[32] *Estadão*, 31/12/2016.
[33] Facundo Manes, *El País*, 10/06/2016.
[34] Idem.
[35] Idem.
[36] Idem.
[37] *Veja*, 04/02/2017.
[38] *Folha de S. Paulo*, 07/08/2016.
[39] *Valor Econômico*, 22/02/2017.
[40] *Folha de S. Paulo* e *Estadão*, 8/02/2017.
[41] *Veja*, 28/12/2016.
[42] *Estadão*, 27/12/2016.
[43] *IstoÉ*, 01/02/2017.
[44] *O Globo*, 30/12/2016.
[45] *Estadão*, 31/12/2016.
[46] *Veja*, 08/02/2017.

[47] *O Globo*, 8/02/2017.

[48] *G1*, 26/01/2017.

[49] *IstoÉ*, 1/02/2017.

[50] *Folha de S. Paulo*, 31/05/2016.

[51] *Estadão*, 10/12/2016.

[52] *Folha-UOL*, 28/12/2016.

[53] *Valor Econômico*, 6/01/2017.

[54] *El País*, 15/01/2017.

[55] *Veja*, 28/12/2016.

[56] *O Globo*, 27/03/2015.

[57] *Estadão*, 28/03/2015.

[58] *G1*, 18/01/2017.

[59] *O Globo*, 15/01/2017.

[60] *Folha de S. Paulo*, 04/01/2017.

[61] *UOL*, 22/01/2017.

[62] *Financial Times*, 28/12/2016.

[63] *Valor Econômico*, 06/01/2017.

[64] *Estadão*, 10/01/2017.

[65] Idem.

[66] *Estadão*, 26/01/2017.

[67] *Estadão*, 29/07/2016.

[68] *Estadão*, 19/02/2017.

[69] *Folha de S. Paulo*, 14/11/2016.

[70] *O Globo*, 30/01/2017.

[71] *Folha de S. Paulo*, 22/03/2016.

[72] *O Globo*, 21/12/2016.

[73] *G1*, 30/12/2016.

[74] *Folha de S. Paulo*, 06/11/2016.

[75] *Correio Braziliense*, 20/01/2017.

[76] *Estadão*, 03/12/2016.

[77] *O Globo*, 19/10/2016.

[78] *O Globo*, 30/01/2017.

[79] *O Globo*, 31/01/2017.

[80] *Giambiagi*.

[81] *IstoÉ*, 01/02/2017.

[82] *Folha de S. Paulo*, 06/11/2016.

[83] *O Globo*, 19/05/2014.

[84] *Folha de S. Paulo*, 14/11/2016.

[85] *Estadão*, 02/02/2017.

[86] *O Globo*, 24/02/2017.

[87] *Valor Econômico*, 16/02/2017.

[88] *Congresso em foco*, 11/11/2011. Acesso em: 05/04/2017.

[89] *O Globo*, 24/03/2017.

[90] *Estadão*, 04/03/2017.

[91] *Folha*, 19/11/2016.

[92] *O Globo*, 27/01/2017.

[93] Idem.

[94] *Congresso em foco*, 23/08/2015.
[95] *Folha de S. Paulo*, 23/05/2016.
[96] *247*, 6/06/2016.
[97] *Carta Capital*, 07/02/2017.
[98] *Folha de S. Paulo*, 10/02/2017.
[99] Idem.
[100] Idem.
[101] Idem.
[102] *O Globo*, 12/02/2017.
[103] *Estadão*, 31/12/2016.
[104] H. Gurovitz, *Época*, 18/12/2016.
[105] *Época*, 09/12/2016 e *Carta Capital*, 07/12/2016.
[106] *Carta Capital*, 10/02/2017.
[107] Idem.
[108] *Estadão*, 30/01/2017.
[109] *Carta Capital*, 01/02/2017.
[110] *El País*, 24/10/2016.
[111] H. Schwartsman, *Folha de S. Paulo*, 22/10/2016.
[112] D. Mediavilla, *El País*, 25/10/2016.
[113] *Folha de S. Paulo*, 22/10/2016.
[114] *Folha de S. Paulo*, 20/12/2016.
[115] *Estadão*, 27/02/2017.
[116] *Folha de S. Paulo*, 04/01/2017.
[117] *UOL*, 28/02/2017.
[118] *O Globo*, 2/06/2016.
[119] *O Globo*, 27/01/2017.
[120] *Veja*, 04/01/2017.
[121] *247*, 26/06/2016.
[122] *O Globo*, 02/11/2012.
[123] *Valor Econômico*, 29/12/2016.
[124] *Valor Econômico*, 18/03/2016.
[125] *Folha de S. Paulo*, 03/03/2017.
[126] *Folha de S. Paulo*, 28/02/2017.
[127] M. Arias Mandolnado, *El País*, 29/11/2016.
[128] Idem.
[129] *Valor Econômico*, 11/09/2014.
[130] Idem.
[131] Idem.
[132] *Valor Econômico*, 11/09/2014.
[133] *El País*, 07/01/2017.
[134] Idem.
[135] *Folha de S. Paulo*, 02/03/2017.
[136] *Época*, 06/02/2017.

Primeira edição (maio/2017)
Papel de Capa Cartão Triplex Ningbo 300g
Papel de Miolo Lux Cream 70g
Tipografias ITC New Baskerville Std, Stellar,
Knockout e FS Clerkenwell
Gráfica GRAFILAR Gráfica